KB079961

다케우치 요시미―어느 방법의 전기

다케우치 요시미―어느 방법의 전기

츠루미 슌스케 지음

윤여일 옮김

EDÍTUS

TAKEUCHI YOSHIMI - ARU HOUHOU NO DENKI
by Shunsuke Tsurumi

Copyright © 1995, 2015 by Taro Tsurumi
Afterword copyright © 2010 by Sun Ge
The edition with the text by Sun Ge first published 2010 by Iwanami Shoten, Publishers, Tokyo.
This Korean edition published 2019 by EDITUS Publishing Company, Seoul by arrangement with the Proprietor c/o Iwanami Shoten, Publishers, Tokyo.
Korean edition is published by arrangement with Iwanami Shoten through AMO Agency.

다케우치 요시미를 통해서
아직 만나지 못한 벗에게

차례

전중 사상 재고—다케우치 요시미를 단서로 삼아

사람은 잊으려 한 것에 보복을 당합니다. 앞으로의 시대에 일본인에게 그런 일이 일어나지는 않을까요. 일본인에게 길었던 전쟁 시대의 기억이 그렇다고 생각합니다. 그런 의미에서 전중戰中은 이제부터의 문제입니다. 제가 읽은 한에서 말한다면, 전후 37년이라는 긴 시간 동안 전중을 곱씹고 문자를 새겨 온 사람이 다케우치 요시미입니다. 전쟁 시대 전체를 회고하기보다는 그가 걸어간 길을 돌이켜 보겠습니다.

다케우치 요시미는 1910년에 태어나 1977년에 세상을 떠났습니다. 왜 이 사람 이야기를 하려는가 하면 그의 글쓰기 방식이 일반적 경우와는 전혀 달랐기 때문입니다. 가령 전중을 생각할 때 전쟁하는 동안 잘못을 범하지 않고 살아간 자를 우리는 주목하기 십상입니다. 그건 메이지 이래의 학교 교육 탓입니다. 선생이 말하는 대로 따르면 백점이죠. 선생의 말이라면 잘못일 리 없을 테니 그대로 답습하죠. 그런 사고가 일본에서는 학교 교육으로 만연해 있습니다. 우리는 그 벌을 받고 있습니다. 전중을 생각할 때 실수하지 않은 자는 누구인지, 그런 식으로 사람을 찾아 본받으려 하니 동시대를 살아갈 힘을 거기서 얻기가 어렵습니다. 우리는 일본에 만연한 학교 교육의 벌을 받고 있습니다.

다케우치 요시미는 대학을 나왔지만, 그의 저작은 대학 나온 자의 것과 묘하게 다릅니다. 여느 생활자 느낌에 가깝습니다. 나는 그를 만난 적이 있습니다만, 가만히 생각해 보면 내게 어머니보다는 얼마간 가볍습니다. 어머니는 태어났을 때부터 나를 구박하고 때려서 이 사람이 나를 죽일 것 같았죠. 지금도 나는 간신히 살아남았다는 느낌입니다. 하루도 잊기 어려울 만큼 무섭습니다. 그는 어머니보다 조금 가벼운 정도로 내 안에 있습니다. 그건 그와 여러 차례 만나서가 아니라 그가 쓴 것이 불가사의할 만큼 내 안으로 흘러들어와서겠죠. 전집이 나왔고 마침 간행이 끝났는데 오늘 내 이야기는 그중 제14권—전쟁 중에 그가 써내서 활자화된 모든 글—에서 취하겠습니다.

중국문학연구회 설립

한마디로 말해 다케우치 요시미의 저작은 만주사변으로부터 시작됩니다. 만주사변은 1931년에 일어났죠. 그때부터 그는 중국과의 전쟁으로 줄곧 안절부절못했습니다. 그런데 1941년 12월 8일, 대동아전쟁이라는 이름으로 미국, 영국, 네덜란드를 향해 일본이 선전포고합니다. 그때부터 확 달라져 그는 전력으로 대동아전쟁을 지지합니다. 그 사이의 글을 추적해 보고 싶습니다. 그의 나이 스무 살부터 서른네 살까지의 시기에 해당합니다.

지금 그 나이인 분이 계시겠죠. 그때 자신이 그 장소에 있었다면 어찌했을지를 상상해 보시기 바랍니다. 그렇게 다시금 자신을 단서 삼아 파악하는 것, 상당히 어렵지만 무척 중요합니다. 그 점에서 장 게엔노의 『장 쟈크 루소』는 흥미롭습니다. 게이노는 현대인으로 루소와는 2백 년의 시차가 있지만, 루소가 태어났을 때부터의 자료를 조사했습니다. 그러면서도 지금 자신이 다루는 나이의 루소를 이해할 때 당시의 루소가 아직 경험하지 않은 것은 모두 시야 바깥으로 밀어 두는 방식을 취했습니다. 다섯 살의 루소에 관해 쓸 때는 루소가 다섯 살 이후 무얼 했는지, 『에밀』을 썼다는 등의 사실은 모두 치워 버립니다. 다섯 살의 루소를 쓸 때는 다섯 살 때까지의 자료만을 사용합니다. 소년 루소라면 바랑 부인과 사귄 내용만을 씁니다. 당시까지의 일만을 누적해서 적는 방법입니다. 그리하여 수많은 루소전 중에서도 백미가 되었습니다. 이런 상상력의 작용이죠. 학자가 되거나 작가가 되기 위해서만이 아니라 우리가 살아가려면 이런 상상력이 필요합니다.

스무 살부터 서른넷까지의 다케우치 요시미. 그 나이에 해당되는 분이 이 자리에 계실 텐데, 자신이 만주사변 이후의 일본에 있다고 가정해 보시기 바랍니다. 만주사변은 당사자의 수기에서 난폭한 중국인이 철로를 폭파해 일본 열차를 가로막아 일어났다고 기록되어 있지만, 사실은 그렇지 않습니다. 육군에서 보낸 군대의 참모가 일본 정부에 알리지 않고 만주철도의 철로를 폭파했습니다. 그러고는 중국인 소행이라고 발표해 군사 행동을 일으켰습니다. 그렇게 시작되었죠. 일본 정부도 중국인이 저질렀다고 발표했지만, 실은 소문을 통해 실상이 얼마간 알려진 상태였습니다. 당시 다케우치 요시미의 일기를 보면 사변의 기사가 언급되어 있습니다. 다케우치 요시미가 도쿄 대학 문학부의 지나철학·지나문학과 1학년 때군요.

그는 자신이 연구하는 나라와 자신이 속한 나라 사이에 전쟁이 시작되었으니 처음부터 관심을 가졌고 약한 자를 괴롭히는 건 싫다는 느낌을 줄곧 간직하고 있었습니다. 그 감정으로 '중국문학연구회'를 만듭니다. 오늘의 시각에서 보자면 별것 아닐지 모릅니다. 하지만 지나문학과 학생이 중국문학연구회를 만든다는 것은 대담한 행위입니다. 지금까지의 선배, 교수들 모두에게 이의를 제기하는 셈이죠. 다른 길을 개척하는 것입니다. 왜 '중국'이라고 명명했느냐면, 당시 중국인 유학생은 일본에서 '지나'라고 불리는 게 싫어 스스로 '중국'이라는 말을 사용했던 것입니다. 중국인 유학생의 마음에 가닿고 싶다는 것이죠. 전쟁이 한창이던 와중에 말입니다.

그런 기분이 강했고, 또 한 가지 한학이 싫었습니다. 한학이라는 것은 한문입니다. 지금은 한문과가 없어졌죠. 국어의 일부로서 조금 남아있는 정도죠. 한문이라는 게 왜 싫었냐면 중국의 문자가 줄지어 있고 그걸 그저 일본식으로 바꿔 읽으면 중국인의 마음을 그대로 알 것 같은 환상을 우리 안에 심어 주기 때문입니다. '중국이라면 알고 있다'는 기분을 갖는 토양이라는 것입니다. 또 한 가지는 한문을 알고 그걸 인용하면 어쩐지 그늘이 사라지고 범박하게 큰 이야기를 주고받게 되는 것 같아 그게 싫었습니다. 배를 타고 노를 저어도 노가 허공을 가른다는 느낌으로, 한문을 익히면 멋스럽게 많은 문구를 지어낼 수 있지만, 노를 물속에 담그지 않은 것 같은 문장 형태가 되고 맙니다. 물론 한문이 아니라 지금의 일본어도 그렇죠. 그런 것들로부터 멀어지고 싶었을 것입니다.

왜 동료들과 중국문학연구회를 만들었는지를 보여 주는 글이 한 편 있습니다.「중국문학연구회에 대하여」입니다. 그런데 이 글에서 쩡짜掙扎라는 말은 등장하지 않는군요. 쩡짜라는 건 몸부림을 의미한다면서 루쉰이 종종 사용한 말이죠. 한문에는 몸부림이 없으니 예쁜 것을 예쁘다고 올바른 것을 올바르다고 쭉 써버립니다. 실상 세상사에서 올바른 것은 반드시 올바르지 않은 것과 연관되어 있습니다. 좋은 것과 나쁜 것은 이어져 있습니다. 그림자를 드리우지 않는 정의 따윈 없죠. 그 느낌. 아, 나는 좋은 일을 할 작정이었는데 되레 나빠졌구나라는 그 느낌이 한문에서는 나오지 않는다고 말합니다. 일본식 한문에서는 말이죠. 그리하여 한문학과로부터 벗어나 중국문학연구회를 만든 것입니다.

「중국문학연구회에 대하여」는 당시의 고민을 보여 줍니다. 20대 중반이었군요. '중국'과 '지나'라는 명명에 관한 내용이 나오는데 당시는 모두 '지나'라고 불렀죠. '중국'을 사용함으로써 방향을 달리한 것입니다. 중국인임을 분명히 인정하고 그들과 대화해 나가는 방향으로 말입니다. 그런데 이후 다케우치 요시미는 중국에 가서 일본어를 가르치게 되죠. 베이징에서 체류하던 시기, 인력거를 타보니 '중국'이라고 부르는 게 다소 꺼림칙하다는 느낌이 생깁니다. 인력거꾼의 등을 바라보는 동안 자신의 학문은 이 사람에게 무얼 해줄 수 있을까를 생각하노라면 '지나' 쪽이 적절하다, '지나인'이라고 부르는 편이 자신의 심정에 어울린다고 느껴 이후 중국문학연구회의 월보 등에서도 반복해 '지나'라고 적습니다.

몹시 중요한 대목입니다. 다케우치 안에서는 '중국'이라고 부르고 싶다, 그로써 선배나 자신의 선생들에게 분명하게 이의를 제기하고 그자들을 욕보이고 싶다는 마음이 있었지만, '중국'이라는 말을 쓰기로 정했다고 해서 기계적으로 지속하지는 않습니다. 자신의 감정 안에서 일어나는 흔들림을 인정합니다. 이 흔들림이 무척 중요합니다. 어느 순간 언어를 전부 바꾼다, 그걸로 자신이 새로워진다는 것은 환상입니다. 그 함정이 무섭습니다. 지금의 필기시험은 그런 환상을 심어 줍니다. 우리는 자기 자신, 자신의 힘을 가늠하지 못하게 됩니다. 언어가 공회전하니까요.

다케우치 요시미는 그러고서 중국문학연구회 월보에 「지나와 지나인에 대하여」 등 여러 글을 썼습니다. 중국이라는 말을 아직 입에 담기 어려운 기분이 내게 남아 있다, 그렇다면 먼저 내가 사용하기 쉬운 말부터 사용하자. 그 반복, 그 흔들림이 이어집니다. 그 사고는 선배들과 달리 '지나'가 아니라 '중국'을 사용하겠다고 똑똑히 선언하고 꼿꼿하게 돌진하던 때와는 다른 문체로 전개됩니다. 말이라는 건 손오공의 여의봉 같군요. 야나부 아키라라는 자가 흥미로운 이야기를 하는데요, 도시로 나와 학생의 하숙집에 들어가면 소외, 지양과 같은 말들을 자주 듣는데 그 말을 자신이 못 알아들으면 어딘지 모르게 부끄럽다는 거죠. 때로 자신도 "그것이 소외가 아닌가"라고 말하는데, 뜻을 모른 채 그렇게 말해도 상대가 받아들여 주니 갑자기 기운이 난다고 합니다. 학생의 기분이라는 건 술 마시지 않아도 자꾸자꾸 부푸는군요. "그게 소외야. 소외를 아직도 모른단 말인가"라고 말할 때면 서로 간에 으쓱해집니다. 그런 경향이 메이지 초부터 있었지만, 중국 문학연구회는 그렇지 않은 그룹이었죠. 그러니까 '중국'이라고 부르기로 한 뒤에 다시금 '지나'로 돌아옵니다. 반복되는 부침 속에서 몸부림치는, 말하자면 쩡짜군요. 바로 그겁니다. 쩡짜가 있는지 없는지, 자기 문체 안에 쩡짜가 있는지 없는지.

학교 선생은 학생의 문체에 쩡짜가 있는지에는 관심이 없습니다. 소학교 선생, 중학교 선생, 고등학교 선생, 대학교 선생 모두 그렇습니다. 대학수험은 컴퓨터로 채점하니 학생에게 쩡짜가 있는지는 보일 리 없죠. 문체에서 그런 대목은 모조리 걸러내 합격 여부를 결정합니다. 쩡짜를 고집하는 인간이라면 대체로 낙제합니다. 시험제도는 그런 식으로 기능합니다. 얼마간 요령이 좋은 청년은 자신을 둘로 나눠 컴퓨터가 걸러낼 때라면 쩡짜는 빼고 휘리릭 올바르게 답합니다. 선생이 옳다고 여길 답안을 척척 써냅니다. 하지만 다른 장면에 맞닥뜨리면 쩡짜로써 살아가려고 합니다. 그처럼 나눠서 대응할 수 있는 인간은 유능하며, 또한 그래서 그 이상 나아갈 수 없기도 하지만, 누구나 그렇게 할 수 있는 것도 아닙니다. 쩡짜는 확실히 메이지 이후 일본의 교육체계와는 이질적인 것을 가리킵니다.

현대 중국 문학에서 중국문학연구회는 소품문을 주목했습니다. 『논어』에 실렸죠. 이건 공자의 『논어』가 아닙니다. 린위탕 등이 발간한 소잡지입니다. 짓궂게도 공자의 『논어』와 같은 이름을 취했는데, 거기서 소품문이라는 걸 내고 있습니다. 중국문학연구회는 이 형식을 주목합니다. 위대한 형태를 이룬 문학, 장편소설, 장편시. 그 형태의 아름다움과 독창성으로 현대 중국 문학을 잰다면 현대 중국 문학에는 그다지 뛰어난 게 없습니다. 동시대 일본의 문학이 우월합니다. 하지만 현대 중국의 문학자는 보다 깊게 고민해 소품문을 써왔습니다. 소품문을 서서히 만들어 가더니 소품문이 문학잡지의 중심이 됩니다. 형태에 구애받지 않습니다. 신변의 것 혹은 다른 것을 써가는 방식입니다. 린위탕도 저우쭤런도 루쉰도 소품문으로써 등장합니다. 다케우치 요시미가 졸업논문의 대상으로 삼기도 했던 위다푸는 소품문과 조금 다르게 사소설을 썼습니다. 아무튼 그런 계열이 생겨납니다.

일본에 뒤지지 않을 뛰어난 장편소설이 중국에도 있을 것이다. 이렇게 '있다'고 믿고 찾으려 든다면 중국의 현대를 읽어낼 수 없습니다. 도스토예프스키와 어깨를 나란히 할 만한 장편, 프루스트와 견줄 만큼 독창적인 소설, 발레리 수준의 미묘하고도 정치한 시, 그런 걸 요구한다면 유럽의 현대를 기준으로 삼는 셈입니다. 유럽의 현대라는 안경을 끼고 일본을 보면 65점이나 70점 정도고 현대 중국을 보면 35점 정도라는 식이 되는데, 그 안경을 벗어야 합니다.

전후의 일입니다만, 어떻게든 매일 같이 피가 방울져 떨어지는 비프스테이크를 먹으며 노벨상에 자신을 거는 소설가가 있었습니다. 일본의 소설가입니다. 그런 사고와는 전혀 다른 곳에서 전혀 다른 방식으로 다케우치 요시미와 동료들은 중국문학연구회를 꾸려 갔습니다.

다케우치 요시미는 이 시기에 어느 글에서 나카노 시게하루의 『사이토 모키지 노트』를 읽었다고 적었습니다. 나카노 시게하루는 오랫동안 집필을 금지당했고 간신히 출판을 허가받은 게 『사이토 모키지 노트』입니다. 전쟁을 찬미했으니 낼 수 있었겠죠. 다케우치 요시미는 이 작품을 읽고 무척 감탄합니다. 거기에는 '태도'가 있다고 말합니다. 문학은 '태도'라고 말합니다. 문학의 장르로서 장편소설, 장편시라는 것을 고려하지 않고, 형식의 정합성에 구애받지 않고 문학을 봅니다. 쩡짜로써 문학을 봅니다. 몸부림으로써, 그 상황 속에서 무얼 말하려는가라는 몸부림으로써 봅니다. 그 결론이 옳다, 그르다를 판단하는 게 아니라 그 태도로써 봅니다. 나카노 시게하루는 마르크스주의 문학의 총지휘자였던 시절이 있지만, 감옥에 들어간 뒤 전향하고 출소했으며 이제 다른 형식의 문학으로서 『사이토 모키지 노트』를 썼습니다. 하지만 다케우치는 그 작품에는 전향하기 전과 이어지는 길이 있다고 느꼈습니다. 태도가 있다, 태도가 곧 문학이라고 감상을 적 습니다.

문학을 바라보는 시선으로서 이 사례는 중국의 소품문에 주목할 때와 겹쳐집니다. 프루스트나 도스토예프스키에 비하면 루쉰은 그다지 대단할 게 없다는 견해와는 다른 시각을 다케우치 요시미는 만주사변 이후의 일 본에서 개척했습니다. 바로 이것이 중국 문학과의 상호교섭이라는 형태로 드러납니다. 동시대 상황 속에서 몸부림치면서 본다는 사고는 원리로부터 출발한다는 사고와는 대조됩니다.

내가 같은 시대를 살고 같은 생각을 했기에 그에게 이끌리지 싶습니다. 하지만 나는 달랐습니다. 나는 자신을 말뚝에 묶듯이 해서 이 시대를 간신 히 살았습니다. 나는 대동아전쟁을 긍정하지 않았으며, 되도록 사람을 죽 일 일이 없었으면 좋겠다는 게 당시 최대의 바람이었습니다. 가급적 희생 이 적게 일본이 패하기를 줄곧 바랐으며, 당시 일기를 쓸 때는 많이 꼬아서 군대에서 걸리더라도 이해하기 어렵도록 신경 썼습니다. 정치상의 결론에 서 말하자면, 다케우치와는 입장이 전혀 달랐습니다. 하지만 전후가 되어 서는 말뚝에 매달리듯이 살아가는 방식이 좋은지 의심이 들었고, 그게 그 의 저작에 이끌린 이유입니다.

말뚝이란 건 칸트이고 스피노자이며, 동시대에서 말하자면 로맹 롤랑이 고 헤르만 헤세죠. 세계의 맞은편에 그런 말뚝이 있습니다. 거기에 자신을 걸고 어떻게든 지금 일본의 군국주의 흐름에 휘말려 들지 않도록 애썼습 니다. 그런데 다케우치에게는 나와는 전혀 다른 삶의 방법이 있었습니다. 거기엔 위험한 면이 있습니다. 대동아전쟁이 발발하자 그 위험한 면이 드 러났습니다. 원리로부터 연역하는 편이 안전해 보입니다. 칸트가 영원의 진리를 밝혔다면, 그게 영구평화론이고 거기서 연역해 가면 오늘날 내가 어떻게 살아야 할지를 전부 알 것만 같습니다. 하지만 이래서는 인간이 살 아가는 데 맞지 않습니다. 인간이 살아간다는 건 그런 게 아닙니다.

올바른 원칙이 있더라도 그것은 제1원칙에 불과하니 현 상황이 무엇인지를 움켜쥐려면 전혀 다른 판단을 요합니다. 경험상 그랬습니다. 칸트라면 칸트, 나치스에 협력하지 않았다는 의미에서 야스퍼스라면 야스퍼스, 이런 자들은 각자 시대의 압력 속에서 자기 발언을 했습니다. 시대에 맞서 저항하며 활약했으며, 그러는 동안 자신의 저작을 썼습니다. 따라서 칸트든 야스퍼스든 말뚝에 매달려 있지 않았습니다. 살아 있는 동시대의 압력이 그들의 힘으로 바뀝니다. 주목을 요하는 대목입니다. 하지만 학교에서는 칸트를 칸트로서 학습해 거기서 연역하는 식이죠. 그편이 시험 문제로 내기 쉬우니까요.

일본에서는 학생이 넘쳐 나는 것에 원인이 있다고 생각하는데, 그들을 계량하고 걸러 냅니다. 학교의 업무상 편리하니까 그리되었겠죠. 그러나 칸트도 스피노자도 야스퍼스도 각자 쩔쩔했습니다. 몸부림이 있었습니다. 그걸 자기 것으로 파악할 힘이 없다면 그들의 사상을 파악하기도 어렵습니다. 말뚝에 매달려서는 좋지 않다는 것을, 나는 전쟁이 끝난 후에야 느꼈습니다. 거꾸로 말하면 나는 전쟁 중에 다케우치 요시미의 저작을 읽어본 적이 전혀 없는데, 읽지 않기를 잘했다는 생각이 듭니다. 왜냐면 그쪽으로 끌릴 가능성이 없었으니까요.

'대동아전쟁'과 다케우치 요시미

칸트나 스피노자를 말뚝으로 삼는다는 것은, 달리 말하자면 아까 꺼냈던 이야기처럼 배를 타고 노를 젓지만 노가 허공만 가른다는 것이겠죠. 비교적 예쁘게 가야 하겠죠. 노가 물을 저으면 배는 흔들립니다.

다케우치 요시미가 한학에 맞선다는 자세를 취한 것은 한학이 거침없이 물 위로 노를 젓는 스타일과 닮았기 때문입니다. 미문이나 웅장한 문장 같은 문체로부터 멀어지고 싶었습니다. 그러다가 대동아전쟁이 다가옵니다.

1941년 12월 8일, 다케우치 요시미는 사상이 일변해 「대동아전쟁과 우리의 결의」를 써서 중국문학연구회의 기관지인 『중국문학』에 보냅니다. 이때는 무서명이었지만, 전후 다케우치가 자신의 책임으로 복각했습니다. 그러한 책임을 피하지 않겠다는 자세가 도드라집니다.

"우리는 조국을 사랑하고 조국 다음으로 이웃 나라를 사랑한다. 우리는 정의를 믿고 힘도 믿는다. 대동아전쟁은 훌륭히 지나사변을 완수하고 이것을 세계사에서 부활시켰다. 이제 대동아전쟁을 완수하는 일은 바로 우리의 몫이다."

"우리 일본은 동아 건설이라는 미명 아래 약한 자를 괴롭히고 있지는 않은지 지금의 지금까지 의심해 왔다. 우리 일본은 강자를 두려워하지 않았다. 이 모두는 가을 서리와도 같은 행위의 발로가 증명하고 있다."

"우리는 우리 일본과 한 몸이다."

이렇게 쓰고 있습니다. 다케우치 요시미의 입장을 군국주의라고 부를 수 있겠죠. 그렇게 부르는 것은 일단 올바릅니다. 그는 다른 글인 「왕궈웨이 특집호를 읽는다」에서 이렇게 적습니다. "다만 내 버릇은 훌륭한 언어를 그늘진 곳 없이 의기양양하게 떠벌리는 풍경을 좋아하지 않는 것이다." 그의 이 말은 자신이 쓴 「대동아전쟁과 우리의 결의」와는 안 맞죠. 자신이 한차례 쓴 적 있는 이 글의 중량감을 그는 이후 40년 동안 줄곧 느꼈으리라 생각합니다. 전후의 글을 보면 드러납니다.

하지만 「대동아전쟁과 우리의 결의」는 때를 거의 같이해 발표한 다른 두 편의 글과 함께 읽어야 합니다. 그밖에도 다섯 편 정도가 더 있지만, 주된 것은 두 편입니다. 한 가지는 「대동아문학자대회에 대하여」입니다. 대동아문학자대회는 일본 정부가 일본과 함께 싸워 주길 바라는 아시아 나라들의 문학자를 모아 도쿄에서 개최한 모임입니다. 이때는 일본어만을 공용어로 사용했습니다. 그런 터무니없는 모임이죠. 중국, 조선은 물론 그밖에 인도네시아, 미얀마 등 여러 나라로부터 문학자를 불러 놓고 일본어만을 공용어로 사용했습니다. 당시 아시아의 문학자가 일본어를 알고 있을 리 없죠. 강압인 셈입니다. 중국에서 온 자들은 대체로 일본에 아첨하든가, 혹은 하는 수 없으니 그 자리에서는 일본 정부에 듣기 좋은 말을 꺼내는 사람뿐이었습니다. 당시 일본에서 '중국'이라는 이름을 사용한 문학연구회는 중국문학연구회가 유일했으니 대동아문학자대회에 참가하라는 의뢰가 왔습니다. 다케우치는 거절했습니다.

　다른 한 가지는 『중국문학』이라는 잡지를 폐간하며 쓴 글입니다. 그 글은 중국문학연구회가 당파성을 잃었다는 것을 폐간 이유로 들고 있습니다. 여기에는 얼마간 다케우치 요시미 자신의 책임이 있었겠죠. 대동아전쟁에서 무조건 국가와 한 몸이라고 선언했으니, 당파성을 잃고 말 것입니다. 그런 논리적 귀결은 있었으리라 생각합니다. 다만 당시 중국인의 협력을 얻기 위해서라도 일본 정부는 '지나'라고 부르기를 그만두고 '중국'이라 부르려 했는데, 그렇게 '중국'이라는 명명이 퍼져가면서 중국문학연구회의 입장이 올발랐다는 견해가 나왔습니다. 그러자 다케우치 요시미는 우리 중국문학연구회는 올바르기에 그 비좁음이 드러났다면서 해산을 주장합니다.

나는 대동아의 문화는 일본 문화에 의한 일본 문화의 부정에 의해서만 태어난다고 믿는다. (……) 일본 문화가 일본 문화로서 있는 것은 역사를 창조하는 소이가 아니다. 그것은 일본 문화를 고형화해, 관료화해, 생의 본원을 고갈시키는 것이다. 자기 보존 문화는 타도되어야 한다. 그 외에 삶의 방법은 없다.

만약 진심으로 아시아의 해방을 원하고 전쟁을 통해 그 길로 나선다면 일본인은 바뀔 것이다. 일본 국가도 거의 해체 상태에 이를 것이다. 이러한 예견을 담고 있군요. 만약 진심으로 아시아의 해방을 원한다면.

그보다 조금 앞서 발표한 글로서 「현대지나문학정신에 대하여」가 있는데, 거기서는 일본이 '대동아전쟁' 운운한들 중국의 문학자가 곧장 마음으로 화답할 리 없으며, 중국인 안에는 다른 문학 정신이 있음을 인정해야 한다고 말하죠.

> 5·4 이후의 문학 정신은 표면으로 분출되지 못한 채 막혀 있지만 침묵의 밑바닥에서 맥맥이 흐르고 있다는 느낌이다. (……) 만약 우리 대동아 문화 사상이 이 방향과 배치된다면 우리는 그들에게 협력을 요구할 수 없으리라. 역으로 현대 지나를 체계로 온전히 포섭할 수 있는 장소로라면 그들은 기꺼이 따르리라. 다만 그런 장소는 근대 일본과 근대 지나가 함께 부정됨으로써 완전히 되살아나는 장소여야만 한다. 이를 실현하려면 우리에게 비상한 결의와 노력이 요구되리라.

이 발언에는 정치사상으로서는 실현할 수 없는 터무니없는 내용이 담겨 있군요. 이것이 낭만주의자로서 다케우치 요시미의 사상이 지닌 어려운 면(나로서는 비판하고 싶은 면)입니다. 그러나 한편으로는 전쟁 중에 발표한 글이라서 다케우치 요시미가 어떤 각도에서 대동아전쟁을 지지했는지가 뚜렷하게 드러납니다. "태양을 향해 시위를 당기는 것은 일본이라 해도 하늘이 허락지 않으리." 일찍이 기타 잇키가 『지나혁명 야사』에 적은 문장인데, 그 확신을 우리 지나 연구자는 함께한다고 다케우치 요시미는 적습니다. 이상이 「대동아전쟁과 우리의 결의」와 결부된 일련의 글입니다.

이것들을 한데 모으자니 방금 말씀드렸듯이 전쟁 중에 다케우치의 저작을 읽지 않길 잘한 것 같습니다. 이자에게 이끌리지 않았기에 나는 말뚝에 자신을 묶듯이 해서 자신의 반전사상을 만들어낼 수 있었습니다. 그러나 그로 인해 자신이 비좁아졌음을 느낍니다.

전쟁 중 나는 고바야시 히데오, 야스다 요주로, 다나베 하지메, 니시다 기타로, 와츠지 테츠로 등의 저작을 읽었지만, 그것들은 마음을 사로잡지 못했습니다. 오히려 전쟁 중에 애독한 책은 해군의 피엑스에 있길래 손에 든 와타나베 가즈오 번역의 『가르간츄아와 판타그류엘』 제1권이었습니다. 재밌었습니다. 그밖에 노자나 루쉰이 피엑스에 있었습니다. 그것들은 군대에 있던 내 안으로 들어온 책입니다.

나는 정치가 집안에서 자라나서 어린 시절부터 그런 사람들을 비교적 자주 봤습니다. 국가의 중심부에 있는 자들의 어리석음은 익히 알고 있었습니다. 그자들은 일본의 중앙에서 자유, 아시아의 해방을 운운하지만 말단으로 파견된 사람들은 인도네시아인을 구타하고 괴롭힙니다. 동아 해방은 중앙에서, 의회에서 연설할 때는 입에 담을 수 있습니다. 그러나 현지에서는 다르게 작용한다는 것을 나는 알고 있었습니다.

하지만 여기서 다케우치 요시미는 다른 것을 봅니다. 국가의 결단을 자신의 책임으로 짊어지는, 그러한 민중이자 개인의 의사가 있다, 그걸 느꼈습니다. 저 전쟁은 지도자의 호령만으로 할 수 있는 게 아닙니다. 아니, 따르는 자들이 있다고 해서 할 수 있는 것도 아닙니다. 자신은 죽을지도 모른다, 죽을 것이다, 하지만 이상의 실현을 굳이 짊어진다, 그렇게 결의한 자들이 있습니다. 그들의 눈에 보인 미래는 어떤 것이었을까요. 일본을 지킨다는 미래도 보였겠죠. 하지만 일본이 아시아인에게 완수해야 할 역할도 분명히 있었을 것입니다. 그러한 의지를 일률적으로 군국주의로 분류할 수 있는지가 문제로 남습니다. 그러한 의지는 도쿄 수상과 다이쇼익찬회 지도자의 의사를 초과하고 있습니다.

'과실'로부터 배운다는 것

　이 대목에서 다케우치 요시미가 전쟁 중에 발표한 글을 다시 읽어 보면 내 경우보다 훨씬 무거운 게 있다는 느낌입니다. 특히 「대동아전쟁과 우리의 결의」, 그리고 이어서 써낸 제2, 제3의 글을 함께 읽으면 의미가 분명해집니다. 일본 문화가 변하지 않는 한 조선, 중국, 일본을 포함한 아시아의 해방 따위는 없다는 것입니다. 일본이 공산주의 체제가 된다면 거부하지 않겠지만, 공산주의 체제가 되는 것만으로는 불충분하다, 공산주의, 사회주의로는 해결할 수 없는 다른 것이 있다, 이 점은 오늘날 세계의 사회주의국, 공산주의국의 동향을 봐도 분명히 알 수 있습니다.

　이런 사고는 1941년 12월 8일의 상황 예측으로는 잘못되었습니다. 일본이 대동아전쟁을 그런 식으로 전개할 리 없었습니다. 일본에는 그런 이상을 감당할 만한 힘이 없었습니다. 자신의 예측에 대해 그는 오산의 책임이 있습니다. 같은 시기 나도 예측을 했습니다. 나는 그보다 열두 살 연하인데 남들이 알아볼 수 없도록 이렇게 되리라는 자신의 예측을 영어로 써두었습니다. 내 쪽이 맞았습니다. 그러나 전후가 되자 적중시킨 쪽이 올발랐는가라는 문제가 내 안에서 생겼습니다.

　전중의 예측으로서는 당시 내가 자신을 말뚝에 묶어 두고 내놓은 예측쪽이 보다 올발랐지만, 예측이 잘못되었다고 잘못일까요. 자명한 문제처럼 보일지 모르지만, 나는 잘못된 게 과연 잘못인가라는 문제가 있다고 생각합니다. 컴퓨터를 두드려 문제를 정리하는 식이라면 잘못은 잘못이라고 정해져 있습니다. 컴퓨터의 규칙이 그렇기 때문입니다. 그러나 잘못을 범한 게 잘못이었는지가 내게는 문제입니다.

　일본인이라는 이 집단이 중국인과 조선인을 침략해 해를 끼치지 않도록 만든다는 방향은 앞으로도 우리의 목표인데, 전후 일본은 그 길을 저버리는 방향으로 나아갔습니다. 그러한 비좁음이 있습니다. 전후 일본은 이 문제를 놓쳤습니다. 다케우치 요시미는 메이지 시대에 『대동합방론』을 쓴 우익 인사 다루이 도키치, 또한 우익적·국수적 운동을 벌인 사람이지만 『33년의 꿈』을 쓴 미야자키 도텐, 역시 우익인 기타 잇키를, 전후에 아무도 그들을 되돌아보지 않던 시기에 평가하고, 아니 전후만이 아니죠, 아까 인용한 문장은 기타 잇키의 것이니 전중부터 나서서 평가하여 그 이상을 되찾으려 했습니다. 그것이 다케우치 요시미의 전중·전후 작업의 일부입니다. 그건 전전이나 전중의 우익이 좋았다거나 그들을 전면적으로 긍정한다는 의미가 아니었습니다.

기시 노부스케라면 전쟁 책임을 스스로 추궁하거나 짊어지는 일도 없이 다시금 권좌에 올랐습니다. 이자가 총리대신이 되어 1960년에 신안보조약을 강행 체결하자 안보투쟁이 일어나는데, 당시 다케우치는 전력으로 거기에 맞서겠다고 결단했습니다. 그건 "전쟁 중에는 우익이 좋았어"라는 것과는 전혀 다른 입장에 다케우치가 서 있었음을 증명합니다. 작가로서도 그러했습니다. 전시에 자신이 쓴 저작을 숨기지 않고 사람들 앞에 드러내고 그 책임을 짊어졌으며, 그로써 전후 자신의 행방을 정했던 것이죠.

일본의 전후 사상은 대학과 논단, 저널리즘을 두고 말하자면, 전쟁 중에 가장 과오가 적은 자들의 사상을 고른 뒤 씻어내서 계승하기를 업으로 삼았습니다. 누가 잘못하지 않았는지를 탐정처럼 캐는 셈이군요. 그 위에서 자신들의 미래를 수놓는 방향을 취해 왔다고 생각합니다. 올바른 길을 택한 자들은 상당수 죽었습니다. 따라서 잘못을 범하지 않았죠. 그밖에 감옥으로 잡혀간 사람, 외국으로 나갔던 사람이 있습니다. 물론 그들은 위대합니다. 하지만 그들을 좇는 길만이 아니라 우리의 과실을 과실로서 드러내고 그것을 끊임없이 음미하며 미래를 생각하는 길도 있다고 생각합니다.

올바른 사상이란 것을 가려내고, 이게 올바르다고 고정해 두고, 그걸 받아들이는 식이라면 우리는 살아가며 그때마다의 상황에서 유리된 명분이나 원칙만을 언제까지고 쥐고 있게 됩니다. 나는 그것은 그것대로 의미가 있다고 생각합니다. 원칙을 오십 년이고 육십 년이고 반복해 주장하는 것에 의미가 있다고 생각합니다. '평화' '반전'을 육십 년, 칠십 년 동안 말할 수 있는 사람은 상황에 탄력적으로 대처하지 못하더라도 훌륭합니다. 하지만 상황 속에서 뭔가를 하려면 그것만으로는 부족합니다. 흔히 죽은 사상만을 찬미하는 식이 됩니다. 그것을 올바로 학습해서 계승하는 게 대학이나 논단의 방식이죠. 가령 가와카미 하지메는 위대한 사람입니다. 이와나미 서점에서 전집이 나왔죠. 제국대학 교수인 자신의 지위를 박차고 나와 공산당 운동에 투신했습니다. 그러나 가와카미 하지메는 왜 동시대 스탈린 통치하에서 자행된 무분별한 숙청에 대해서는 함구했을까요. 이 점에 관해 나는 와다 요이치에게서 배운 바가 있는데, 쇼와 초의 일본에서 혁명이 실현되리라고 예견한 것은 적어도 사회과학자로서는 실패가 아닐까요. 잘못이 아닐까요. 그런데 왜 전후에 가와카미 하지메의 숭배자와 신봉자는 그 과실로부터 배우려 하지 않은 것일까요. 아라하타 간손의 과실로부터도 배워야 합니다. 아라하타 간손 역시 혁명 이후의 소련을 미화했으며, 소련 정부가 스탈린을 비판할 때까지 그리했습니다.

그처럼 위대한 선인의 과실로부터 배운다는 것이 우리의 과제여야 합니다. 그러나 위대한 선인을 계승한다면서 과실은 덮어 둡니다. 그것이 컴퓨터식 논의죠. 그런 식이라면 대학에 들어갈 수 있고 졸업도 하겠지만, 사회로 나오고 나서는 지속하기 어렵습니다. 반복하고 반복하다가 이상한 길로 틀어져 버리지 않겠습니까.

마찬가지로 우리는 다케우치 요시미의 과실로부터 배워야 합니다. 그게 오늘의 문제를 세우는 방식입니다. 오해를 두려워하지 않고 말한다면, 대동아전쟁을 제대로 싸워낸 자로서 다케우치 요시미는 내게 교사이자 반면교사입니다.

전쟁이 끝났을 때 다케우치 요시미는 어떻게 했던가요. 전쟁이 끝난 직후에 그는 중국에 있었고 그 사이에 그가 아닌 다른 동료들이 『중국문학』

을 복간합니다. 중국문학연구회는 전쟁 중에 대동아문학자대회에 불참했으니 훌륭합니다. 과실이 적었죠. 따라서 전쟁 중에 자신들이 하던 것의 연장선으로 호수를 이어 잡지를 냈습니다. 어떤 의미에서 합리적 선택이었습니다. 하지만 뒤늦게 중국에서 돌아온 다케우치 요시미로서는 참기 어려웠습니다. 왜 복간했는지를 두고 항의하고는 끝내 폐간시키기로 마음먹습니다. 그러면서 「각서」를 씁니다.

> 자기를 주장하는 데 비겁하고, 조직력이 달리고, 전투 방법이 졸렬했던 중국문학연구회는 역사에서 가장 중요한 시기에 혁명 세력이 되지 못한 책임을 통감한다(그건 패전을 둘러싼 시기입니다—인용자). 지금부터의 노력으로써 그 빚을 갚아 나가야 한다.

즉 전쟁 책임의 추궁이 자신들의 임무라는 것입니다. 자신에 대한 추궁을 포함해서요. 그런 자세입니다.
다케우치 요시미가 8월 15일을 어떻게 맞이했는지에 관해서는 전후에 「굴욕의 사건」이라는 글에 담고 있습니다. 나는 이 글을 「각서」와 함께 읽어야 한다고 생각합니다.

> 8·15는 내게 굴욕의 사건이다. 기록을 보면 정치범을 석방하라는 요구조차 8·15 직후에 자주적으로 터져 나오지 않았다(이때의 책임을 생각해야 하는 것입니다—인용자). 8·15 시기에 인민정부를 수립한다는 선언이라도 나왔다면, 설령 미약한 소리였고 성사되지 못했을망정 오늘날의 굴욕감으로부터 얼마간 구제되었으련만. 그런 일은 아무것도 일어나지 않았다. 우리는 고귀한 독립의 마음을 이미 8·15에 잃지

는 않았던가. 마오쩌둥은 항일전쟁은 반드시 승리한다며, 그 이유 가운데 하나로 부차적이지만 일본의 인민이 저항에 나설 테니 일본은 중일전쟁에서 패배하리라고 예견했다. 마오쩌둥의 전쟁 이론은 정확했다. 그러나 그는 한 가지 점에서 과대평가의 과오를 범했다. 일본 파시즘 지배의 실태를 통찰하지 못했던 것이다.

또 한 가지, 다케우치 자신을 칼집에 든 군도로 때렸던 중대장이 전쟁이 끝난 뒤 감기라도 걸렸는지 망토를 걸치고 연단 위로 올라와 훈시합니다. 「군인칙훈」을 읽습니다. 그때 이 구절을 읽었습니다. "아국의 존엄을 널리 떨치지 못함에 너희들은 짐과 그 근심을 함께 나눠야 할지니라." 이 구절에서는 메이지 초기에 메이지 천황은 일본 전체를 지배하는 위치에 서지만 자신이 없다는 동요가 전해지는군요. 앞으로 있을 일에서 실패할지도 모른다는 불안을 갖고 있습니다. 따라서 자신은 실패할지 모르지만 그렇더라도 자신을 도와달라고 호소합니다. 하지만 메이지 본래의 정신, 천황도 갖고 있던 정신이 이후 교육칙어 등의 오만한 자세에 의해 가려지고 맙니다. 그런데 이 절실한 호소가 중대장의 입을 통해 나온 것입니다.

다케우치는 이렇게 적습니다. "충격이었다. 단순한 수사라며 별 생각 없이 넘기던 칙훈에 이렇듯 긴박감 넘치는 표현이 담겼음을 알고는 메이지의 정신을 새삼 다시 보게 되었다."

메이지에 성립한 천황제 속에는 그런 위기의식이 숨겨져 있었다는 것입니다.

민족정신을 짊어지는 개인

올바른 사상을 고정해 두고 그걸 계승하는 식으로는 실상 계승은 어렵습니다. 학교에서 배운 지식인의 계승 방식으로는 계승이 안 됩니다. 일본의 교육제도는 기본적으로 계승이라는 문제를 어째선지 오해하고 도식에 맡겨온 것이 아닐까요.

계승의 위대한 전통 중 하나로서 천황제가 있습니다. 적어도 그 일부는 대중의 습관에 뿌리내려 천황제는 지금도 계승되는 무의식의 전통, 타성에 기댄 계승의 전통을 이루고 있습니다. 따라서 계승되어 갑니다. 조금 작게 말한다면 당주家元 제도군요. 다도도 그렇습니다. 허공을 가르는 듯한, 학습에 의한 계승 방식으로 그것들을 계승하기란 어렵습니다. 천황제 계승의 전통이 얼마나 끈질긴지를 똑똑히 직시해야 합니다. 다케우치 요시미가 「권력과 예술」에서 "일목일초에 천황제가 있다"고 말한 것은 그걸 가리킵니다. "천황제는 불합리하다"고 말할 뿐이라면 작은 계승으로 인해 보다 위대한 계승을 가로막는 꼴이며, 이래서는 불충분합니다.

그런데 한편으로 천황제가 완전히 사로잡을 수 없는 일본 민중이 간직한 생활 습관의 전통이 있습니다. 거기서도 계승이 필요합니다. 그 계승의 무의식 부분, 반半의식 부분에서 무언가를 끊임없이 끄집어내 우리의 의식 부분과 교류하도록 만들고 싶습니다. 그게 중요합니다. 거기서는 반드시 흔들림이 발생합니다.

다케우치 요시미는 '중국'이라 부르기로 결정한 후 다시금 '지나'로 돌아왔죠. 그 흔들림이 중요합니다. 전전과 전중의 여러 일본인이 모색한 행동과 사상을 '침략-연대'의 착종 관계로 파악하려 한 그의 방법은 과거를 향해 새로운 시선을 보냅니다. 그것은 침략이 곧 연대였으니 과거의 침략은 모두 올발랐다는 견해 같은 게 아닙니다. 다루이 도키치든 기타 잇키든 그들의 사상과 행동 가운데 어느 부분이 침략이었고 연대였는지를 가려내려는 시도입니다. 어느 부분이 침략이고 연대였는지, 혹은 양자가 뒤섞여 구분할 수 없는지를 생각해 가려는 것입니다. 글을 쓴 자들만 그런 게 아니었죠. 정치가든 한국에 간 장사치든, 공장을 돌린 자든 마찬가집니다. 악명 높은 신문의 경영자도, 한국에 가서 포교한 극성의 기독교신자도 이면이 있습니다. 그 양면 모두를 보지 않는다면, 과거 일본인은 모두 나빴다는 뻔한 참회가 되고 맙니다. 그런 식이라면 인간이 살아갈 장을 생각해 내기 어렵습니다. 어떤 사람의 어느 부분이 침략이며, 어느 부분이 연대를 향한 노력인지를 구분하고 기록해 가는 방법, 이것이 지금까지의 일본인의 행동과 사상의 유산을 우리 것으로 되찾는 길입니다. 민족주의가 부추기는 군국화에 맞서 그걸 막아낼 민족적 단결도 이렇게 다져질 것입니다.

끝으로 다케우치 요시미는 언제나 '민족과 나'라는 구도에서 일본 사상을 파악했음에 주목해 주길 바랍니다. 그 사실을 기억하길 바랍니다. 민족이 나를 통해 작용한다는 것이죠. "지금 민족의 동향에 나 혼자서라도 맞설 만큼 강한 에너지를 갖고 싶다." 민족문화가 있으니까 혹은 국가가 정부가 그렇게 명령했으니까 항상 따른다는 게 민족정신은 아닙니다. 민족정신의 중요 부분인 자신이 개인의 책임으로 그걸 감당한다는 것입니다.

다케우치 요시미가 다자이 오사무를 언급한 글이 있습니다. 그 글을 비판한 어느 대학교수의 주장에 응하며 이렇게 말하는군요. 왜 다케우치 요시미는 다자이 오사무를 애독했을까요. 그것도 전쟁 중에 말이죠. 그건 다자이가 다이쇼익찬회에 맞선 단 한 명의 문학자였기 때문이라고 말합니다. 다자이 오사무가 전쟁 중에 써낸 소설, 수필, 소품문 같은 걸 봐도 다이쇼익찬회식과는 거리가 멉니다. 1942, 1943년에 다자이 오사무가 써낸 작품을 읽노라면 전율하게 됩니다. 정말이지 훌륭합니다. 다자이 오사무의 작품 가운데 그다지 좋다고 평할 수 없는 『석별』, 루쉰을 다룬 작품이죠, 그것조차 그 독을 품고 있습니다. 그 독을 뽑아낸다면 무슨 다자이 오사무인가, 그걸 전후의 연구자는 놓치고 있는 게 아닌가, 그것이야말로 전후에 가장 전해지기 어려운 게 아닌가. 다케우치 요시미는 다자이 오사무를 언급하며 이렇게 쓰고 있습니다.

이처럼 『석별』을 포함해 전중의 다자이 오사무를 읽어 나가는 다케우치 요시미의 자세(이때 다케우치 요시미는 대동아전쟁 지지를 결행했죠), 그 안에는 자신을 통해 민족정신을 파악한다는 관점이 있었습니다. 그렇다면 중국의 민족정신 속에서 자신을 통해 파악하는 사람들이 나오고, 중국 민족 속의 다양한 자신과 일본 민족 속의 다양한 자신이 서로에게 다가가 교류하는 길, 함께 이야기하고 생각하는 장소도 열릴 수 있겠죠. 여기서는 서로를 계발할 가능성이 언제까지고 생생하게 생겨납니다. 이것은 다케우치 요시미가 전중부터 전후에 이르기까지 거의 40년 동안 중국의 루쉰을 새롭게 해석하며 계승한 바를 저작의 단서로 삼은 비밀이기도 합니다.

도덕의 근거는 어디에

패전 직후에는 종이가 부족하고 필자도 구하기 어려워서 책과 잡지가 드물었다. 한동안은 전쟁 말미에 만들어진 책과 잡지만 나왔다. 시대가 바뀌었으니 후기를 조금 손보는 식이었다.

1945년 12월이 되자 패전 이후 기획된 잡지『신생』,『근대문학』등이 서점에 진열되었다. 1946년 중반에 이르기까지 소잡지들이 차례차례 등장했으며, 패전 이전에도 존재했던『문예춘추』나『킹』도 새로 등장한 소잡지들과 뒤섞여 재출발했다. 마치 마라톤처럼 큰 것도 작은 것도, 전문가도 아마추어도 동일선상에서 시작했다.

소잡지 하나에서 다케우치 요시미의「중국인의 항전 의식과 일본인의 도덕의식」이라는 글과 만났다. 그 글은 린위탕[1]의『모멘트 인 베이징Moment in Peking』과 그 속편에 해당하는『어 리프 인 더 스톰A Leaf in the Storm』을 소개하는 데서 시작한다.『모멘트 인 베이징』은 1939년에 출판되었는데, 이듬해인 1940년에는 일본에서 세 종류의 역서가 나왔다.『베이징

1 　린위탕林語堂(1895-1976); 소설가. 신랄하게 사회를 풍자하는 작품을 다수 남겼다. 자유주의자로 불렸고,『인간세人間世』를 창간해 소품문을 유행시켰으며 세계정부를 제창하기도 했다. 미국에서 영어로 주로 집필했는데『내 나라 내 민족My Country and My People』,『모멘트인 베이징Moment in Peking』,『생활의 발견The Importance of Living』등을 썼다.

의 세월北京歷日』(후지와라 구니오 초역),『베이징의 나날北京の日』(스루타 도모야 번역),『베이징의 좋은 날北京好日』(오다 다케오·쇼노 미쓰오·마사오 나카무라·마쓰모토 마사오 공역).

다케우치는 이 소설이 중국 문학사에서 동시대 작품에 비해 뛰어난 작품은 아니라고 말한다.『홍루몽』을 본받아 풍속화로서는 방식이 비슷하지만『홍루몽』의 작자가 지닌 반속反俗정신은 찾아보기 어려우며, 린위탕과 동시대를 살았던 중국의 소설가 마오뚠²이『새벽이 오는 깊은 밤』에서『서리 맞은 단풍은 이월의 꽃보다 붉다』로 성장해간 모습과 견준다면 현대 중국 문학으로서 뛰어나다고 말하기는 어렵다는 것이다.

그런데도 다케우치가 이 소설을 택한 까닭은 일본어 번역이 세 종류나 되지만, 모두 삭제된 구절이 있어서였다. 당시 상황에서는 이런 형태가 아니라면 합법적으로 출판될 수 없었으리라. 그야 하는 수 없지만, 그래서 애석함이 가시지 않는다. 왜냐하면 만약 완전한 모습을 갖춰 세상에 나왔더라면 일본 국민이 전쟁을 달리 생각하도록 도왔을 가장 좋은 재료가, 그 귀중한 대목이 왜곡되거나 알맹이가 빠진 나머지 오히려 거꾸로 작용하고 말았기 때문이다. 린위탕이 일본 국민의 도덕적 책임을 고발한 대목이 거꾸로 독자에게는 억지 허세를 부린다는 인상을 주고 말았다. 린위탕이 중국의 도덕적 우월을 자랑하는 대목은 약자가 늘어놓는 넋두리처럼 보인다. 뿐만 아니라 독자들이 그렇게 보도록 해설자도 거들고 나서 삭제가 작품의 본질을 훼손하지 않았다고 떠벌린다.

당시의 번역서에서 문제된 곳을 가져온다면

---

2   마오뚠茅盾(1896-1981); 작가. 마르크스주의가 요구하는 계급성과 역사적 전망을 치밀하게 이어맺은 작품을 남겼다. 중국 근대 문학의 최초 문학 단체인 '문학연구회'의 주요 발기인이며 혁명운동에 가담하기도 했다. 1930년대 상하이를 배경으로 제국주의와 매판자본의 협공 속에서 몰락하는 민족자본의 운명을 그린『새벽이 오는 깊은 밤子夜』은 중국에서 마르크스주의와 리얼리즘을 결합시킨 최초의 작품으로 꼽힌다.

"보야가 말야, 중독을 끊겠다고 마음먹은 동기가 당최 웃겨서 말이지. 어느 날 부인과 함께 똥안시장을 걷고 있는데, 어디선가 온 선원이 부인 뒤를 쫓아와서는 엉덩이를 더듬었지만 어쩔 수 없었다지 뭔가. 세 번씩이나 그러니까 부인도 견디다 못해 소리를 질렀다는군. 보야도 성이 나서 뒤돌아보았지. 그러니까 갑자기 그 선원이 보야의 뺨을 갈기고는 껄껄 웃었다더군. 그래서 보야는 헤로인을 그만 피우기로 했다지 뭔가."

"그래서, 보야는 맞고 어쨌는데?" 무란이 물었다.

"어쩌긴, 어찌할 재간이 있겠나. 지나의 순사인지 뭔지도 그냥 내버려 두는데 말야." 무란은 감동을 받았다.

같은 곳을 다케우치 요시미는 원문으로부터 이렇게 번역했다.

"그래서 보야가 중독을 고치기로 결심을 했다지 뭐예요, 알고 계시나요? 일본 선원이래요. (……) 제복을 입은 일본 선원이 뒤쫓아와서 (……) 부인이 뒤돌아봐도 일본인은 그만두지 않았대요. 부인은 무서워서 소리를 낮춰 남편에게 고했죠. 세 번씩이나 그 일본인이 해코지하자 부인은 새된 소리를 질렀고, 보야는 분개해서 뒤돌아봤어요. 그러자 그 일본인 선원은 짝 소리 나게 보야의 뺨을 손바닥으로 갈기고는 웃었대요. 그때 일본인이 밉다는 생각에 뼛속까지 저몄고, 자신이 헤로인을 들이마시는 습관을 일본인이 길러 주었음을 깨닫고는 그 길로 그만두겠다고 마음먹었다는군요."

"맞고는 어떻게 했는데?" 무란이 물었다.

"뭘 어쩌겠어요. 중국 경찰이 일본인을 어찌할 수는 없는 걸요. 치외법권이잖아
요."

무란은 감동을 받았다.

전시 중에 나온 번역서는 원문의 '일본인'을 '외국인'으로 고쳤다. '어딘
가의 선원'이라고도 옮기고 있다. 눈치 빠른 일본인이라면 그 대목 역시 일
본인임을 알아차렸을 것이다. 그러나 이처럼 에둘러 번역한 나머지 린위
탕의 원문에서 넘쳐흐르는 기백이 사라지고 말았다.

여기서는 보야라는 헤로인 중독환자(그는 텐진의 호텔에서 호텔보이가 건네준
마약이 함유된 일본제 담배를 무심코 피웠다가 중독되었다)가 자기 힘으로 헤로인을
끊으려고 결심한 것을 보야의 숙모가 설명하고 있다. 다케우치에 따르면
작가는 보야를 통해 중국인을 대변케 했다. 따라서 일본인과 중국인의 뒤
얽힌 관계를 건너뛰면 "무란은 감동했다"는 일구가 허공에 떠버린다. 이
일구를 읽은 중국인은 거기서 자신의 상황을 읽어 내고는 무란처럼 감동
을 받는다. 중국인만이 아니라 영문판을 읽은 미국인도 이 점을 헤아릴 수
있었다. 하지만 일본인 독자는 번역서가 세 종이나 있는데도 이 점을 읽어
낼 수 없었다.

일본 군부는 비밀 기관을 통해 아편을 매매하고 중국인들을 아편과 헤
로인에 빠뜨려 필요에 따라 자신들이 끌어다 쓸 수 있는 자금을 마련하고
그들을 조종했다. 이에 대해 다케우치는 말한다.

일본인인 나로서는 그들의 심리 속으로 들어가서 본다면 마약상이나 밀수업자가
자기가 하는 일을 도덕적으로 의심하지 못한 이유를 이해할 수 있다. 모든 도덕의
근원은 국가에 있다. 그리고 국가는 신^神인 한 사람에게서 발한다. 애국이라고 암

시하면 그들은 무엇이든 했고 그것이 선이라고 확신했다. 거기에는 휴머니즘이라는 시민사회적 윤리감이 결여되어 있다. 따라서 마약상이나 밀수업자에게도 동정할 구석은 있지만, 달리 말하면 일본의 자본주의가 그 윤리감을 기르지 못한 데 문제가 있다. 기르지 못했을 뿐 아니라 역으로 퇴화시켰다. 상인의 질도 '지나 낭인'의 질도, 기시다 긴코[3] 이래 줄곧 퇴행하고 있다. 군대의 질로 말할 것 같으면 의화단 시기와 이번 전쟁은 거꾸로 가고 있다. 이 대목에는 제국주의론으로 말끔히 정리할 수 없는 무언가가 있는 게 아닐까. 내친김에 말하자면, 이번 전쟁이 제국주의 침략 전쟁이었다는 말도 너무 우쭐한 판단으로 실은 근대 이전의 약탈 전쟁이 아니었을까. 적어도 제국주의로 위장된 원시적 약탈이라는, 이중적이고 특수한 일본형이 아니었을까.

다케우치 요시미는 중일전쟁에 병사로서 참전해 이런 상황을 목도했다. 이 견해는 자신의 경험에서 나온 것이다. 다케우치는 『모멘트 인 베이징』이 소설로서 뛰어나지는 않다고 생각했다. 그러나 이 소설은 우리 일본인이 외면한 또 하나의 중일전쟁을 전해 준다.

린위탕은 전쟁을 그렇게 포착했다. 그는 전쟁을 야만인의 침입으로 보았다. 따라서 정복당했지만 일시적일 뿐이었다(『모멘트 인 베이징』이라는 제목은 거기서 유래한다. 따라서 일본어 번역판 제목은 적당치 않다. 애초 모멘트란 1937년 이후만을 가리키지 않고 1900년 이후도 포함하리라).

---

3   기시다 긴코岸田吟香(1833-1905); 신문기자이자 실업가. 1873년 『도쿄니치니치신문東京日日新聞』에서 주필로 활약하며 타이완 출병 때는 종군기자로 『타이완 종군기台湾従軍記』를 연재했다. 1880년 상하이로 건너가 낙선당樂善堂을 열어 눈에 넣는 마약 '정기수精錡水' 판로를 개척했다. 낙선당은 지나에서 활동하는 지나 낭인이 모이는 거점이 되었다. 또한 일청무역연구소日清貿易研究所와 동아동문서원東亜同文書院을 설립하는 데 결정적 역할을 했다.

여기서 다케우치 요시미는 50년 가까운 세월을 '일순(모멘트)'이라고 여기는 중국인의 역사관을, 눈앞의 승리에 모든 것을 거는 일본인의 역사관과 대비한다.

린위탕은 일본의 침략을 일순이라 여기고 그것을 집어삼킬 중국인의 도덕적 지구력을 믿었다. 그건 루쉰의 절망에 비하건대 가벼울지 모른다. 하지만 『모멘트 인 베이징』을 써낸 린위탕을 당시 일본에서 '모랄리시 에네르기(도덕적 에너지)'를 주창한 어용학자들과 비교한다면 그들처럼 민중들로부터 유리되지는 않았다. 다케우치 요시미는 그렇게 평가한다.

린위탕은 자신의 소설에서 야만은 야만으로써 멸망하게 된다는 역사관을 제시하며 중국 민중의 자력 항전을 격려했다. 헤로인 환자인 보야가 자력갱생하기로 한 맹세는 내몰린 민족이 내몰린 상황을 박차고 나오려 할 때 자신을 향해 지르는 함성이다. 그것은 린위탕과 입장을 달리했던 마오쩌둥이 옌안에서 내놓은 『지구전론』과 대일對日 항전이라는 지점에서 만난다. 이 경우 아편은 급소에 놓인다.

아편은 오랫동안 중국 군벌의 재원이었다. 아편을 금절하겠다던 정책은 언제나 독점이윤의 유혹 앞에서 무릎을 꿇었다. 국민정부 치하에서도 겉으로는 금지했지만 거지반 공공연히 팔렸다. 일본의 점령지에서는 버젓이 매매가 이뤄졌다. 그런데 일본의 점령지와 경계를 접하는 중공 땅에서는 절대 금제를 지켰다. 그래서 밀수가 심각했다. 만약 오로지 경제적 관점에서 보자면, 중공의 정책은 바보스럽기 그지없다. 자기 돈을 상대의 전력에 보태는 꼴이니 말이다. 그러나 중공은 목전의 이익을 위해 이상을 파는 짓을 용납하지 않았다. 불리함을 알면서도 보복 수단을 꺼내지 않았다. 나는 전쟁 중에 몽강4에서 '현지'의 조사 기관에 있는 한 과학

---

4   몽강蒙疆 중화인민공화국 내몽골 자치구 일대에 있던 나라다. 내몽골 독립운동가인 데므치그돈로브에 의해 1936년 5월 12일 몽골군 정부로서 수립되었으며 1937년 10월 몽고연합자

자와 이 문제를 두고 이야기를 나눈 적이 있다. 그 사람은 '마르크스주의자'로 중공의 전력을 실로 면밀히 조사하고 있었다. 나는 일본 군부가 마르크스주의를 이용하는 근대성에 경악했다. 그러나 조사는 온통 숫자투성이었을 뿐 그 사람은 윤리적 관점에서 사태를 분석하는 일에는 흥미를 보이지 않았다.

「중국인의 항전 의식과 일본인의 도덕의식」은 모토야마 토시히코가 편집해 국토사에서 발행하던 잡지 『지성』 1949년 5월호에 실렸다. 얇은 잡지였는데 이 글이 나온 뒤 곧 폐간되었다. 나로서는 잊을 수 없는 글이다. 패전 이후 수년간 종합잡지에 실린 여러 뛰어난 글들 중에서도 특별한 위치를 점한다. 당시 나는 이런 글을 생전 처음 접한다는 느낌이었다.

린위탕이라는 이름은 낯설지 않았다. 1935년에 나온 『나의 나라, 나의 국민』이라는 영어 저서가 미국에서 평판을 얻어 서점에 쌓여 있길래 읽어 본 적이 있다. 당시 나는 미국 유학 생활 초기였다. 가볍고도 뜻이 잘 통하는 영문으로 작성되어 있었으나 루쉰의 『아Q정전』 등과 비교하건대 남아 있는 인상이 별로 없다. 루쉰의 울적한 문체 쪽이 내게는 매력적이었다. 『모멘트 인 베이징』 역시 미국에서 접해 봤으며, 일본어로 번역서가 나온 것도 알고 있었다. 나는 지나치고 만 책을 단서 삼아 다케우치 요시미가 새로운 시야를 연 것은 내게 하나의 충격이었다.

이 글을 쓰고자 다케우치 요시미는 린위탕의 저작을 집중적으로 읽었다고 한다. 「린위탕」(『루쉰 잡기』, 1949)에는 이렇게 적혀 있다. "그가 내세운 반공은 순수하게 그의 '애국심'에서 나왔다. 사욕이나 타협이 아니다. 그만큼 울림이 있다. 두 가지 가능한 길 중에서 그는 한 가지 길을 성실히 걸었다.

치정부로 이름을 바꾸었다. 그 후 1939년 9월 1일에 다시 몽강자치연합정부(이하 몽강국)로 개칭했다. 그러나 데므치그돈로브는 일본에 협력하던 인물로서 몽강국은 만주국의 영향 아래 있던 사실상의 일본 식민지였다.

그 사실은 무한정부(국민당 좌파) 이래 그의 경력을 보면 알 수 있다." 다케우치에 따르면 "사상가로서 린위탕은 빈약하다. 그러나 저널리스트로서는 실로 날카로운 감각을 갖고 있다. 여론의 맹점을 간파하는 혜안이 그를 언제나 성공으로 이끈다."

"중국에서는 공자와 마르크스가 대결하고 있다. 나는 공자에게 건다"고 린위탕은 『더 비질 오브 네이션The Vigil of Nation』(1945)에 적었다. 왜 공자가 이기는가. 공산주의는 민족의 전통을 무시하는 까닭에 잠시 성공하더라도 결국 실패하리라는 게 그의 견해였다. (「린위탕」, 『토호쿠 대학 신문』, 1948. 5.)

1951년 『현대중국론』이 카와테쇼보에서 나왔을 때 다케우치는 「중국인의 항전 의식과 일본인의 도덕의식」에 대한 추기追記로서 이렇게 적었다.

린위탕이라는 인물이 사람들의 기억에서 점차 사라지고 있다. 그러면 일본인의 중국 인식에서 약점이 생긴다. 나는 기필코 그를 다시 발굴해낼 것이다.

다케우치 요시미는 동시대 상황의 작은 지점에 관해 쓰기 시작해 큰 흐름에 이른다. 그중 한 가지로서, 중국에 대한 일본인의 이해가 빈곤하다는 점을 포착하고는 그 점을 추궁해 일본인의 현재를 비춰 낸다. 거기서 전통을 대하는 일본의 굴절된 독해 방식이 드러난다. 지금껏 일본론은 주로 일본의 전통을 미화하는 데 힘을 쏟거나 일본의 전통을 부정하는 데 집중했다. 그러나 다케우치 요시미의 일본 전통론은 부否의 유산을 내치지 않고

부의 유산으로서 끌어안으며 지금을 살아가는 자세를 시사한다.

중일전쟁으로부터 대동아전쟁에 이르는 긴 세월, 일본인은 국가(실은 당시 정부)에 따르는 게 도덕이라고 믿었기에 싸우고 있는 상대가 지닌 도덕에 대해 생각해본 적이 없다. 중국 항일 민족전선의 토대가 된 국민윤리의 높은 수준과 비교하자면, 일본에서는 그런 윤리가 거의 결여되어 있다. 전쟁을 윤리적 측면에서만 보는 것도 잘못이지만 윤리적 측면을 보지 않아도 글러먹은 이야기가 된다. (……) 사람은 이익에 따라 움직이지만 이익만으로 움직이지 않는다.

침략 전쟁은 국민의 가치판단에 혼란을 안기고, 린위탕이 고발했듯이 도덕적 불감증을 낳았지만, 동시에 국민의 낮은 도덕의식이 침략을 가능케 했다. 그리고 그 점은 오늘날에도 여전히 자각되지 않고 있다. 인도에 대한 죄를 평화에 대한 죄로 해소하면 어깨야 가벼워지겠지만 문제를 정리할 수는 없다. 바로 그 의미에서 인도에 대한 죄를 추궁하고 거울에 비친 자신의 야만에서 눈을 돌리지 않고 직시해 그 밑바닥에서 자기 힘으로 기사회생의 계기를 움켜쥐지 못한다면, 그 고통을 견뎌 내지 않는다면, 우리의 자손이 세계시민으로 참가할 것을 희망하기란 불가능한 노릇이다.

린위탕의 『모멘트 인 베이징』은 1900년 의화단 사건에서 시작해 1939년 항일 전쟁이 격화되던 시기까지 이어진다. 유럽과 일본의 중국 침략사를 담아낸 장편소설이다. 다케우치 요시미가 포착한 일본의 현대란 일러전쟁 이후 1905년부터 제2차 세계대전이 끝난 뒤 점령하에 있던 1949년까지로서 린위탕의 작품과 거의 동시기다.

그 시간 동안 일본인은 국면마다 눈앞의 목표에 집중해 성과를 거뒀다.

하지만 중국인은 어수선한 상황 속에서 실패와 착오를 거듭하다가 이윽고 린위탕과 마오쩌둥을 아우르는 폭넓은 협력 관계가 형성되어 항일 전쟁으로 돌입한다. 중국인은 긴 호흡으로 현재를 파악하며, 일본인은 짧은 호흡으로 현재를 대한다. 양자의 호흡이 이질적이라는 사실을 전전·전중·전후의 일본 정치가와 지식인은 감지하지 못했다. 그 점이 같은 시대에 자라난 다케우치 요시미를 초조하고 낙담하게 만들었다. 그 고뇌가 그의 일본론 밑바닥에는 감돌고 있다.

나가노현 우스다마치―도쿄

　다케우치 요시미는 1910년 10월 2일, 나가노현 우스다마치에서 태어났다. 지금도 우스다마치에서 살고 있는 사촌 다케우치 린지로 씨에 따르면 다케우치 요시미는 태어난 지 2년이 지나 우스다마치에서 나가오카로 이사 가고 이윽고 도쿄로 옮겨가 소학교부터는 줄곧 도쿄에서 생활했다. 하지만 우스다마치에 선조의 무덤이 있어 어릴 적부터 부모와 함께 성묘하러 왔다.

　패전 후 중국에서 인양된 후에도 다케우치 요시미는 2년이나 3년에 한 번은 홀로 우스다마치를 찾았다. 고향에 돌아오면 어김없이 이나리산에 올라 치쿠마강의 제방 걷기를 즐겼다고 한다.

　이나리산은 작은 산이다. 일흔에 가까운 내 다리로도 5분이면 정상에 오른다. 정상에서는 우스다마치 전체가 대부분 내려다보인다. 눈 아래로 치쿠마강이 흐른다. 산에서 내려가서 만난 다케우치 린지로 씨의 말처럼 다른 곳에서는 구불구불 흐르지만 여기서만큼은 똑바로 흐른다. 일찍이 코모로에 살면서『치쿠마강의 스케치』를 쓴 시마자키 도손은 이 경치가 인상에 남은 모양이다. 만년이 되어『지카라모치力餠』에 이렇게 적는다.

우스다에 이나리산 공원이 있고 공원 앞으로 다리가 있습니다. 다리 근처에서 치쿠마강을 바라보면 실로 좋습니다. 거기서부터 야쯔가타케산맥의 기슭에 걸쳐 미나미사쿠의 골짜기가 눈앞으로 펼쳐집니다. 치쿠마강은 그 골짜기를 흐르는 대하로서, 기슭에 사는 사람들의 풍속과 말투는 하류 쪽과는 다소 다른 듯합니다.

정상에는 배수탑이 있으며, 배수의 건설을 제안한 자의 동상이 세워져 있다.

이나리산 정상에 서면 산으로 둘러싸인 사쿠의 평야가 눈에 들어오고 논 안쪽으로는 마을이 있다. 눈 아래의 치쿠마강은 물이 얕아 보이는데 낚시꾼이 물속에 서서 은어를 낚고 있다. 강기슭의 큰 창고는 과거에 누에고치를 저장했는데 지금은 사용하지 않는다. 치쿠마강 가까이에 병상이 수천 개나 되는 병원이 있는데, 바로 우스다마치를 대표하는 사쿠 병원이다. 병원 원장인 와카츠키 슌이치는 전쟁 중에 감옥에서 풀려났으나 도쿄 대학 의국醫局에 머물 수 없어 이 마을로 왔다. 패전 후 여기서 자리를 잡아 농민을 진찰했다. 이제 우스다마치는 아시아에서 널리 주목받는 농촌 의학의 중심지로서, 농촌 의학의 국제회의가 사쿠 병원을 중심으로 이 마을에서 개최되었다. 마을과 세계의 조합은 무라村-쵸町-시-국가-세계처럼 일본인 안에 있는 상승의 단계로부터 벗어나 있다. 이나리산에서 마을을 바라보고 있노라면, 이처럼 큰 병원을 보유한 우스다마치가 주변의 몇몇 마을과 합쳐서 시가 되기란 어렵지 않을 듯한데 그 길을 택하지 않는다. 이 마을의 의지가 느껴진다.

산 정상에는 충혼비가 있다. 중턱에 오이나리상⁵을 모신 신사가 있는데 건물은 낡았다. 사기로 만든 작은 여우상이 몇 마리인가 신전 앞에 바쳐져

---

5   오이나리상お稲荷さん; 농경의 신으로 오늘날에는 사업 번창, 집의 수호신 역할을 한다고 여겨진다. 보통 여우 모양을 하고 있다.

있었다. 누군가 축제 때 가져온 모양이다.

산을 내려가 동사무소로 향하는 도중에 양산을 든 초로初老의 여성을 만나 길을 물었다. 함께 가자길래 걷는 동안에 다케우치 요시미의 친척이 경영하던 다케노유竹之湯에 대해 물으니 그 목욕탕은 얼마 전 문을 닫아서 자신도 곤란하단다. 큰 욕탕에 들어가길 좋아해 한참 멀리 떨어진 목욕탕에 가야 한다는 것이다. 어쨌든 다케노유의 존재가 지금도 마을 사람들의 마음속에 남아 있음을 알았다.

그녀와 헤어진 뒤 그녀가 말한 방향으로 걸어가니 지붕 너머로 멀리 검은 굴뚝이 보였다. 옛 다케노유의 굴뚝이라고 짐작했지만 좀처럼 그 앞으로 갈 수가 없었다. 이윽고 우스다마치의 중심부에 이르러 다케우치 양품점이라는 가게가 있길래 안으로 들어가 봤다. 다케우치 요시미 본가의 직계 사람이 운영하는 가계일 것이다. 마침 주인이 있길래 이야기를 들을 수 있었다. 다케우치 요시미보다 연장으로 그와 아는 사이였다. 사촌 다케우치 린지로 씨의 집까지 데려다 주었다. 다케우치 린지로 씨는 보통 토리데시에서 거주하지만 마침 우스다마치로 돌아오는 중이었다. 다케우치 요시미보다 세 살 연상이며 그의 부모 형제를 잘 기억하고 있다.

이나리산의 배수탑은 산에서 내려와 아직 지표로 올라온 적 없는 물을 빨아올려 마을에 공급하니 이곳 물은 맛있다고 한다.

린지로 씨는 기꺼이 바깥으로 나와 묘지까지 안내해 줬다. 묘지는 다케우치가로부터 걸어서 2분 정도 걸린다. 거기서 무덤을 가리키며 다케우치가에 대해 설명해 줬다.

다케우치가는 원래 신관 집안이다. 따라서 옆으로 나란히 세워진 다케우치 요시미 선조의 무덤은 다케우치 요시미 부모의 무덤 앞에 이르기까지 지붕을 쓴 신도식 묘석이다. 그 옆으로 한층 높게 순서대로 다케우치 기요지, 다케우치 타케이치, 다케우치 치요코 세 명의 이름을 조각한 묘석이 높고 큰 이중의 대좌 위에 서 있다. 다케우치 요시미의 생모 다케우치 키요시가 1924년에 죽은 뒤 아버지 부이치가 세운 것이라고 한다. 그는 이미 재혼해 새 아내 다케우치 치요쿄의 이름도 부이치의 오른편에 조각되어 있으니 첫 아내가 죽은 지 수년이 지난 후 세워졌을 게다.

다케우치 요시미의 아버지 부이치는 관리 일을 하다가 그만두고 사업가가 된 뒤 부침을 겪었지만, 이 무덤을 세운 무렵은 번창했다. 다케우치 린지로 씨는 당시 몇 차례인가 도쿄의 다케우치 요시미 집을 방문했는데 안마당이 있었으며 좁지는 않았다고 회상한다.

그보다 이른 시기 다케우치가 자라던 무렵에는 궁핍했던 모양이고, 그의 기억에 남아 있는 유년 시대는 궁핍함과 맞닿아 있다.

내 집은 부친의 사업 실패로 소학교 시절에는 가난의 수렁이었다. 쌀을 살 돈이 없어서 스이톤[6]으로 끼니를 떼운 적도 있고, 도시락을 준비하지 못해 등교를 거르기도 했다. 그러나 가난 자체가 내게 대단한 고통은 아니었다. 기억이 흐려진 탓인지도 모르지만, 지금 기억하는 한에서 가난은 아이인 내게 견딜 만했다. 다만 남들이 가난하다고 보지는 않을지, 저 녀석 집은 가난하다고 말하지 않을까 하는 공포의 감정이 내게는 훨씬 괴로웠다.

예를 들어 아이였던 나는 울외장아찌나 계란부침이 먹고 싶었다. 나는 둘 다 좋아했다. 그러나 어린 마음으로도 지금 형편에서는 사치품일 거라고 생각해 억지로 조르지 않았다. 울외장아찌나 계란부침은 언젠가 먹을 테고 그 맛을 떠올려볼 수도 있었다. 그것들은 정신적 충족과는 무관했다. 그러니까 잡지를 사달라는 것만큼 강하게 조르지는 않았다. 그런데 도시락이라면 상황이 다르다. 당시 반 아이들 중 절반은 유행하던 알루미늄 도시락, 나머지 절반은 재래의 법랑 도시락이었는데 나는 후자였다. 그리고 성적이 되는 아이들 그룹에서는 나 홀로 시대 지체였

---

6 스이톤水団: 수제비와 흡사한 음식. 식량 사정이 열악할 때 먹었다.

다. 그래서 점심시간은 살을 에는 듯했다. 부잣집과 가난한 집이 한눈에 드러난다. 이 경우 도시락통은 내게 정신적 가치였다. 어머니는 "돈이 없으니까"라고 입버릇처럼 말했지만 그것이 내게는 불만이었다. 물질의 문제가 아니라 정신의 고통임을 어머니는 이해해 주지 않았다. (「잊을 수 없는 교사」, 고쿠분 이치로·나카노 시게하루 편, 『잊을 수 없는 교사』, 1957)

지금 묘지를 보면 우측으로 오십 기 정도 다케우치竹內 성의 일족 무덤이 늘어서 있고, 그중의 첫째 열이 다케우치 요시미로 이어지는 선조의 계열이다. 좌측으로 이데井手 성의 무덤들이 있으며, 다케우치가와 이데가 양쪽이 합쳐서 넓은 면적을 확보하고 있다. 원래는 좀 더 넓었다지만 앞의 우측 토지는 팔렸다고 한다. 그렇더라도 이 정도 면적을 차지하는 일족의 묘지 중에서도 크게 세워진 다케우치 부이치 부부의 무덤을 바라보면 궁핍한 생활을 상상하기 어렵지만, 아버지가 관리를 그만두고 나서 일가를 이끌고 도쿄에서 생활하기 시작한 뒤 가난이 찾아왔다는 걸 고려한다면 도쿄 한복판의 소학생 급우들 사이에서 소년 다케우치 요시미가 느꼈을 굴욕감은 짐작할 수 있다. 도쿄에서 맛봐야 했던 가난의 실감으로부터 벗어나 부모와 함께 어머니의 고향인 우스다마치로 성묘갈 때 다케우치 요시미는 내심 느긋해졌을 것이다. 그가 쓴 글을 통해 우스다마치의 정경을 감상해 보자.

아버지는 이토 성으로 미나미아즈미 출신이다. 어머니가 다케우치 성으로 우스다에서 태어났다. 다케우치 성을 이은 것은 장남인 나뿐이며, 남동생은 이토 성을 따랐다. 따라서 우스다와의 연은 내가 가장 깊다. 아직 버스가 들어가지 않던 무렵, 우스다에 가려면 신에츠선을 코모로에서 갈아타고 코카이선으로 지금의 우스다역, 원래의 산탄다역에서 하차하는 게 보통이었다. 걸어서 치쿠마강 부근으로 간다. 거기에 나무로 된 다리가 있다. 지금 있는 우스다 다리의 전신이다. 그 다리 위에 멈춰 서서 발밑의 격류를 바라보고 하류 쪽을 우러른다. 날씨가 개여 있으면 아득히 멀리 아사마산의 전모가 보였다. 이 경관은 내게 고향 찾는 즐거움 중 하나였다. 지금은 강기슭을 공사하고 고층 건물인 사쿠 병원이 튀어나와 어딘지 모르게 강폭도 좁아진 느낌이지만, 옛날에는 그런 장애물은 아무것도 없고 좀 더 황량한 경치였다. 다리 위로는 수레와 말의 왕래도 드물었다. 아사마산은 좀처럼 전모를 보여 주지 않고 대체로 구름에 감춰져 있었지만, 그러면 그런대로 또 좋았다. 남들은 모르는 천하의 절경이 여기에 있어 아무리 봐도 질리지 않았다. 당시 나는 다리 위에 서서 치쿠마강 여정의 노래를 전부 암송할 수 있었다. (「사쿠를 생각한다」, 『사쿠 교육』 10호, 1975. 3. 10.)

야마시타 큐시의 『큐넨소 수필九念荘ずいひつ』(1990)에 「메이지 44년 무렵부터 다이쇼 2년 무렵에 이르는 우스다 거리 지도」가 나와 있다. 이 가도를 따라 이나리 신사의 앞문에서 첫 번째 토리이[7]로 향해 걸으면 좌측으로 마굿간, 의선당宜善堂 지점, 죠우슈우야 요정, 토미야 요정이 늘어서 있다. 그 토미야 요정에서 다케우치 요시미가 태어났다.

건너편도 요정 후타바, 시계 가게, 토미야 여관, 만토요 소바, 오타로 요리가 늘어서 있다. 지도로 확인하건대 우스다 거리에는 요정이 스물다섯 채나 있다. 그것도 음식점과 여관을 빼고서 말이다. 야마시타큐시에 따르면, 토요카와이나리에 가까운 이나리쵸 대로는 "전성기에는 게이샤와 접대부를 포함해 여든 명, 요리집이라 이름 붙은 포즛집을 포함해 스무여 채,

---

7   토리이鳥居; 일본 신사神社의 경내로 들어가는 입구를 나타내는 관문이다. 보통 두 개의 원통형 수직 기둥 위에 직사각형의 들보가 두 개 얹혀 있으며 붉은색이다. 신성한 공간과 평범한 공간의 경계를 나타낸다.

밤이 되면 샤미센三味을 켜거나 북 치는 소리로 늦게까지 떠들썩했다."

메이지 이전부터 이 마을의 정치에 깊이 관여한 이데가 출신의 작가 이데마 고로쿠는 다케우치 요시미가 출생하기까지의 우스다마치 역사를 다음처럼 요약한다.

『우스다쵸세 요람 1974』에 따르면, 우스다무라에 읍 제도가 시행된 것은 1893년이다. 일청전쟁 직전으로 그것은 이 나라의 양잠, 제사가 비약적으로 발전한 시기와 겹친다. 미나미사쿠 지방도 예외가 아니라서 읍 제도가 정착한 우스다는 누에고치의 집산지로서 활기를 띠었다. 군 관공서가 놓이고 경찰서도 설치되었지만, 세무서가 없어 근처의 키타사쿠군 이와무라다 세무서가 미나미사쿠군도 관할했다. 다케우치 씨의 아버지 부이치 씨는 이와무라다 세무서로부터 이 누에고치의 집산지로 왔던 게 분명하다. 실제로 누에고치가 출하되는 시기에는 마을로 큰돈이 흘러들어 활기를 띠었다.

다케우치 요시미 씨가 태어난 3층집은 그 무렵 '토미야'라는 가게 이름으로 요정과 하숙을 겸했다. 술을 판 적도 있다고 한다. 구전에 따르면, 세무서에서 온 부이치 씨는 토미야에 기숙하는 동안 신임을 얻어 양자로 들어갔다고 하는데, 토미야의 외동녀와 열렬한 사랑에 빠졌다는 설도 있다. (이데마 고로쿠, 「다케우치 요시미와 우스다마치' 각서」, 『사상의 과학』, 1978. 5.)

다케우치 요시미는 1923년 3월에 도쿄도 치요다구(당시는 코우지마치구)의 후지미 소학교를 졸업하고 같은 해 4월 도쿄부립 제1중학교에 입학했다. 1중은 당시 도쿄에서 으뜸가는 중학교이며, 일본에서 제일이라고 보는 사람도 많았다. 자신이 가르치는 학생이 1중에 합격하면 당시 소학교 교사에게 큰 명예였다.

이 해에 다케우치 요시미가 다니던 소학교에서 세 명이 1중에 합격했다. 시험 때는 담임선생이 시험장에 모습을 보였다.

입학시험 첫째 날, 나는 새로 지은 무명 저고리에 면바지를 입고 아버지를 따라 히비야의 1중으로 갔다. 그때까지 남들이 물려준 옷만 입어서 굴욕을 느껴온 만큼 새 옷을 처음으로 받았다는 기쁨에 수험은 그다지 불안하지 않았다. 그 동경의 옷은 수험 전날 어머니가 밤을 새우며 임시변통으로 지어준 것이다. 감색의 염료 향기가 상쾌했다. 우리집의 가난은 간신히 고비를 넘기는 중이었다.

시험을 마치고 대기실인 우천 체조장으로 나오니 아버지가 평상복 차림의 중년 남자와 대화를 나누고 있었다. 모토키 선생이었다. 모토키 선생은 양복 차림이 익숙하고 화복和服을 입는 일은 드물었다. 더구나 평상복 차림으로 가슴을 풀어헤친 모습이 장소에 어울리지 않는 것처럼 보였다. 나는 선생이 오실 줄 몰랐고, 하물며 산보 나온 아저씨 차림의 선생을 거기서 발견하리라고는 생각지 못했다. 얼마간 격식에서 벗어났다는 느낌마저 받았다. 나중에야 든 생각이지만 부러 시험장에 오면 학생의 성적을 노골적으로 신경 쓰는 것 같아 고풍스러운 선생으로서는 쑥스러웠던 것이 아닐까.

첫째 날 시험 과목은 분명히 산수와 이과였다. 나는 선생에게 내가 쓴 답안을 상세하게 알렸다. 선생은 "흠, 흠"이라며 끄덕이며 들을 뿐 아무 말도 하지 않았지만, 그러한 선생이 나는 믿음직스러웠다. 새끼 새의 자립을 지켜보는 어미 새의 애정 같은 것이 옷자락이 벌어진 선생의 가슴으로부터 얼얼하게 전해졌다. 다음 날은 선생이 시험장에 모습을 보이지 않았다. (「잊을 수 없는 교사」)

시험을 보는 장남을 위해 철야로 옷을 지은 어머니는 2년 후인 1924년 11월 6일에 죽었다. 다케우치 요시미가 14세 때의 일이다.

다케우치 린지로의 회상에 따르면, 어머니 키요시는 영리한 사람이었다. 다케우치 요시미는 어머니를 닮았다고 한다.

"이로써 드디어 내게도 늦은 봄이 왔다"고 느낀 소년의 만족감은 어머니의 죽음과 함께 끝났다. 고향으로 돌아와 살아본 적이 없던 다케우치 요시미가 우스다마치의 풍경에서 줄곧 느꼈던 친밀감은 어머니에 대한 추억과 함께 있다.

선에는 응보가 없나니

후지미 소학교에서 다케우치 요시미는 우등생이었다. 4학년 때는 담임인 노다 선생 그리고 3, 5, 6학년 때는 담임인 모토키 선생의 눈에 들었다. 특히 4학년 때 노다 선생에게는 자청해서 문장을 첨삭 받고, 그해 말에 수제 합본으로 작문집을 꾸렸다. 그때 노다 선생에게 제목을 써달라고 부탁해 그것으로 표지를 만들었다.

노다 선생은 작문집에 '회상의 씨앗'이라는 제목을 붙였다. 다케우치는 이것을 간직하다가 중학교 4학년 때 학교를 빠지고 이노카시라 공원의 숲속으로 들어가 편지, 원고 따위와 함께 불태웠다.

소학교 4학년 때 쓴 단가(그중 하나가 최고점으로 입선했다)에는 이렇게 쓰여 있다.

내 경험으로부터 귀납한 한 가지는 학생은 늘 교사에게 영합한다는 것이다. (「잊을 수 없는 교사」)

청년 시대의 특색이던 니힐리즘이 이때부터 싹트고 있었다.

우등생 시절에 다케우치의 마음에서 우스다마치는 결코 비중이 크지 않았다. 다케우치의 내면에서 우스다마치의 풍경이 발굴된 것은 좀 더 나중 일이다. 당시 도쿄의 소학생인 다케우치는 일러전쟁 이후 일본의 상승세에 흠뻑 젖어 들었다.

일러전쟁은 일본 국민이 각오를 다져 대국 러시아와 싸워낸 국가적 사업이었다. 참모들은 장기전으로 가면 결국 패배할 테니 싸움을 마무리 짓겠다는 냉정한 계획을 세웠다. 그러나 전쟁을 추진하는 동안 국민들 사이에서 승리의 환상이 부풀어 올랐다. 1905년 미국의 루즈벨트 대통령이 조정에 나서 한 달간 교섭한 끝에 9월 5일, 뉴햄프셔주 포츠머스에서 강화조약이 체결되었다. 일본과 러시아는 만주에서 군대를 철수하기로 합의했으나, 요동반도의 조차지 및 창춘으로 향하는 철도는 일본에 양보하고 러시아령 사할린의 남쪽 절반은 일본 영토가 되었다. 또한 러시아는 조선에서 일본의 권리를 인정했다. 그러나 러시아로부터 배상금을 받아 내지 못한 것을 외교상의 실패로 여기는 국민들이 많아서 조약 조인을 하는 9월 5일에는 히비야에서 강화 반대 국민대회가 열려 정부계 신문사 및 파출소가 불타기도 했다. 항의의 물결은 전국으로 퍼져 9월 7일에는 고베에서, 9월 12일에는 요코하마에서 방화 사건이 일어났다.

일러전쟁은 일청전쟁 이후 십 년간 국민이 내핍을 감수하며 길러낸 힘을 쏟아부어 치러낸 것이었다. 전쟁에서 발생한 손실은 사상자 11만 8천 명, 선박 91척, 군비 15억 2321만 엔에 이르렀다. 국민들은 이 희생을 갚아주기를 바랐지만 정부는 기대를 저버렸다.

한편으로 일본 국민은 일본이 러시아에 승리했다는 환상을 히비야 방화 이후에도 내려놓지 않았다. 일청전쟁의 승리로 일본 국민은 중국인에 대한 우월감을 키우고, 나아가 일러전쟁의 승리로 유럽 열강과 대등한 위치에 올랐다는 정부와 군부의 선전을 그대로 믿게 되었다.

1910년 7월 4일, 일러 협약이 조인되어 만주는 일본과 러시아의 세력권으로 분할되었다. 그리고 1910년 8월 22일, 일본은 조선을 병합했다. 다케우치 요시미는 이해 10월 2일에 태어났다. 그는 일청전쟁과 일러전쟁을 거치며 양성된, 아시아에 대한 일본 국민의 우월감과 마주하며 살아가게 된다.

소학교에서 우등생이었던 다케우치는 중학교에서도 처음에는 우등생이었지만, 이윽고 우등생임에 회의를 품기 시작했다. 소학교 시절에는 인간을 혐오해 타인과 교제하지 않고 자연과학자가 되기를 꿈꿨다. 그는 수학 실력이 출중했다. 나중에 전국에서 유일하게 입학시험에서 수학이 빠진 오사카 고등학교를 선택하게 되는 것은 소학생 시절에는 상상조차 못할 일이었다.

> 선행에는 보답이 따르기 마련이라는 수신과修身科의 가르침이 거짓임은 체험을 통해 알고 있었다. 그렇다면 선의 근거는 무엇인지가 내게 수수께끼였다. 나는 거의 막다른 곳에 몰렸음을 느꼈다. 내게 타개할 힘이 없다는 걸 알고 있었기에 어두운 기분이었다. (「무명작가들의 은총」, 『일본독서신문』, 1953. 6. 1.)

당시 다케우치는 『인간』에 수록된 야마모토 유조[8]의 희곡 「생명의 관」을 읽었다. 거기에는 그가 풀지 못한 채 끌어안고 있던 문제가 실은 인생에서 앞으로 늘 따라다니리라는 계시가 있었다.

「생명의 관」의 작자 야마모토 유조는 고등소학교를 마친 뒤 포목점에서

---

[8] 야마모토 유조山本有三(1887-1974); 소설가이자 극작가. 도쿄 제국대학 독문과 재학 중 『신사조新思潮』를 공동 창간하고 졸업 후에는 희곡 「생명의 관生命の冠」으로 문단에 데뷔했다. 일본 근대 희극의 발전에 크게 공로했다고 평가받는다. 『여자의 일생女の一生』, 『진실일로로真実一路』, 『길가의 돌路傍の石』 등의 작품을 남겼다.

고용살이를 하다가 도중에 도망쳐 늦은 나이에 중학교에 들어가고 1고를 거쳐 도쿄 대학 독문학과를 졸업했다. 희곡은 학창 시절부터 발표했다. 「생명의 관」 3막을 쓴 것은 1919년 11월의 일로 1920년 1월호 『인간』에 발표했다. 다케우치 요시미는 이 잡지를 읽은 것이다.

「생명의 관」은 일러전쟁 후 일본의 영토가 된 카라후토에서 통조림 공장을 꾸려 나가는 가족의 이야기다. 공장주 아리무라 신타로는 영국의 상사로부터 고급 게 통조림을 대량 주문받지만, 동료가 질투하고 은행과 선주가 훼방을 놓아 게 가격을 올리는 바람에 파산으로 내몰린다. 그는 약속을 했으니 무리해 고가의 게를 사서 영국 회사와의 거래를 마무리 짓는다. 그리고는 집과 땅을 빼앗기고 쫓겨난다.

은행의 앞잡이였던 젊은 남자가 백치의 소녀를 임신시켰는데 아리무라 신타로는 소녀의 아버지와 함께 아이를 맡아 길렀다. 소녀 오쯔루는 어부들에게 바보 취급을 당하지만, 활기차게 소리친다.

오쯔루: 어이, 너넨 못하지. 풍뎅이 못 먹지.

그렇게 크게 소리치며 그녀는 손에 든 풍뎅이를 먹어 치운다.

공장주의 가족과 사이가 돈독한 의사 힛다 쇼가 혼잣말처럼 중얼거리는 게 이 극의 분위기를 자아낸다.

힛다 의사: 좋은 결과가 생기니까 좋은 일을 하는 게 아니며, 나쁜 결과가 생기니까 나쁜 일을 하지 않는 게 아니다.

이익과 선악은 일치하지 않는다. 그걸 알게 되자 중학생인 다케우치 요시미는 마음이 평온해졌다.

왜 선을 이뤄야 하는가. 그 근거는 어디에 있는가. 적어도 어른들이 말하듯이 착하게 살면 출세해 남들에게 칭찬받고 윤택하게 생활한다는 전제에는 근거가 없다. 그렇게 생각하자 그는 기분이 상쾌해졌다.

다케우치 요시미는 어린 시절부터 맛있는 과자는 남겨 두고 읽어야지 마음먹은 책은 뒤로 미뤄 두고 아무래도 좋은 책부터 잇달아 읽었다. 소설을 많이 읽었는데 정평 난 명작이 아닌 작품이 많았다. "이름 없는 작가의 이름 없는 작품이 얼마나 많이 망각의 바닥에 가라앉아 있을지 알지 못한다. 무명작가들이 나의 정신에 베풀어준 은총에 나는 언젠가 감사를 표하고 싶었다."(「무명작가들의 은총」) 이 사고방식은 훗날 다케우치 요시미의 국민문학론을 떠받친다. 그의 문학관은 명작 몇 편을 다른 작품들과 분리해 다루는 식에서 벗어나 있었으며, 국민문학에 관한 견해도 그랬다. 이윽고 다케우치 요시미는 아쿠타가와 류노스케[9]의 작품에 이끌렸다. 소설 중에서는 풍자정신이 짙은 『하동』, 나아가 『서방의 사람』이나 하이쿠 작가인 파초芭蕉론 등의 에세이, 서간에 끌렸다. 아쿠타가와가 읽은 책을 전부 읽겠다는 계획을 세우기도 했으며, 앰브로즈 비어스[10]나 로맹 롤랑[11]도 즐겨 읽

---

9   아쿠타가와 류노스케芥川龍之介(1892-1927); 소설가. 지성적인 작풍과 예술지상주의적 자세로 내적 동요를 표현한 작품을 다수 남겼다. 다이쇼 문학을 대표하는 문학자로 평가받으며 그의 자살은 다이쇼 시대의 종언을 고하는 상징으로 여겨졌다. 『나생문羅生門』, 『지옥변地獄變』, 『하동河童』 등의 작품을 남겼다.

10 앰브로즈 비어스Ambrose Gwinnett Bierce(1842-1913경); 언론인이자 소설가. '신랄한 비어스 Bitter Bierce'라는 별명이 생길 정도로 냉소적 관점과 날카로운 필치로 사회를 비평했다. 단편소설 『아울 시냇물 다리에서 생긴 일An Occurrence at Owl Creek Bridge』과 풍자적 어휘사전 『악마의 사전The Devil's Dictionary』이 특히 유명하다. 1913년 멕시코혁명의 취재 여행을 갔는데 판초 비야의 혁명군과 함께 다니던 중에 흔적도 없이 사라졌다.

11 로맹 롤랑Romain Rolland(1866-1944); 소설가이자 평론가. 평화운동에 진력하고 국제주의

었다. 그는 1중의 학생들 중에서도 수재였지만, 이윽고 수재로부터 도태되었다. 교사에게 영합하기를 그만두고 자기 힘으로 자신을 찾으려다 좌절해서 침잠하는 시간이 길어졌다.

고등학교를 수험하는 단계가 되자 당시 도쿄부립 1중에서는 1고로 가는 게 수재의 정통 코스였지만, 1고를 지망하는 수재들에게 반감을 품어 왠지 자유스러울 것 같은 교토의 3고에 가기를 희망했다. 계모가 있는 집에서 벗어나고 싶은 마음도 있었다. 도쿄 근처가 아니라 간사이로 가고 싶었다. 그러나 교토의 3고에 합격할 자신은 없어 오사카 고등학교의 문갑文甲(영어)을 택했다.

이건 대실패였다. 시험을 치르려고 처음 혼자 떠나는 여행으로 오사카에 가서 지금은 없어진 양갱 모양의 공장 같은 교사校舍가 빈터에 우뚝 서 있는 걸 보자마자 나는 실망 낙담이었다. 이게 고등학교인가 싶었다. 청춘의 로맨틱한 꿈과는 좀처럼 어울리지 않는 살풍경한 환경이었다. 큰일이다 싶었지만 이미 늦었다. 이번에는 호객하는 할매에게 붙잡히지 않고(중학 5학년 때 교토와 나라로 수학여행을 갔다가 밤에 혼자서 산책을 나갔는데 카모가와 동쪽에서 호객하는 할매에게 잡혀 놀람—인용자), 나카자에서 선대先代 간지로의 가부키극을 구경하거나 전통극을 보거나 하며 스트레스를 풀고 도쿄로 돌아오니 행인지 불행인지 시험에 합격해 버렸다.

후회의 감정은 3년간 늘 따라다녔다. 나중에 회상해 보니 오사카에는 오사카 나름의 좋은 구석이 있어 인격 형성에 부정적이지만은 않았지만, 아무튼 당시는 굴욕감으로 가득했다. 지금도 그럴 텐데 오사카의 마을은 고교생 따위는 안중에도 없었다. 인기 없기로는 전국에서 으뜸일 것이다. 돈 없는 휴일에는 신사이바시 마

의 입장에서 군국주의와 국가주의에 반대했다. '혁명극'으로 『당통Danton』, 『7월 14일Le Quatorze Juillet』 등을 쓰고, 대하소설의 선구가 된 『장 크리스토프Jean Christophe』로 1915년 노벨문학상을 수상했으며, 국제 파시즘이 대두하자 『쟁의 15년Les Quinze ans de combat』, 『혁명으로 평화를Par la révolution, la paix』 등의 평론을 발표했다.

루젠의 사쿠라조에 있는 찻집에나 들러 오도카니 외톨이로 시간을 때우는 것 말고는 할 게 없었다. 그곳만이 가난한 학생의 쉴 곳이었다. (「교토의 초록」, 『도쿄와 교토』, 1961. 10.)

다케우치는 같은 글에서 "시샘의 감정이 섞이지 않은 채 교토를 떠올릴 수 없었다"고 교토에 관해 적는다. 교토의 시조가와라마치에는 '울새'라는 찻집이 있어 1928년부터 1930년까지 그는 일부러 오사카에서 나와 문학 청년이 동경하던 땅에서 시간을 보냈다고 술회한다. 그러나 여기서도 이방인의 고독에서 벗어날 수 없었다. 만약 그가 3고에 진학했다면 교토 대학에 들어갔을지 모르고, 그러면 사귀는 친구들이 달라져 그의 운명도 바뀌었을 것이다. 그러나 오사카가 싫어 도쿄로 돌아올 생각에 도쿄 대학에 들어갔다. 1931년, 이윽고 만주사변이 일어난 해다. 당시에는 중국 문학을 전공할 마음이 없었지만 입학하기 쉽다는 이유로 지나 문학과를 선택했다.

오사카 고등학교의 졸업 앨범에는 M·NIHIL이라고 서명했다. M은 첫사랑의 머리글자였다.

졸업 파티 때 다케우치는 흥에 겨워 모두의 뺨에 입을 맞추며 돌았다. 이런 기행은 전에도 후에도 본 적이 없다. (고토 타카오, 「좋은 친구 다케우치」, 『다케우치 요시미 전집』 13권 월보, 1981. 9.)

하지만 고등학교를 제2의 고향처럼 느꼈는지 전후에는 2년마다 동급생 모임이 열리면 빠지지 않고 참석했다. 노래를 거의 부르지 않는 그였지만 오사카 고등학교 보트부의 노래는 외우고 있어서 마지막 입원했을 때도 그 노래를 불렀다.

보트부의 노래

1.

낙화의 눈雪을 밟으며 헤맨다
카타노 봄의 벚꽃놀이
옛 시인을 떠올리며
봄의 흐름을 타고 오르는구나

2.

오구라가 연못에 비친 가을 달
물가에 서서 생각하노니
여행길에서 고뇌하는 젊은이의
눈에서 슬픔의 눈물이 흐르도다

3,

요도강의 물결이여 이제 안녕
흩어지고 또 모이는 물거품의
덧없는 모습을 바라보며
저 바다로 저어가자

4.

물결이 소용돌이치고 파도가 춤춘다
붉게 물든 바다 노을

저 파란 하늘로 휘파람을 불며

흰옷의 소매를 턴다

5.

소나무는 푸르고 모래는 하얗고

아와지섬의 해안을 따라 걸으면

귤 향기 나는 숲 그늘에

꿈 많은 여자 있네

6.

스마의 관문에 배를 대고

지나가는 물새떼 우는 소리에

친구여 좋은 술 한 잔 나누고

여행의 피로를 위로하자

오사카 고등학교에서 그에게 친구 운이 없는 것은 아니었다. 고토 타카오의 회상에 따르면, 다케우치 요시미가 죽은 지 일 년이 지나 1978년 1월 14일에는 오사카 고등학교 동창생 일곱 명이 도쿄의 학사 회관에 모여 지난 일을 회상했다고 한다. 그밖에 일본 낭만파의 중심적 인물이었던 야스다 요주로, 시인 타나카 카츠미, 이와테현 에카리무라의 촌장이 된 나카노 키요미 등 후년의 다케우치 요시미와 교류했던 자들이 오사카 고등학교 출신이다. 다케우치 요시미는 나카노 키요미를 떠올리며 몇 편의 글을 썼다.

풍채 면에서 나는 그에게 오십보든 백보든 양보했지만, 정직히 말해 재능 면에서 나는 그를 완전히 깔봤다. 이제 와서 보면 나카노에게 미안하고 스스로에게 부끄럽지만, 그때는 그랬다. (나카노 키요미, 「후서」, 『어느 일본인』, 1958)

다케우치 요시미와 나카노 키요미는 같은 해 오사카 고등학교에 입학해 같은 해 졸업했다. 교실에서는 3년간 맨 앞줄에 나란히 앉았다. 성적이 비슷해서인데 둘 다 바닥이었다. 하지만 석차야 비슷하더라도 다케우치 요시미는 옆자리 앉은 나카노 키요미를 재능 면에서 내려다봤기 때문에 다케우치로서는 놀랄 일이 생겼다.

두 사람은 앞서 적었듯이 전국에서 획일적이던 고등학교 입학시험이 변경된 해에 입학했으며 오사카 고등학교에서는 문과 입시에 수학이 사라졌다. 따라서 천하의 수학을 싫어하는 학생들이 몰려들어 오사카 고등학교의 경쟁률은 13 대 1로 전국에서 제일 높았다. 나카노 키요미는 도호쿠에서 온 유도선수로 다케우치는 그러한 난폭자 타입과 어울릴 마음이 없었다. 고등학교를 재학하던 3년 내내 나카노와 허물없이 사귄 적은 없다.

아직 기숙사 생활을 하던 무렵의 어느 날 아침 나는 기숙사 변소에 웅크려 있었다. 수업의 시작을 알리는 종은 울리고 기숙사에는 사람 기색이 없었다. 당시부터 나는 지각하는 습관이 있었고 그걸 일종의 특권처럼 여기고 있었다. 고독의 만족감을 향유하며 나는 아침의 대변을 보고 있었다.

그때 거침없이 떠드는 소리와 몹시 거친 구둣발 소리가 울리더니 내가 웅크려 있던 칸 양옆을 새로 온 손님이 차지했다. 둘은 줄곧 이야기를 이어갔다. 그 소리가 훤히 들렸다. 한 명은 도호쿠의 무뢰한이며 다른 한 명은 그 친우인 간토의 무뢰한이다. 화제가 바뀌더니 이번에는 대변과 소변은 동시에 나오는가를 토론했다. 황당했지만 사정상 토론에 참가할 수는 없었다. 그러자 토호쿠의 무뢰한이 낌새를 차려 "거기 누군가 있나 본데, 누구냐"고 고함쳤다. 나는 숨을 죽이고 입을 다물었다. "누구냐"는 소리가 반복되고 문을 열어젖히는 소리가 났다. 나는 내가 있는 칸의 문을 박차고 들어올까 봐 긴장해 더욱 숨을 죽였다. 그러나 발소리는 그대로 멀어졌다.

물론 나카노는 이 사소한 일을 기억하지 못한다. 기억할 리 없다. 그러나 내게 이 사소한 일은 의미를 갖는다. 나카노가 내게 안기는 압박감과 관련되기 때문이다. 사려 깊지 않아서 나카노의 행동에 원한을 느끼긴 하나, 반면 과단성 면에서 나는 종종 나카노에게 못 미친다고 몇 번이나 생각했다. 나카노의 『새로운 마을 만들기』가 출판되었을 때도 그랬다. 나카노는 감상적인 노래를 짓는 소녀 취향의 일면도 있지만, 나를 압박하는 건 그의 '남자다움'이며, 그것이 그의 본령이다. (「나카노 키요미」, 우스이 요시미 편 『현대 교양 전집』 6권 월보, 1959. 2.)

나카노 키요미는 활달해 주위와 금세 어울리는 성격이었으나 다케우치 요시미는 섬세하고 고독한 편이었음을 전하는 청년 시대의 일화다.

그 무렵 다케우치 요시미는 니힐리즘에 물들어 있었다. 오사카 고등학교에 들어가서는 시내로 나갈 때마다 텐규고 서점에 들러 콘스탄스 가넷이 옮긴 투르게네프[12]의 소설을 차례차례 사서 읽었다. 『아버지와 아들』의 주인공으로 니힐리스트인 바자로프는 다케우치의 내면에 자리 잡아, 전후에 『가공 소비에트 여행기』를 쓰면서는 거기에 바자로프라는 타타르계의 러시아인을 등장시켰다. 『아버지와 아들』의 바자로프가 기성 도덕에 어떤 가치도 부여하지 않았듯이 당시의 다케우치 요시미는 도덕 운운하는 자를 까닭 없이 싫어했다. 니체와 슈트리너를 즐겨 읽었으며 러시아 문학에서

---

12 이반 투르게네프Ivan Sergeevich Turgenev(1818-1883); 소설가이자 극작가. 농노제를 반대했으며 혁명 조직인 북방결사를 공동 창립해 1825년 상트페테르부르크에서 데카브리스트 봉기를 꾀했다. 그의 작품은 예술적 균형의 고려, 과장의 억제로 독자적이라는 평을 받는다. 작품으로 『사냥꾼의 수기』, 『아버지와 아들』, 『귀족의 보금자리』 등이 있다.

는 톨스토이를 경원시했다.

　지금은 남이 톨스토리안으로 부른다면 영광이겠지만, 당시는 톨스토이의 도학자 같은 면이 참을 수 없었다. 무릇 세상에서도 톨스토이와 공자만큼은 정말이지 싫었다.

　공자가 싫은 정도이니 당시 일본의 한학자는 당연히 싫었고, 학교에서 배운 한문은 학과 중에서도 가장 싫었다. 그런 그가 도쿄 대학 지나문학과를 선택한 것은 대학에 기대를 갖지 않아서였다.

이웃 나라에서는

일본인과 중국인의 엇갈림은 중국인 측에서 보면 일본인의 생각과 많이 다르다.

1915년(일본에서는 다이쇼 4년)에 일본 정부는 중국에 20개 조를 요구했다. 일청전쟁과 일러전쟁에서 승리해 득의양양하던 일본은 당연하다고 여겼다. 그러나 중국에서는 그렇지 않았다. 이것이 이후 수년간 중국인에게 상처로 남았으며 처음에는 학생, 이윽고 민중의 지지를 폭넓게 얻어 배일 운동으로 발전해 갔다.

우선 20개 조의 요구를 살펴보자.

1914년에 제1차 세계대전이 발발했다. 유럽 대국들의 힘이 싸움의 무대인 유럽으로 향하는 것을 틈타 베이징 주재 일본 공사 히오키 에키는 "지나와 교섭하는 안건을 해결할 절호의 기회다"라며 도쿄의 오오쿠마 내각의 외상 가토 다가아키에게 진언했다. 그 진언을 받아들여 1915년 1월 18일 일본 정부는 20개 조를 중국 정부에 요구했다.

일러전쟁이 끝나고 1905년에 맺어진 포츠담조약에 따르면, 뤼순·따이렌을 포함한 관동주 조차지는 1923년까지 중국에 돌려주기로 약속되어 있었다. 남만주철도 중 안평선安奉線 역시 1923년까지, 그 외의 철도는 1939

년까지 관할하고 중국으로부터 매입 요구가 있으면 응할 의무가 있었다.

기한이 다가오는데도 일본 정부는 중국에서의 권익을 유지하려 했다. 반환 기한을 99년으로 연장할 것을 요구했다. 아울러 일본인의 거주, 영업의 자유, 토지 임차권, 소유권, 나아가 외국으로부터의 차관과 외국인 고문 채용 시 일본 정부의 승낙을 받을 것 등을 더해 요구는 20개 조에 이르렀다.

당시 중국에서는 청조가 무너지고 위안스카이가 대총통 자리에 올라섰다. 위안스카이는 일본의 압력에 굴해 20개 조 요구를 받아들였다. 훗날 일본이 20개 조 요구를 최후통첩으로 보낸 5월 7일은 중국에서 '국치일'로 불리게 된다.

일본 공사 히오키 에키는 20개 조를 요구하며 위안스카이에게 "만약 성의로 교섭한다면, 일본은 귀대 총통이 한 단계 더 오르기를 희망한다"고 말했다고 한다. 위안스카이의 황제 즉위를 일본 정부가 인정하겠다며 직접 암시한 것이다. 일본 측은 그 비밀이 밖으로 새어나가지 않기를 바랐지만, 다름 아닌 위안스카이 본인의 입에서 그 밀담이 흘러나왔다. (천순천, 『중국의 역사』 14권, 1983)

이윽고 1915년 12월 12일, 위안스카이는 제위에 올랐다.

제위에 오른지 80여 일, 거센 반대 운동이 일어나 위안스카이는 퇴위했다. 이후 1917년에 장쉰이 청조 부활 운동을 벌이지만 역시 실패했다. 위안스카이가 급사하자 일본과 관계가 깊은 단루차이(국무총리)가 정권을 계승했다.

1919년 5월 4일, 베이징의 학생이 중심이 되어 20개 조 요구를 승인한 중국 정부를 향해 반대 운동을 일으켰다. 이른바 5·4 운동이다.

원래 국치일인 5월 7일을 기해 시위를 일으킬 계획이었지만, 준비 단계였던 5월 3일의 학생 회의가 고조되자 다음날 큰 시위로 이어졌다. 5월 4일 오후 1시, 베이징의 천안문 앞에서 3천 명의 학생들이 모여 각국 공사관에 대표를 보내고 매국 분자를 벌했다. 이 시위에서 30명이 체포당했다. 그러나 운동은 전국으로 번져 베이징만이 아니라 청진, 꽝조우, 상하이, 청두에서도 운동이 장기간 이어졌다. 결국 중국 정부는 대일 교섭을 맡았던 공무원을 해임했으며. 파리강화회의에 파견된 전권위원^{全權委員}은 본국 정부로부터의 훈령을 기다리지 않고 파리강화조약 조인을 거부했다.

천순천에 따르면, 5·4 운동은 청조 타도 운동과도 반위안스카이 운동과도 완전히 다른 형태의 민중운동이었다. "이제껏 혁명이나 운동들은 대체로 외국의 원조를 목표로 한 측면이 있습니다. 원조 획득 경쟁이라고 할 대목도 적지 않았습니다. 그런데 5·4 운동은 일절 외국과 타협하지 않았습니다. 자신의 힘 말고는 어디에도 의지하지 않고, 환상도 갖지 않고 애국 운동을 전개했습니다." (같은 책)

1905년, 포츠머스강화조약에 분격해 일어난 히비야 방화도 외국의 힘을 일절 바라지 않고 일어난 일본 민중의 운동이었다. 이로부터 시작된 다이쇼 데모크라시의 흐름을 타고 등장한 오오쿠마 내각은 5·4 운동 때 분노를 산 20개 조 요구를 중국에 밀어붙였다. 이리하여 중국과 일본의 두 가지 민중운동은 각자의 형태로서 쇼와 시대로 접어든다. 20개 조 요구는 이윽고 제1차 세계대전 후의 워싱턴 회의에서 철회되었지만, 중국에 대한 일본의 권익을 정당하다고 여기는 일본의 여론은 1931년 9월 18일의 만주사변(중국에서는 9·18 사변으로 불린다)으로부터 시작되는 15년 전쟁에서 일본 정부의 대^對지나 정책을 계속 지지했다.

다케우치 요시미는 이 시대 속에서 소학교, 중학교, 고등학교를 마치고 대학에 진학했다. 그는 국책에 몸을 맡겨 우등생이 되는 흐름으로부터 벗어나려 했다. 그러나 자신이 서야 할 근거를 찾아내지 못한 채 M·NIHIL로서 나날을 보냈다.

소학교도 4학년 정도가 되면, 인생의 지혜가 갑자기 풍부해져 일종의 자의식이 일어난다. 남에게 잘 보이고 싶은 욕구가 강해진다. 특히 나는 남보다 두 배는 잘 보이고 싶었다. 좋게 말하면 지기 싫어한 것이다. 나의 어린 자존심을 완전히 채워준 사람이 노다 선생이어서, 내게는 추억할 최초의 교사가 되었지 싶다.

이제껏 살아오는 동안 나를 가장 격려해준 것은 내 안의 열등감이었다. 용모에 대한 열등감이 있어 정신적 가치로 갚으려 했고, 재능에 대한 열등감이 있어 결과적으로 문학을 택했다. (「잊을 수 없는 교사」)

자신이 살아 있는 근거를 알지 못한 채 살아간다는 자각은 당시의 청년에게 널리 퍼져 있었고, 1고생 후지무라 미사오[13]의 유서로 거슬러 오를 수 있다. 다케우치 요시미 역시 후지무라 미사오의 「바위 위에서의 감회」가 일본의 젊은 지식인들에게 불러일으킨 분위기 속에서 자라난 한 명이다. 그는 자신과의 관련성을 발견하지 못한 채 여러 권의 책을 읽었다. 고교생 시절, 니시다 기타로[14]의 『선의 연구』를 읽었지만 당시는 재미를 느끼지 못했다. 그 책의 영향은 훗날 루쉰에 관해 생각하던 때 나타난다. 체계적 추론법을 익히고 싶어 이와나미 강좌의 『철학』을 예약해 읽었지만 몸에 익지 않았다. 오히려 에드거 앨런 포의 작품에서 추론의 형태를 체득했다. 포의 추리소설 『모르그가의 살인사건』을 중학 상급 무렵에 읽고는 "나의 문학

---

13 후지무라 미사오藤村操(1886-1903); 학생. 도쿄 제1고등학교에 재학 중이던 열여덟 살의 나이에 「바위 위에서의 감회巖頭之感」라는 유서를 남기고 닛코 폭포의 게곤노타키華嚴滝에 뛰어내려 죽었다. 개인사로 인한 비관과 세상사에 대한 고뇌로 자살을 택했다고 알려졌는데, 유서의 염세적이고 비극적 분위기가 청년들에게 크게 영향을 미쳤다.

14 니시다 기타로西田幾多郎(1870-1945); 철학자. 주관과 객관, 정신과 물질의 통일이라는 철학의 근본 문제를 직접 주어진 순수경험으로 해결하려 했다. 교토 제국대학의 제자들을 중심으로 한 교토학파에 지대한 영향을 끼쳤으며, 세계 문명의 충돌과 서구 근대의 종언을 주장한 교토학파의 세계사 철학에 형이상학적 기초를 부여했다. 1911년에 출판된 『선의 연구善の研究』는 일본인이 쓴 최초의 철학서로 꼽힌다.

의 샘"이라고 설문에 답하며 1) 야마모토 유조 「생명의 관」, 3) 바쇼[15], 4) 루쉰과 함께 2)에 위치시키고 있다.(『군상』, 1951, 4.) 문학 말고는 다카바타케 모토유키가 번역한 마르크스의 『자본론』을 탐독했다.

이건 반드시 읽어야겠다고 결심했으며, 읽는 동안 자신이 변혁되는 것을 느낀 드문 사례다. 분명 대학교 3학년 때다. 타카하타의 번역으로 읽었다. 하루에 수 페이지씩, 여름 내내 읽었다. 그때까지 마르크스주의 책을 몇 권 읽긴 했지만 이해는 못했다. 『자본론』으로 눈의 들보가 벗겨졌다. 나는 논리라는 것의 무서움에 거의 전율했다. 교정敎程의 나부랭이들이 얼마나 어리석고 못난지를 알게 되었다. 재탕, 해설, 다이제스트 따위를 일절 신용하지 않게 된 것도 『자본론』 덕택이다.

(「무명작가들의 은총」)

이와나미의 『일본 자본주의 발달사 강좌』도 읽었지만 겨우 한 번 통독했을 뿐이다. 『발달사 강좌』에 냉담했던 이유라면 당시는 구체적인 혁명의 노선을 탐구하는 데 관심이 없었으며 체질적으로 역사결정론이 맞지 않아서였다고 회상한다. "『자본론』과 비교하면 논리의 뼈가 너무 가늘어 얄팍하다는 느낌이었다." 그러나 『자본론』이라면 "그 일부는 지금도 내 혈육이 되어 있다는 느낌이다. 경제 메커니즘 자체보다 그것을 분해하고 재구성하는 논리 구조의 흥미로움, 표현 면에서 추론의 흥미로움, 앨런 포와 통하는 흥미로움이다. 2권까지가 그렇고 특히 제1권이 그렇다." (「옛날의 강좌」, 이와나미 강좌 『철학』 3권 월보, 1968)

---

15 마쓰오 바쇼松尾芭蕉(1644-1694); 하이쿠 시인. 하이쿠는 일본 와카의 5·7·5·7·7의 31글자에서 앞의 5·7·5인 혹쿠發句가 발전한 것인데 여기에 계절어季語와 매듭말切字을 써서 형식적으로 발전시킨 짧은 노래다. 바쇼는 1664년 "피안 벚나무/ 꽃이 피면 늘그막/ 생각이 나고"라는 하이쿠를 처음 써 남긴 이래 방랑하며 1,000구 가까운 하이쿠를 남겼다.

마르크스『자본론』의 추론 방법이 현 상황에 대한 결정론은 아니라고 포착한 대목은 예리하다. 그러나 마르크스의 추론 방법에 감동했다고는 하나 당시 다케우치 요시미는 자신의 호오로 사물을 평가하는 니힐한 청년이었고 무슨 일에 대해서든 회의적이었다. 그럼에도 어떤 이론도 자신에게 죄다 무의미하다고는 생각하지 않았다. 조리가 선 이론이라면, 적어도 그 방법을 몸에 익히려 노력했다. 동시에 그의 본래 경향은 의심을 보류하는 것이었다.

다케우치 요시미는 '코바야카와 모토'라는 필명으로 오사카 고등학교의 『교우회 잡지』 11호(1931. 3.)에 「남자들」이라는 소품을 발표했다. 거기서는 비합법 무산자 운동에 몸을 담은 동년배 청년을, 위험을 무릅쓰고 자기 방에 묵게 한 청년이 등장하는데, 다케우치는 그자의 감정적 동요를 묘사해 공감의 방향과 의혹의 질을 함께 표현했다.

베이징에서

　다케우치 요시미가 도쿄 제국대학 문학부 지나철학·지나문학과에 들어
간 것은 1931년 4월의 일이다. 이때는 집이 있는 도쿄로 돌아와 대학에 적
을 두었을 뿐 중국 문학을 진심으로 연구할 생각은 아직 없었다.
　대학생이 된 이듬해인 1932년에는 8월부터 10월까지 만주와 중국에 여
행을 다녀왔다. 만주 여행은 외무성에서 보조금을 받았으며 이후로는 자
비로 다녔다.

　내게 매우 큰 사건이었습니다. 32년 여름에 갔습니다. 그 일이 없었다면 중국 문
학은 하지 않았겠죠. 애초 지나문학과는 시험이 없으니 가장 만만할 것 같길래 골
랐고, 적을 두는 것 이상으로 딱히 공부할 생각은 없었습니다. 당시 나는 한문의
소양이 없어 무척 애를 먹었습니다. 다케다 다이준, 아카자키 토시오 그리고 또
한 명 사이좋게 지낸 친구가 있는데, 그들은 절집 아들이니까 한자의 소양을 비교
적 갖추고 있었습니다. 그런 걸 가정교육으로 하니까요. 지금 일본의 불경은 한역
이니 불경을 읽으면 한문을 익히게 되는 것이죠. 본인도 가정환경으로 인해 좋아
하게 되겠죠. 그들은 비교적 잘 읽었습니다. 나는 완전히 엉망이었습니다. (「나의

쿠메 사카오가 작성한 연보(『다케우치 요시미 전집』 17권)에 따르면 외무성
대지^{對支}문화사업부가 반액을 보조하고 학생이 주체가 된 '조선 만주 견학
여행'에 참가한 여덟 명은 1932년 8월 7일에 도쿄를 출발해 8월 22일 따이
렌에서 해산했다. 이후 다케우치는 베이징으로 향했으며 8월 24일부터 주
로 베이징에 머무르다가 10월 8일에 도쿄로 돌아왔다.

> 생각이 완전히 달라졌습니다. 베이징에 가서 그곳에서 당분간 혼자서 생활했으
> 니 말이죠. 그리고 제대로 해볼 마음이 생겨 책도 몇 권인가 사가지고 돌아왔습니
> 다. 한문은 읽지 못하니 현대어부터 시작했습니다. (같은 글)

외무성으로부터 보조금을 받으면 보고서를 내야 한다. 다케우치는 신문
을 주제로 골라 1933년 3월에 「중국에서의 신문 사업 연구」라는 논문을
외무성으로 보냈다. 다케우치는 이 무렵부터 신문에 관심을 갖기 시작했
다. 여행단에 들어가 먼저 조선을 거친 후 중국의 동북지방의 창춘까지 가
서 이제 막 만들어진 '만주국'을 봤다. "그게 싫었죠. 무척 싫었습니다. 나
중에 취직을 고민할 때가 되어서도 '만주국'과는 엮이고 싶지 않았습니
다."(같은 글)

다케우치 요시미는 베이징에서 처음으로 일본 국가를 벗어나 스물한 살
의 청년으로서 생활했다. 말을 할 줄 몰라서 개인교사를 통해 중국어를 배
웠다. 읽는 것은 얼마간 가능하니 류리창, 시단 등의 서점가를 배회했으며

감에 의지해 중국 현대문학 신간을 백 권 정도 샀다. 그중 절반이 장즈핑[16]의 소설이었다. 장즈핑 이외에는 위다푸[17], 세 번째가 궈모러[18]였다. 사서 모아둔 궈모러의 책은 일본으로 돌아와 읽기 시작했지만 전혀 재미를 느끼지 못했다. 위다푸에게는 다소 친근감을 느껴 졸업논문은 위다푸에 관해 쓰기로 했다. 연보에 따르면, 베이징 여행의 전년인 1931년 10월에 루쉰의 『아Q정전』을 일본어 번역본으로 읽고는 "해학성에 마음이 갔다"고 일기에 썼지만, 현대 중국 문학 연구로 진입하며 곧장 루쉰을 향하지는 않았다.

다케우치 요시미는 베이징에서 체재하던 중 쑨원[19]의 『삼민주의』를 입수해서 읽고는 깊은 감동을 받았다. 일본 국가라는 빈 껍질 속에서 쑨원을 읽을 때와는 달리 인상이 선명했다. 베이징으로 오기 전에 다케우치는 도쿄대학 신입생으로서 RS(리딩 소사이어티)에 가입해 유물변증법의 문헌을 읽

---

16 장쯔핑張資平(1893-1959); 작가. 청년들의 자유연애를 주제로 삼아 여러 작품을 작성했다. 궈모뤄 등과 함께 낭만주의 사상을 주창한 문학 단체인 창조사를 창립했다. 중일전쟁 중에 일본에 협조했다는 이유로 1947년 재판에 회부되기도 했다. 장편소설로『최후의 행복最后的幸福』,『청춘靑春』,『홍무紅霧』 등을 남겼다.

17 위다푸郁達夫(1896-1945); 소설가. 창조사의 발기인으로 1920년대부터 작품이 인기를 얻었으며 중국의 현대문학을 발전시키는 데 공헌했다고 평가받는다. 중일전쟁 기간에는 항저우와 싱가포르에서 항일 선전문을 썼다. 작품으로는『침륜沈淪』,『출분出奔』,『과거過去』 등이 있다.

18 궈모러郭沫若(1892-1978); 시인이자 사학자. 낭만주의 문학 단체인 창조사創造社를 결성하고 국민혁명군의 북벌에 정치부 비서차장으로 참가했다. 저서로『중국고대사회연구中國古代社會研究』,『여신女神』,『측천무후則天武后』 등이 있다.

19 쑨원孫文(1866-1925); 혁명가. 1894년 청일전쟁 때 미국 하와이에서 흥중회興中會를 조직했으나 실패하고 1900년 후이저우 사건惠州事件을 일으켰지만 실패했다. 1905년 러일전쟁이 일어나자 도쿄에서 유학생 등 혁명 세력을 통합해 중국혁명동맹회를 결성했다. 1911년 귀국해 임시 대총통으로 추대된 그는 1912년 1월 1일에 중화민국을 발족했으나 이윽고 위안스카이에게 정권을 넘겨주었다. 하지만 다시 중화혁명당中華革命黨을 창설해 광둥을 중심으로 정권 수립에 힘썼다. 러시아혁명을 본받아 국민당을 개조해 공산당과 제휴(국공합작)에 나섰다. 그리고 국민혁명을 추진하고자 북벌을 꾀했으나 뜻을 이루지 못한 채 "혁명은 아직 이룩되지 않았다"는 유언을 남기고 베이징에서 객사했다. 그의 정치적 이념은『삼민주의三民主義』에 담겨 있다.

었지만, 이론의 고저 우열을 가르는 이 그룹의 기준을 받아들일 수 없었다. 쑨원의『삼민주의』에 감동했다는 것은 굳어버린 대학생식의 이론에 그가 매이지 않았음을 보여 준다.

만일 다케우치 요시미가 첫 번째 중국 여행으로 베이징이 아닌 상하이로 가서 서점가를 드나들었다면 수확은 달라졌을 것이다. 중국에서 문학의 중심지는 이미 베이징에서 상하이로 옮겨 갔다. 상하이였다면 다케우치가 훗날 중시하게 된 마오뚠, 루쉰, 후스[20] 등의 저작을 가지고 돌아왔을 것이다. 다케우치가 베이징에서 산 책 중에는 마오뚠의 소설인『식蝕』과『무지개虹』가 있으며, 당시 손에 넣은 것들 가운데서는 주앙딩이 훌륭해 대단한 작가일지 모른다고 생각했다고 한다. 그러나 실제로 읽어 보고 당시는 감탄하지 않았다. 이윽고 신작『새벽이 오는 깊은 밤』이 간행되었다는 사실을 알게 되어 상하이로부터 주문해 정독했다. 다케우치가 다케다, 아카자키 등과 논의해 중국문학연구회를 결성하기 조금 전이었다.

이『새벽이 오는 깊은 밤』을 읽고는 비로소 중국 문학에 대한 안목이 생겼습니다.

(「책에 관해서 등」, 중국문예연구회 간『야초』6호, 1972. 1.)

당시 다케우치는 대학을 졸업하고 만주철도에 들어갔다. 하지만 만주국 체제의 일부로서 구축된 건국대학 등으로 취직하지는 않았다. 중국의 현대를 조사할 의도였던 것이다. 도쿄 대학 경제학부는 시험을 치러야 했던 까닭에 응시하지 않았지만, 경제학부의 친구들과는 왕래했으며 현지에 관

---

20 후스胡適(1891-1962); 사상가이자 정치가. 1922년 백화白話가 공식 문어로 정착되는 데 공헌했다. 중화민국 수립 후에는 정치적 혁명이 아니라 대중 교육을 통해 새로운 중국을 건설해야 한다고 역설했다. 저서로『중국철학사 대강中國哲學史大綱』,『상시집嘗試集』등이 있다.

심이 있어 주식거래소를 참관하기도 했다. 다이아몬드사에서 발행된 『경제 기사의 기초 지식』이라는 책을 곁에 두고 자주 펼쳤다. 조사하러 다니는 걸 좋아해 졸업 후 그 방면의 일을 찾아보기도 했다. 당시 신문사는 문학부 졸업생을 뽑지 않아 신문기자가 되는 것은 포기했지만, 신문에 대한 관심은 지속되어 만년에도 소신문小新聞을 만들 계획을 세웠다. 동시대의 중국 연구자 가운데 오자키 호츠미[21]를 높이 평가한 것은 다케우치 자신이 1930년대에 같은 방향을 더듬었기 때문일 것이다. 그 까닭에 다케우치는 마오뚠의 『새벽이 오는 깊은 밤』에 이끌렸다.

『새벽이 오는 깊은 밤』은 민족의 독립을 마음속에 두고 실무에 경주하던 경영자가 주인공으로 나오는데, 그의 노력이 공산당의 활동으로 인해 좌절되어 가는 과정을 묘사한다. 다케우치가 이 소설을 두고 작성한 독후감을 보면 다케우치 자신이 가까이서 접한 전향자의 초상과 겹쳐진다.

나는 전전에 좌익 운동과 그다지 관계하지 않았습니다. 즉 전향할 만큼 관계하지는 않았던 것입니다. 미요시 주로 씨는 일단 전향했지만, 나는 전향까지 가지 않았습니다. 그전에 가망 없다고 판단해 단념했다면 훌륭했을 테지만, 그렇지 않고 다만 어딘지 모르게 속임수 같아서 관계하지 않았습니다. 여기에는 교우 관계가 작용합니다. 사귀는 친구가 몹시 열렬하게 공산주의를 신앙으로 삼는다면 아무래도 말려들죠. 그러한 녀석이 내 주위에는 없었습니다. 대신 시간을 허투루 쓰고 약속을 안 지키는 이상한 녀석들이 공산주의를 운운하고 있었습니다. 이 녀석들이 하고 있는 것이라면 이상하다고 생각해 그다지 발을 들여놓지 않았습니다. 조금 거리를 두고 냉정히 바라보았습니다. 그러고 보니 나프(NAPF: 전일본무산자예술동

---

21 오자키 호쓰미尾崎秀實(1901-1944); 사상가. 아사히신문 기자를 거쳐 만철 촉탁을 맡았다. 고노에 내각의 주요 이론가였으나 1941년 스파이 사건인 조르게 사건으로 체포되어 사형당했다. 저서로 『현대지나론現代支那論』, 『애정은 지는 별처럼愛情はふる星のごとく』 등이 있다.

맹)부터 코프(KOPF; 일본프롤레타리아문화연맹)까지 교제하기는 했지만 코프가 괴멸된 이후의 사정은 전혀 모릅니다. 그런데 (두 번째로—인용자) 베이징에 간 뒤 할 일이 없어 술만 진탕 마시고 있었는데 술집에 죽치고 있으면 좌익 퇴물은 금세 알아볼 수 있었습니다. 사용하는 말의 구석구석에서 드러나고, 말을 주고받지 않더라도 거동으로 알 수 있죠. "저 녀석은 전력이 있겠군"이라고 생각해 속을 조금 떠보면 반응이 나옵니다. 그런 무리가 어지간히 빈둥대고 있었습니다. 개중에는 전후에 다시 등장한 자도 있군요. 뭐 나쁠 거야 없지만, 역시 전적으로 믿음이 갈 리는 없죠.

(「중국과 나—전후와 좌익 운동에 대하여」)

전후에도 다케우치는 마오뚠의 『새벽이 오는 깊은 밤』에 관한 평가를 바꾸지 않았다. 1963년에는 헤이본사에서 '중국 현대문학 선집 4·장편소설 1'로서 『새벽이 오는 깊은 밤』의 번역서가 나오고 1970년에는 카와데쇼보에서 재번역이 나왔는데, 그때 다케우치는 이렇게 적었다.

개인의 일을 말하자면, 총서 중에서 나는 루쉰과 마오뚠의 번역을 맡았다. 마오뚠의 작품 가운데서는 『새벽이 오는 깊은 밤』을 골랐다. 즉 헤이본사판을 수정했다. 사실 나는 『새벽이 오는 깊은 밤』보다 후기작을 좋아하지만, 다른 공동 편집자의 의향도 있어 『새벽이 오는 깊은 밤』을 택했다. 그런 연유로 30년대 작품을 다시 읽어 나갔고 다시금 감탄했다.
상황은 지금의 일본과 실로 닮았다. 8년 전 번역할 때도 그렇게 느꼈지만, 이번에 읽으면서 그 느낌이 더욱 강해졌다. 안보투쟁과 미이케투쟁을 더하고 거기에 대학투쟁을 더한 것이 『새벽이 오는 깊은 밤』의 세계라고 할 정도다. 앞으로 일본 경제의 위기가 표면화되면 유사점은 좀 더 늘어날 것이다. 그것을 『새벽이 오는 깊은 밤』처럼 전체적으로 파악하는 방법이 일본 문학의 유산 안에 있는가라고 묻는다면, 나로서는 부정적인 대답밖에 나오지 않는다. 그러고 보면 30년대에 이 책이 쓰였다는 점만으로도 중국 문학의 성취는 재검토되어야 마땅하다. (「세계를 다양성으로부터」, 『신간 뉴스』 197호, 1970. 7. 1.)

여기서 다케우치는 일본 경제의 위기를 거론했지만, 이후 1970-1980년대에 일본은 경제적으로 번영했으니 사실에서 어긋난 셈이다. 다만 경제적 번영의 방식이 다케우치의 규준에 따르건대, 잘못되었다는 각도에서 본다면 위기임에는 틀림없을 것이다. 거기서 다케우치의 예언은 예견이나 예측이라는 성격에서 벗어난 '예언자'의 예언이다. 그 어긋남은 대동아전쟁에 대해서도 전후 일본의 고도성장에 대해서도 다케우치의 발언을 따라다녔다. 그 점을 덮어 둬서는 안 되겠지만, 그럼에도 나는 『새벽이 오는 깊은 밤』에 대한 다케우치의 평가는 동시대 일본 문학의 결핍을 제대로 들춰냈다고 생각한다. 다케우치의 예언은 동시대 일본에 대한 비판으로서는 적중했던 것이다.

유학

    고대는 물론 근세로 접어든 에도막부 말기까지 일본에서 해외로 유학하려면 당사자가 위험을 무릅써야 했다. 요시다 쇼인[22]의 해외 도항 시도는 옥중의 죽음으로 끝났다. 나라의 법을 어기고 해외로 도항한 니지마 조[23]의 유학도 일신을 건 기도였다.

    이시즈키 미노루가 쓴 『근대 일본의 해외 유학생』 말미에는 에도막부 말기부터 메이지 7년(1874)까지 해외로 유학한 자들에 관한 자세한 명부가 수록되어 있다. 그걸 보면 처음에는 번과 막부가 유학생을 파견했고 사비 유학생은 극히 일부였다. 메이지에 들어오고 나서는 사비 유학이 얼마간

---

22 요시다 쇼인吉田松陰(1830-1859); 사상가이자 교육자. 1853년 미국의 페리 제독이 함대를 이끌고 개항을 압박하자 흑선黑船을 시찰하고는 큰 충격을 받아 해외 유학을 결심해 러시아 군함으로 밀항하려 했으나 실패했다. 1854년 페리 제독이 이끈 함대의 압박으로 미일 화친 조약이 체결되자 정박 중인 미군함에 승선해 다시 밀항을 시도했지만 실패해 투옥되었다. 조슈로 이송된 뒤 감옥 안에서 밀항의 동기와 사상적 배경 등을 담은 『유수록幽囚錄』을 작성했는데, 여기에는 정한론征韓論과 대동아공영론大東亞共榮論의 사상적 기초가 담겨 있다.

23 니지마 조新島襄(1843-1890); 개신교 전도사이자 교육자. 열세 살 때 해군전습소海軍傳習所에 들어가 네덜란드어, 수학, 항해술 등을 배우고 1864년 몰래 미국으로 건너가 그리스도교에 입교했다. 교토에 그리스도교 학교인 도시샤 영어학교를 설립했다. 이를 종합대학으로 만들고자 미국으로 건너가 모금하던 도중 병사했다.

늘지만 이윽고 국비 유학이 대세가 된다. 메이지 8년 이후로는 사비 유학이 줄고 국비 유학이 늘어난다. 일부 화족華族과 자산가를 제외한다면 매해 천 엔에 달하는 유학 자금을 사비로 감당할 수 있는 집은 드물었다. 유학한 장소를 보면 막부 시대에는 영국, 네덜란드, 러시아, 프랑스, 미국 순이다. 홍콩이 두 건 확인되지만 영국의 학문을 재빠르게 습득하기 위한 경우일 테니 중국 유학이라고는 볼 수 없다.

메이지에 들어온 뒤에도 전체 570건 중 청나라가 4건, 홍콩 1건일 뿐 나머지는 모두 구미 유학이다. 이후 메이지, 타이쇼, 쇼와에 이르기까지 해외 유학의 행선지는 대개 구미였다. 육군에서는 유학생을 조선으로 보내기도 했고 국책상 아시아 나라로 파견하기도 했지만, 일본 청년이 희망하는 곳은 아니었다. 관과 민은 모두 구미 선진국의 문명을 바라고 있었다. 관비 유학생의 목표는 구미 제국을 모방해 일본국의 부를 늘리고 힘을 키우는 것이었다.

다케우치 요시미는 별 기대 없이 지나문학과에 입학했다가 외무성 보조금으로 만주를 가보고 중국 유학까지 다녀왔다. 당시는 일본 바깥으로 나가 보고 싶다는 단순한 바람 때문이었다. 그런데 그 한 차례의 유학이 계기가 되어 그는 다시금 중국에 가기를 열망한다.

최초의 유학에서 돌아온 뒤 1934년, 그는 지나학을 전공하는 동료와 함께 중국문학연구회를 결성했다. 자신이 주도해서 시작한 이 연구회를 스스로 깨면서까지 그는 1937년 10월 중국 유학을 단행했다. 외무성 보급생으로서 어학연수를 위해 2년간 베이징에서 체류했다.

대학을 졸업해야 할 1934년 3월이 다가오면서 그는 졸업하고 나서 뭘 해야 할지를 고민해야 했다. 일본 정부가 쥐락펴락하는 만주국에서 일할 생각은 들지 않았다. 앞서 말했듯이 건국대학에는 가지 않기로 마음먹었다. 다케우치는 다시 외무성의 보조금을 얻어 중국으로 유학갈 계획을 세웠다. 외무성이 지원하는 유학 제도에는 1종, 2종, 3종이 있는데 대학 졸업생은 3종에 해당되며 2년간의 유학 기회가 주어진다. 일본 외무성이 대주는 보조금이라고는 하나 의화단 사건 이후 중국이 타국에 지불한 배상금의 일부를 이렇게 유용한 것이니 애초 중국 정부에서 나온 돈이며, 이미 여러 사람이 그 돈을 받아서 중국에 갔다. 재학 시절부터 다케우치는 유학을 계획했지만, 자신이 제안해 중국문학연구회를 시작했으니 동아고등예비학교 강사 등으로 근무하며 1936년까지 때를 기다렸고 1937년에야 계획을 실행할 조건이 갖춰졌다. 그런데 그해 7월 7일에 노구교사건이 일어나고 중국과 일본의 전쟁으로 번지면서 중국행은 10월까지 미뤄졌다. 이 전쟁은 다케우치 요시미에게 큰 영향을 미쳤다.

유학하러 떠나면서 이와나미 문고판 『전쟁과 평화』를 가져갔다. 내가 『전쟁과 평화』를 통독한 건 이때 한 번뿐이다.

당시의 기분을 정리하기란 여러 복합적 사정이 있어 쉽지 않지만, 의도로서는 『전쟁과 평화』를 어떤 버팀목으로 삼을 작정이었다. 나는 내가 역사의 목격자가 될 거라고 예감했다. 그리고 자신이 떠밀려 가지 않도록 전체를 간파하는 시점을 확립해 두고 싶었다. 나는 유학생이라는 특권을 활용해 전란 바깥에서 전란 전체를 파악하고 싶었다. 그러려면 방법이 있어야 한다. 방법은 바깥에서 구할 수 없는 법이지만, 바깥에서 참고할 만한 것을 얻을 수는 있다. 그 타산지석으로 『전쟁과 평화』를 택했다.

결과적으로는 나의 의도는 완전히 패배했다. 나는 목격자가 되기는커녕 눈 깜짝할 새 떠밀려 났다. 2년간의 베이징 생활은 술을 마시며 바보짓을 하다가 끝나 버렸다.

그러나 이것은 내가 무능한 탓이지 『전쟁과 평화』 탓이 아니다. 『전쟁과 평화』는 어디까지나 타산에 있었고, 나는 내가 이류 인간이라는 운명을 알게 되었다. (「나의 『전쟁과 평화』」, 『세계문학전집』 월보 21호, 1962. 4.)

인용구 앞의 내용을 요약하면 다케우치는 『전쟁과 평화』를 읽고 난 뒤 미학적 기준으로 소설을 대하기를 그만뒀다. 그래서 톨스토이의 저작 중에서 『전쟁과 평화』를 『안나 카레리나』 위에 둔다. 마음이 끌린다는 점에서는 『전쟁과 평화』가 지금(즉 1962년 당시)도 톨스토이의 작품만이 아니라 세계문학 중에서 제일이다. 그것은 지금(당시) 여전히 자신의 『전쟁과 평화』를 쓰겠다는 꿈을 버리지 못하고 있기 때문이라는 것이다.

"그러나"라고 그는 말한다. 자신의 그 꿈을 괄호 쳐둔다면 지금은 톨스토이 작품 중에서는 『전쟁과 평화』보다 민화民話를 취하고 싶다고 적는다.

1937년 10월, 외무성 대지문화사업부에서 선발된 유학생은 예닐곱 명이었다. 그중 한 명인 오자와 분시로는 당시 일기에서 다케우치가 등장하는 곳을 발췌해 다케우치 요시미를 추도하는 문장을 썼다.

昭和十二年十一月十六日

夜, 依竹内君首唱, 糾合本年度留学生, 而開宴于前門外正陽楼, 賞味拷羊肉. 歓談移刻. 会者勝又, 小野, 佐藤, 岩村氏等凡六人. 八時散会. 陰雨簫々, 冷気稍厳

주기. 고양육拷羊肉은 지금 일본에서 말하는 칭기칸스 요리며, 정양루正陽楼는 대대로 이어온 가게다. 연기 때문에 눈물도 났지만 맛있었다.

同年十一月二十二日

午後, 依約訪勝又氏. 神谷, 竹内両氏来会. 乃約以読書会. 課本為中国近三百年学術史. 定月曜為期. 而会場輪番. 第一為余寓. 第二竹内氏. 第三勝又氏. 第四神谷氏. 余翻望此種読 書会也己久矣. 今日見其成立, 不禁痛快.

주기. 이 독서회가 언제까지 이어졌는지는 확실치 않다. 치엔무의 『중국 근 삼백 년 학술사』는 당시 막 출판되었는데 명저다. 지금도 그 학은学恩을 입고 있다.

오자와 분시로는 중국으로 유학을 갔으니 중국어로 일기를 써보려고 노력했을 것이다. 중국어를 모르는 나로서는 대충 이해할 정도의 문장인데 독자도 그럴지는 모르겠다. 하지만 실패가 두려워 번역은 않겠다.

일기만 봐도 다른 동기나 선배 이야기는 거의 없고, 다케우치 군과 어울린 이야기가 가장 많다. 그만큼 친하게 지냈다는 사실을 전한다.

처음 만났던 때의 인상은 어렴풋하다. 다만 이국의 하늘 아래, 전란이 한창이던 시기, 달라진 풍물 속에서 마음을 달랠 길 없던 서로의 감정이 서로를 찾았던 것이리라. 다케우치 군은 나와 달랐다. 언제나 과묵하며 멋들어지지도 않고 감정을 솔직히 드러내지도 않고 냉정예지冷静叡智하나 차갑지는 않고, 항상 성의 어린 군의 인품이 나를 이끌었던 것이리라. (오자와 분지로, 「베이징 유학 시대의 다케우치 군과 나」, 『다케우치 요시미 회상 문집―그러나 인간의 마음은 우주보다 넓다』)

그 무렵 베이징 안에서 전투가 벌어지지는 않았다. 그러나 "일본인의 일기조一旗組 군속이 매일 꼬리를 물고 들어오더군요. 당시 베이징은 정확히 전후의 일본처럼 무법지대입니다. 군속이라면 뭐든 할 수 있죠. 그런 현장을 목격했습니다. 공부 따위 될 리가 없죠. 그럴 분위기가 아닙니다. 장차 어찌될지 모르고, 이후 일본에 있던 회원들이 잡지를 만들고 있었지만, 잡지 따위야 어찌되든 상관없다고 생각했습니다."(「잡지 『중국문학』 무렵」, 『중국과 나』) 중국에서 일본인이 하는 짓을 일상에서 보노라면 모처럼 마음먹은 중국문학연구회도 이제 어찌되든 상관없다는 기분이 든다. 그만큼 중일전쟁은 그를 자포자기하게 만들었다.

유학이라고는 하나 당시 중국의 대학은 폐쇄되어 있었다. 일본군이 중국인을 무차별 학살했다는 이야기가 그것도 당사자의 입을 통해 자랑스레

떠벌려졌다. 이런 상황 아래서 일본인과 어울린다는 것은 다케우치 요시미에게 갑갑한 일이었다. 오자와 분시로와 자주 만난 것은 오자와라면 마음을 허락할 수 있었기 때문이겠으나 오자와에게도 감정을 솔직히 꺼내지 않고 말수를 아꼈다. 하물며 중국인에게는 솔직하게 동정심을 표현하기가 부끄러웠고 서로 간에 사상을 전달하는 일은 자제해야 했다.

그럼에도 불구하고 다케우치는 중국인들 사이에서 친구를 얻었다. 양리엔성이라는 자다 (이 사람은 다케우치 요시미가 죽은 뒤 추도사 한 편을 써서 '냉안열장인冷眼熱腸人'이라고 평가했다. 다케우치 요시미의 사상을 추진하는 동력이 된 패러독스를 꿰찬 비평이라고 생각한다). 이미 10년이나 지난 전후가 되어 다케우치는 상대의 이름을 언급하지 않은 채 「어느 중국의 옛 친구에게」라는 제목으로 글을 썼다.

나는 종종 당신을 떠올렸습니다. 타고난 게으름으로 편지 왕래는 못했습니다만, 일이 있어 중국에 관한 어떤 상념을 떠올릴 때면 언제나 연상이 이상하게도 당신에게로 향합니다. 이런 경우 중국인은 어떻게 생각할까라고 스스로에게 물을 때 나는 당신이라면 그 문제를 어떻게 생각할지로 번역해서 생각하는 자신을 발견하곤 합니다. 당신은 고명한 작가도 대학교수도 아닙니다. 세간에서는 무명이며, 당시는 대학을 갓 졸업하고 나이도 나보다 몇 살인가 적은 한 학자에 불과했습니다. 우리가 알게 된 것도 우연이었습니다. 그럼에도 불구하고 당신은 다른 누구에게나 더욱이 나에게는 본질적 영향을 주었습니다. 내게 대표적 중국인이라고 한다면, 먼저 당신을 꼽지 않을 수 없습니다. 당신을 조형하려고 노력하는 게 지금껏 나의 중국 문학 연구, 나아가 나 자신의 문학적 형성에서 중요한 안목이었습니다. 나의 시도는 이제껏 성공하지 못했지만, 당신의 이미지를 확실하게 파악하고 싶다는 염원은 지금도 변치 않았습니다. 그러하기에 나는 당신과의 기연에 감사드립니다. (「어느 중국의 옛친구에게」, 『근대문학』, 1950. 5.)

전후 논단에서 『현대중국론』, 『국민문학론』을 내걸고 등장한 다케우치 요시미를 향해 하나다 기요테루는 "그렇게 '나라國'가 좋다면 '쿠니우치 요시미國內好'라고 개명하는 게 어떻겠느냐"고 빈정댔지만, 다케우치는 일본인에게 상식으로 정착한 '국가=자국 정부'라는 등식에 줄곧 도전한 인간이며, 그 발상의 밑바닥에는 '국가=자국 정부'라는 등식으로부터 자유로운 동시대인을 중국에서 만났다는 한 가지 사실이 자리잡고 있다. 하나다는 논진을 펼치며 "내셔널한 것을 통해 인터내셔널한 것으로"를 기치로 삼았는데 다케우치의 경우는 비슷하지만 조금은 다른 "내셔널한 것과 마주하는 코스모폴리탄한 개인"이 된다. 전시 중에 다케우치는 지금의 국가와 마주해 지금의 국가를 넘어서려는 개인이라는 기치를 내려놓을 수 없다고 줄곧 생각했다. 대동아전쟁이 시작되던 때 『중국문학』에 쓴 전쟁 지지 선언에서조차 내게는 그 내심의 목소리가 들린다.

학술논문 말고도 당신에 관한 기념품이 내게는 두 점 있군요. 모두 당신에게서 받은 당신의 자필입니다. 하나는 남화南畵의 소폭小幅, 다른 하나는 타고르의 시를 당신이 '완계사浣溪沙'체로 번역한 것 두 수입니다. 나는 그것을 번갈아 가며 서재에 겁니다. (서재라고는 하나 지금 나의 서재는 상하이의 '골방'처럼 침실도 뒷도 겸하는 좁은 셋방입니다). 나는 둘 다 좋아합니다. 속된 기풍이 없어서 좋습니다. 서화에 대한 안목은 없지만, 내가 보기에 웬지 모르게 속된 기풍을 떨쳐 내는 기품이 느껴집니다. 위트포겔을 논하는 신진의 경제사학자인 당신은 전공 바깥의 문학과 예술에 조예가 깊으며, 나는 책이 가르쳐 주지 못하는 것을 당신에게서 많이 배웠습니다. 특히 당신이 이처럼 전공 바깥의 기예를 별스럽지 않게 몸에 익힐 수 있다는 걸 알았을 때 나는 얼마나 놀랐던지요. 벼락을 맞듯이 나는 그 일 하나로 중국 문화의 깊이에 눈을 떴습니다. 우리가 메이지적 교양으로서 회고하는 것이 이 세계에서는 실제로 살아 있다는 사실을 발견한 다음에야 당연히 내 중국 문학관은 뿌리부터 달

라지지 않을 수 없었습니다. (같은 글)

마르크스 경제학에 대한 지식을 공유하며 양리엔성과 다케우치 요시미는 부자연스런 일본어와 중국어를 섞어 가며 대화했다. 마르크스주의의 체계를 공유하는 것은 당시 다케우치 연배의 일본 지식인이라면 대부분 하는 경험이었다. 그중 여러 명은 중국에 체재하고 있었다. 그러나 다케우치는 일본의 동년배 지식인과 대화하기를 꺼렸다. 일본인이 중국인에게 뻔뻔스럽고 무자비하며 거짓으로 대하는 것을 목격했기 때문에 수치심을 모르는 동포와 일본어로 대화하는 것이 다케우치에게는 굴욕적이었다. 그것이 다케우치에게 있는 국욕國辱의 감각이며, 그것이야말로 다케우치적 민족주의의 성격을 드러내는 중요한 특징이다.

그러나 지금도 '정자간亭子間'이라 이름한 나의 서재에 앉아 당신의 사진보다 당신의 모습을 더 잘 담고 있는 서체를 멍하니 바라보며 아무 생각도 없이 생각하는 것은 그러한 문학이나 문화의 문제가 아니라 좀 더 개인적인 것, '당시 당신은 어떤 심경이었을까'입니다. 분명 당신의 필적에서 나타나는 표정인 고상한 운치는 중국이 간직한 문화의 깊이로부터 나오겠지만, 그것 말고도 다른 무언가가 있는 것이 아닌지, 그 기품은 일본에 점령당한 베이징에서 당신이 거리의 은자였다는 사실과 무관치 않으리라는 것을 나는 최근에야 눈치 챘습니다. 함부로 해선 안 될 이야기입니다만, 전쟁이 끝날 때까지 나는 그것을 알아차리지 못했습니다. 그 시절 매주 한 차례, 어학의 교환 교수라는 것은 명목일 뿐 함께 산책하거나 중앙공원으로 바둑을 두러 가거나 의기투합한다든가, 참 신기하게도 감정이 통했습니다. 내 생애에서 괴로운, 속히 잊고픈 한 시기인 2년 동안, 당신과의 추억만큼은 지금도 더욱 선명해지지만, 당시 우리는 묵계默契처럼 시국에 대해서는 일언반구도 하지 않았습니다. 나는 당신을 동정했던 것일까요. 그렇습니다. 불손하게도 동정하고 있었습니다. 그리고 당신을 동정함으로써 자신을 동정하고 있었습니다. 그 불손함에 이제와 복수를 당하리라고는 당시에는 미처 몰랐습니다. 한번 "왜 취직을 않나요"라고 내가 묻자 당신은 웃으며 먹고사는 데 어려움이 없어서라고 답한 적이 있죠. 그때도 나는 당신이 지닌 슬픔의 깊이를 헤아리지 못했습니다. 지금은 압니다. 그때 당신의 슬픔이 나의 슬픔이 된 지금, 그것을 알 수 있습니다. 문화의 깊이는 축적된 양이 아니라 현재 드러나는 저항의 양으로 측정되어야 한다는 것, 당신이 그 일단─端으로 이어져 있는 베이징 시민 혹은 모든 중국 민중의, 눈에 보이지 않는 저항이 지극히 컸다는 것, 그리고 그 점을 나 자신을 포함해 일본인이 알아차리지 못했고 지금도 충분히는 알지 못한다는 것, 특히 문화의 문제로서 알아차리지 못한다는 것, 내가 당신을 동정할 생각으로 당신에게 입힌 상처는 문화에 대한 나의 이해가 천박한 데서 비롯되었다는 것을 나는 이제 깨닫습니다. (같은 글)

다케우치가 양리엔성을 불손하게도 동정하려 했으며, 그 어리석음을 나중에 알아차리게 된 경험은 전후 「중국인의 항전 의식과 일본인의 도덕의식」을 생생한 작품으로 만들었다. 불손하게 동정하려 했다는 점에서 자신이 다른 일본인과 다를 바 없이 낮은 장소에 있었다는 부끄러움이다. 그리고 그 부끄러움은 아마도 양리엔성과 비슷한 심정이었을 린위탕이나 후스에 대한 공감으로 이어지고, 이윽고 린위탕, 후스와 평형을 이루는 또 다른 극점인 마오쩌둥이라는 존재에 대한 주목으로 나아간다. 당시 마오쩌둥은 이미 장정을 마치고 중국의 벽지에 근거지를 구축해 지구전을 계획하고 있었다. 월등한 일본의 군사력에 맞서 그들의 무기를 중국인 측으로 거둬들일 계획이었다. 일본의 양심적 지식인이 우세한 군사력을 배경으로 힘없는 중국을 가엾게 여기는 것은 일청전쟁과 일러전쟁에서 승리한 이래

학교에서 일본인이 철저하게 배워온 역사관이 바닥에 깔려 있으며, 다케우치 요시미의 니힐리즘은 아직 그것을 뿌리칠 만한 힘을 갖지 못했다. 패전 후 미군 점령하의 일본에서 다케우치는 비로소 양리엔성의 경지를 알아볼 수 있었다. 그리고 1950년, 점령 아래서 부흥으로 향하는 일본을 두고 이렇게 말한다.

한마디로 말해, 나는 현 상황에 거의 절망하고 있습니다. 다양한 움직임이 있지만, 나로서는 어느 것도 전쟁 중에 있었던 일들과 본질적으로 달라 보이지는 않습니다. 일본과 중국을 이어줄 유대는 인민적 규모에서 아직 기반이 마련되지 않은 듯합니다. 이에 관한 내 의견은 편지로 보고할 것도 없이 최근에 나온 나의 잡문을 보신다면 이해해 주시리라고 생각합니다. 일본인인 중국 문학 연구자로서 나는 문장을 쓸 때 언제나 내게 전형적 중국인 당신을 독자의 기준으로 삼지 않을 수 없기에 당신의 만수무강을 기원합니다. (같은 글)

다케우치의 글 가운데는 보기 드물게 외국어로 작성된 '원문'이 있을 것 같은 직역체 문장이다. 그것은 다케우치와 양리엔성이 일찍이 20대 청년으로서 막 배우기 시작한 중국어와 일본어를 구사하며 서로에게 말을 건넸던 시대의 기풍을 전한다.

중화민국 만세와 대일본제국 만세

중국은 일본과 거의 동시대에 국외로 유학생을 보내기 시작했다. 또한 일본처럼 초기에는 유럽과 미국으로 유학생을 보냈다. 청나라 정부는 태평천국 혁명군과 싸우다가 영국·프랑스·미국에서 온 용병의 눈부신 활약에 놀라 유학생을 파견했으며, 특히 조선造船과 총기 제조법을 전수받는 데 공을 들였다.

미션스쿨의 연줄을 타고 1847년부터 1854년까지 미국에서 수학한 룽훙은 중국 최초의 유학생이다. 그가 1862년 무렵부터 주창하고 십 년간 노력한 끝에 고관 쩡궈판을 간신히 움직여 1872년에는 120명의 학동을 15년간 수학시킬 예정으로 미국에 보냈다. 이어서 리훙장[24] 등이 프랑스·독일·영국으로 유학생을 보냈다. 북양함대 건조에는 이 유학생들이 참여했다. 그런데 그 북양함대가 황해의 해전에서 일본 해군에 패했다. 그리하여 1894-1895년의 대일 패전과 타이완 할양은 일본으로 유학생을 파견하는 계기가 되었다.

---

24 리훙장李鴻章(1823-1901); 정치가. 의용군인 회군淮軍을 이끌고 태평천국의 난을 진압하며 정계에 등장했다. 이후 북양군을 직접 지휘하에 두어 막강한 권력을 휘둘렀으나 청일전쟁에 패해 권력 기반이었던 북양해군과 회군을 잃었다. 1895년 전권대사로서 시모노세키조약에 조인했으며 부국강병을 위해 양무운동 등을 주도했다.

당시 고노에 아쓰마로가 회장이던 동아동문회東亞同文會는 아시아에 대한 서양인의 침략에 맞서자고 목소리를 높였는데, 그로써 일본 안에서 중국 유학생을 받아들일 환경이 조성되었다. 혁명파 쑨원(이미 열두 살 때부터 7년간 하와이의 고등학교에서 수학했다)과 입헌민주파 량치챠오는 함께 좌절한 후 일본으로 망명했다. 이러한 개혁의 움직임을 저지하려는 청나라 요인들 역시 일본으로 유학생을 파견해 청나라 재건을 도모했다. 이리하여 19세기 말 일본은 중국의 개혁파와 보수파 청년들이 서로 다투는 무대가 되었다.

사실 청나라는 일청전쟁 이전인 1890년 6월에 이미 일본으로 유학생을 보낸 적이 있다. 그때는 7명의 유학생이 공사公使를 수행했는데, 공사는 일본의 일반 사회에서 공부할 기회를 주는 게 아니라 공사관 내에 동문학당東文學堂을 만들고 거기서 청나라 관리가 감독하는 가운데 유학생을 공부시켰다.

이와 달리 패전한 이후 1896년에 파견된 13인의 유학생은 일본인(도쿄 사범학교장 가노 지고로우)이 교육을 맡았다. 그 와중에도 공사는 일본 교육의 폐해를 줄곧 경계했다. 하지만 그러면서도 청나라 정부는 꾸준하게 일본으로 많은 유학생을 보냈다. 일본에서 이미 진행중이던 국민교육의 성과에 대한 관심 때문이었다.

옌안성의 『일본유학 정신사』는 외교관 부인이었던 탄스린의 『계묘여행기癸卯旅行記』를 참고해 이렇게 말한다.

한편 초기의 유학생을 감독하기도 했던 모 외교관의 부인은 1903년 개최된 오사카 박람회의 교육관敎育館을 보고는 이런 감상을 밝혔다.

"근년 중국에서도 교육을 논하게 되었지만, 인재 양성만을 중시하고 국민교육은 소홀히 하고 있다. (……) 인재 교육이라 해도 크게는 정부가 부릴 일꾼을 만들고, 작게는 기술을 전수받아 생계를 도모하는 것에 불과하다. 그런데 국민 자신이 자라나지 않는다면 어찌 인재가 등장할 수 있겠는가. 국민이 없다면 사회 자체가 성립할 수 없는 게 아니던가."

여기서 '국민'이라는 말을 주목하고 싶다. 과거만이 아니라 현재까지도 중국에서 일반 인민에게 그다지 친숙하지 않은 이 말은 당시 일본 유학으로 들여온 문명의 신어 가운데 하나며, 그 의미가 그들에게서 큰 관심을 불러일으켜 일종의 책임감마저 자극한 것 같다. 초창기의 일본 교육 소개서(뭐전위, 『일본 교육 대지大旨·학제사의 學制私議』—인용자)를 보면 "최근 동서 교육가는 인민과 국민을 두 가지로 구분해 이른바 국민 되는 자는 이미 의무교육을 받고 나라의 성쇠와 관련되는 자를 일컫고 (……) 인민 가운데 아직도 의무교육을 받지 않은 자는 국민이란 칭호는 얻을 수 없다"고 강조한다. 따라서 주일 외교관 부인(덧붙여 그녀의 아들과 딸 부부는 모두 일본 유학 중이며, 장남인 첸따오쑨은 이후 일본 문학 어학의 연구가로서 명성을 얻었다)의 견해는 일반 유학생들의 문제의식도 반영한다고 볼 수 있을 것이다. 요사이 국내 당국의 입장과는 차원을 달리하는 유학생의 흥학관, 교육을 보급하려는 열의와 목표가 생겨나 운동의 주류로 자리 잡고 있는 것이다. (옌안성, 『일본 유학 정신사』)

이처럼 '국민'이라는 이념을 중국인은 일본으로부터 배웠다. 국민은 중국인 유학생이 고국으로 가지고 돌아간 학습의 결과일 뿐 아니라, 1919년 일본의 압력에 맞서 번져간 중국 학생들의 항의 행동(5·4 운동), 1931년 일본의 중국 침략에 맞선 저항운동의 결과였다. 중국인에게 국민이란 일본과의 관계에서 생겨난 이념이다.

초기 유학생들은 체제파로서 청말의 입헌 준비 기간이나 위안스카이 정부에서 고관으로서 출세했다. 그러나 이후에는 국민교육에 뜻을 두는 청년들이 등장한다.

옌안성의 『일본 유학 정신사』는 "근대 혁명사에 이름을 남길 정도의 쾌남아, 활동가 유형만을 바라보면 삼사 년 사이에 일본에서 유학하는 학생이 이백여 명(1902년 초)에서 갑자기 일만 명 전후(1905년 말)로 늘어난 연유를 해명할 수 없다"며 청나라 정부가 일본으로 유학생을 보낸 의도와 거기에 부응해 체제 내에서 높은 자리에 오른 유학생의 이후 삶을 추적했다. 이렇게 유학생사를 거슬러 오르는 방식과 달리, 1937년 노구교사건이 발발한 이후 일본에서 중국 유학생이 갑자기 줄었다는 사실이 지니는 의미를 밝히려는 데서 유학생사를 집필한 경우가 사네토우 케이슈의『중국인 일본 유학사』였다. 이 책은 중일전쟁 동안 작성되고 발표되었다.

사네토우에 따르면, 1937년 6월 1일에는 5,934명이었던 유학생이 7월 7일 이후 중국으로 속속 돌아갔다. 그 배경에는 일청전쟁 이후로부터 셈하자면 5만 명에 이르렀던 중국인 유학생이 일본에서 겪었던 모욕의 경험이 있다.

1905년부터 1912년까지 햇수로는 8년 동안 일본에서 유학한 후난 출신의 후앙준쌴(훗날 민국대학 총무장이 된다)은『30년 일기』4권을 간행했다. 거기서 1906년 6월 6일자를 보면 "일본 친구 마에다 내방"이라고 되어 있는데, 8년간 불과 네 명의 일본 친구가 기록되어 있을 뿐이며 누구도 방에 오랫동안 머무르지 않았다.

1906년 멍원셩이 지은 소설『상심인어傷心人語』를 보면 도쿄에서 인력거꾼과 유학생이 대화를 주고받는 장면이 나온다.

인력거꾼: 일본이 러시아와 싸워서 이겼다. 너는 알고 있느냐.

유학생: 그렇습니다.

인력거꾼: 그렇다면 너는 자랑스럽지 않은가.

유학생: 그렇습니다.

인력거꾼: (자신이 하는 말을 상대가 못 알아 듣는다고 여기고는) 지나인에게 말해 뭣 하겠는가.

유학생을 소재로 다룬 통속소설로서 부샤오성의 『유동외사留東外史』가 있다. 1916년에 간행되어 10집까지 이어졌는데 2집에는 일본인이 등장인물 주정쉰에게 "장꼴라"라며 잔뜩 욕설을 퍼붓는 장면이 나온다. 거기에 이렇게 주가 달려 있다.

일어사전에는 이 글자가 없다. 알아야 할 뜻이 아닌 것이다. 생각건대 이 말로 중국인을 비난하고 있다. (사네토우 케이슈, 『중국인 일본 유학사』, 1960)

먼저 '짱꼴라', 이윽고 다이쇼 말의 시베리아 출병 무렵이 되면 '지나'가 중국인을 대하는 경멸어로서 쓰였다. 중국인 유학생은 그렇게 느꼈다. 이른 시기에 일본에서 유학했고 당시에는 일본에서 망명하던 궈모러는 『우주풍宇宙風』 1936년 9월호에 「중국인을 대하는 일본의 태도에 대하여」를 썼다.

일본인은 중국을 "지나"라고 부른다. 애초 나쁜 의미가 아니며, '진秦'이라는 소리가 바뀐 것일 뿐이라고 한다. 하지만 일본인의 입에서 이 말이 나올 때면, 유럽인이 말하는 유대인보다도 나쁜 느낌이다. 그러한 일본인의 태도가 국제관계의 문자에서도 자주 등장한다.
英支 佛支 獨支 米支 露支 鮮支 滿支
중국은 늘상 마지막에 나온다.

다케우치 요시미가 도쿄 대학의 졸업논문으로 고른 작가인 위다푸는 『눈의 밤』이라는 소설을 썼다.

코이시카와의 식물원이나 이노카시라 공원에 가면 어렵지 않게 일본 양가의 규수와 가까워질 수 있다. 하지만 그녀들의 입에서 "지나인"이라는 말이 나오면 금세 환락의 정점으로부터 절망의 심연으로 곤두박질친다.

지나 혹은 지나인이라는 명칭을 동린東鄰의 일본 민족, 특히 묘령인 소녀에게서 들을 때 뇌리에서 어떠한 굴욕·절망·비분·고통이 일어나는지는 일본에 있어본 적이 없는 동포는 결코 상상할 수 없을 것이다. (같은 글)

궈모러는 이치카와시 스와타에 거처를 두고 고대 문자를 연구했다. 1933년, 도쿄 대학 2학년이었던 다케우치 요시미는 궈모러를 방문해 창조사의 문학 운동에 대해 물었다. 다케우치가 졸업논문에서 다루려 했던 위다푸는 궈모러가 주축이 되어 시작한 창조사의 한 명이었기 때문이다.

궈모러는 옛날이야기를 꺼내는 게 떳떳치 않은 듯 자신은 과거의 인간이 아니라고 말했는데, 기개와 도량이 빛났다. "물론 물음에는 답해 주었지만 화제는 대체로 역사 연구에서 있었던 에피소드 쪽으로 흘렀다. 그리고 풋내기를 상대로 거침없이 담론하고 지칠 줄 몰랐다." (「궈모러 씨」, 『아키타사키가케 신문』, 1955. 12. 6.)

그때는 고대 문자에 관한 이야기를 많이 들었다. 다케우치에 앞서 아카자키 토시오가 이미 궈모러를 찾아갔으며, 다케우치 이후에 다케다 다이준이 몇 번이나 들렀다. 당시 일본 정부는 궈모러를 감시하고 있었는데, 당시에는 아직 경찰에게 잡혀본 적이 없던 다케우치로서는 궈모러를 방문하며 가슴을 조렸다고 한다. (「잡지 『중국문학』의 무렵」, 『중국과 나』)

아카자키 토시오, 다케다 다이준, 다케우치 요시미는 이듬해인 1934년에 창립된 중국문학연구회의 중심인물이다. 궈모러는 이 모임을 유형무형으로 격려했으며 잡지의 제목으로 사용하라고 글자를 써주었다. 연구 예회例會에는 사례를 받지 않고 나와 주었는데, 문학에 관해서는 말하지 않겠다며 「역易에 대하여」를 강연 제목으로 삼았다. 청중이 강당에 넘쳤고 중국인 유학생이 많았다.

1936년 말에 위다푸가 일본을 재방하자 중국문학연구회는 미타의 츠카사라는 요정에서 연회를 열었다. 나아가 연구 예회가 위다푸로부터 이야기를 청해 듣는 단계가 되었는데 일이 벌어졌다.

그 무렵 우리는 매달 연구 예회를 개최했는데, 한번은 위다푸 씨에게 강연을 부탁했습니다. 그리고 칸다의 일화日華학회 회의장에 사람들이 가득 들어차 위다푸 씨가 오기를 기다렸습니다. 그런데 위다푸 씨가 아니라 경찰이 왔습니다. 전날, 위다푸 씨가 유학생을 상대로 선동적인 연설을 해서 붙잡힌 것입니다. "일중전쟁은 이미 피하기 어려운 정세다. 제군도 그것을 알아 달라"고 연설했다고 합니다. 물론 그런 곳에는 경찰이 들어와 있기 마련이며 위다푸 씨를 괘씸하게 여겨 국외 퇴거를 명한 까닭에 우리 모임에 올 수 없었습니다. 하는 수 없어 위다푸 씨 대역으로 내가 즉석에서 발언했습니다. 제목은 '중국 문학 연구의 방법'으로 정했습니다. 특고경찰이 그 내용을 받아 적었습니다. 특고를 속이는 일이야 어려울 게 없습니다. 어려운 말을 하면 되니까요. 되도록 어렵고 장황하게 말했습니다. 붙잡힐 줄 알았는데 그리되지 않고 "이처럼 학술적인 연구회라면 괜찮습니다"라고 말하고는 돌아갔습니다. 위다푸 씨는 이후 공식적인 모임에는 나오지 못하고, 곧 추방에 가까운 형태로 돌아갔습니다. (같은 글)

위다푸는 일본에서 머무는 동안 궈모러와 몇 번이나 만났다. 나중에야 다케우치는 위다푸가 궈모러에게 항일 민족통일전선의 현 상황을 전하러 왔을 것이라고 추측한다. 그리고 궈모러는 당시부터 일본을 탈출해 중국으로 돌아갈 뜻이 있었다고 짐작한다.

이 대목은 아무것도 알 수 없다. 실제로 침략하는 측은 침략당하는 측을 이해하지 못한다. 침략당하는 측은 필사적이니 상대를 제대로 간파하지만 이쪽은 잘 모른다. (같은 글)

강연 사태 이전에 미타의 츠카사에서 열린 위다푸의 환영회로 돌아오자.

궈모러, 위다푸라는 '창조사'의 거두를 정면에 앉혀 두고 소년 객기인 우리는 취해서 기염을 토했다. 기념 촬영을 하는데 장난을 즐기는 녀석들이 나를 두 거두의 중간에 억지로 앉혔다.
손님을 배웅하는 현관 앞에서 예기치 않게 "중화민국(당시는 아직 중화민국이었다) 만세"가 외쳐졌다. 궈모러 씨가 곧장 큰소리로 "대일본제국 만세"라고 응했다. "궈모러 씨, 그것만은"이라고, 기가 약한 나는 목소리를 떨며 말렸지만 듣지 않았다. (같은 글)

　일본의 청년이 "중화민국 만세"라고 외치자 곧장 궈모러는 "대일본제국 만세"라고 응한다. 곧장 응하는 장면에서 정치가로서 궈모러의 면목이 드러난다.
　반년 후 노구교에서 전쟁이 발단하자 궈모러는 일본에 일본인 아내와 그 사이에서 낳은 아이를 남겨둔 채 중국으로 탈출해 항일 진영에 가담했다. 궈모러는 패전 후 과학원 원장으로 일본을 재방했지만, 그에 앞서 위다푸는 몸을 숨기고 수마트라를 지나다가 거기서 일본인 헌병에게 살해당했다. 오다 다케오의 『위다푸전』(중앙공론사, 1975)을 읽으면, 당시의 다케우치 요시미는 문학적 감성에서 궈모러나 루쉰보다 위다푸를 훨씬 가깝게 느끼고 있었음을 알 수 있다. 다케우치가 루쉰에게 이끌린 것은 또 하나의 우연으로 빚어진 일이다.

중국문학연구회

1934년 1월, 대학에서 최종 학년인 3학년생 다케우치 요시미는 다케다 다이준, 아카자키 토시오 등과 함께 중국문학연구회를 만들었다. 중국인이 '지나'라는 말을 싫어한다는 것을 고려해 '지나'가 아닌 '중국'이라는 말을 사용했다.

다음 해인 1935년부터 모임의 기관지로서 『중국문학월보』를 발행하기 시작했으며, 『중국문학월보』는 나중에 『중국문학』으로 이름을 바꿨다. 처음에는 국판 12페이지의 얇은 잡지였으나 이윽고 분량을 16페이지로 늘려 5년 간 이어 나갔다. 이후 중국문학연구회가 편집하지만 발매는 생활사에 위탁해 3년간, 이렇게 해서 1943년 3월까지 8년간 잡지를 발행했다. 다케우치 요시미는 편집 겸 발행인이었고, 다케우치의 자택을 사무소로 삼았다.

발회식 같은 건 없었으니 모임의 시작은 확정할 수 없다. 1934년 1월, 다케다 다이준이 다케우치의 집에 놀러 왔을 때 그에게 중국문학연구회에 참가하기를 권유했다고 다케우치의 일기에 기록되어 있으니 대략 그 무렵일 것이다. 모임명의 공식적 사용은 1934년 여름 저우쭤런의 환영회를 개최하려고 중국문학연구회라는 명의로 일본의 문학자들을 초청한 게 계기였다. 당시에 중국문학연구회의 중심 멤버는 굳어졌다. 마스다 와타루, 마츠에다 시게오, 아카자키 토시오, 다케다 다이준, 마츠이 타케오, 이치노헤 츠토무다. 그들이 분담해 사토 하루오, 아리시마 이쿠마, 요사노 뎃칸, 니이 이타루, 다케다 사카에를 방문해 저우쭤런 환영회의 발기인이 될 것을 권유했고 승낙을 받았다. 당일에는 시마자키 도손, 토가와 슈유코즈, 무라마쓰 쇼후, 호리구치 다이가쿠도 참가했다.

월보를 내려면 한 달에 30엔이 들어서 동인들에게 월 2엔씩 받기로 했다. 하지만 2엔을 제대로 내지 못하는 자들도 있었다. 회원들 중 취직한 사람이 적었는데, 당시 문학부 출신은 일자리를 구하기가 어려웠다. 집이 잘사는 요시무라 에이키치, 집에서 용돈을 받아 도식하는 다케우치 요시미, 절집 자식인 다케다 다이준이 부족분을 메우며 꾸려 나갔다. 동시에 구독자를 늘리는 데 힘써 회원은 2, 3백 명까지 늘어났다.

잡지라고는 하나 열두 쪽짜리 매우 얄팍한 팸플릿입니다. 무엇보다 돈이 없으니까요.『문예춘추』의 초기 형태랄까요. 그건 좀 더 두꺼웠지만 대체로 그런 느낌으로 시작했습니다. 4단 편집도『문예춘추』가 막 시작되던 때의 모습을 흉내 냈던 게 아닐까 싶군요. (「중국문학연구회」,『우리 회상』)

잡지를 발행한 햇수는 8년, 잡지를 내기 전의 활동을 포함한다면 다케우치 요시미는 중국문학연구회로 9년간 활동했다. 32세 청년에게 9년은 긴 세월이다.

처음에는 시라가네에 있는 다케우치의 자택이 편집하고 발행하고 회합하는 장소였다. 다케우치가 베이징으로 유학하자 다케우치의 자택을 사용하기가 곤란해져 혼고우에 있던 4층 건물의 맨 위층 좁은 방을 빌렸다. 유학 중이던 다케우치는 1939년 3월 7일 아버지의 사망 소식을 듣고 귀국해

시라가네의 집을 팔아 메구로에 집을 빌려 1940년 1월부터 다시 자택을 연구회의 사무소로 삼았다.

『중국문학월보』1호의 「후기」에는 "중국문학연구회에서"라며 다음과 같은 설명이 나온다.

중국문학연구회는 중국 문학의 연구와 일지 양국 문화의 교류를 목적으로 하는 연구 단체로서 현재 예회(매월 한 차례), 간담회, 『월보』 발행 등의 사업을 실시하고 있습니다. 앞으로는 연구 잡지의 간행, 전람회, 강습회, 문화 클럽의 설립 등에 착수할 계획입니다. 희망자는 주소, 이름을 알려 주신다면 누구든 입회할 수 있습니다. 회비는 연 1엔이며, 회원에게는 본회의 정기, 부정기간행물을 배부하며 본회가 주최하는 회합을 안내해 드립니다.

이미 1호부터 시라카와 지로라는 이름으로 오자키 호츠미가 투서를 보냈다.

『중국문학월보』가 나온다니 정말로 기쁜 일입니다.
중국인 가운데 견실한 자로부터 기고를 받는다면 재미있을 것 같습니다. 아시듯이 저쪽은 변변한 고료를 지불할 수 있는 잡지가 없는 상태입니다. 일본에서 그들로부터 기고를 받는다면 그들의 생활에 보탬이 되는 것도 한 가지 의의일 수 있겠죠.

잡지의 표지에 사용할 이름을 도쿄에서 체재하던 궈모러에게 써달라고 부탁하고 궈모러나 위다푸, 시에빙잉[25]에게 예회에서 강연하도록 초빙한 것 등을 보면 모임은 거의 자각적으로 일본과 중국 사이의 위험한 다리를 건너려 했음을 알 수 있다.

「후기」에는 왜 '지나'가 아니라 '중국'을 이름으로 취했는지에 관한 설명도 나온다.

* 수필을 받음. 5매 내외, 매월 말 마감. 수신인은 연구회 월보 편집부.
* 모임에 대해 여전히 오해가 있는 모양이다. 모임의 이름인 '중국문학'은 '지나문학'과 같은 뜻이다. 동문同文인 양국 간에 번역하지 않으면 고유명사가 통용되지 않는 불편을 피하고 싶다는 것 말고 다른 뜻은 없다. 보통명사로서는 '지나문학'이라고 말해도 전혀 지장이 없다. 따라서 우리의 연구는 현대문학만이 아니라 고전에도 이르며, 가능하다면 문학만이 아니라 문화 일반을 아우르고 싶다.

1호부터 11호까지가 담긴 1권의 총목차를 보면 '강연'은 첸따오쑨의 「베이징에서 일본 문화 연구의 현 상황」 단 하나, '작가론'도 마스다 와타루의 「저우쭤런론」 단 하나가 있을 뿐, 그밖에는 무기명으로 다케우치 요시미 등이 쓴 「시보」가 일곱 편이고 대체로 '수필'과 '소품문'으로 거기에 '만화와 목각'이 종종 등장하는데 그게 특징이다. 동시대 중국에서 표면으로 드러나는 자잘한 표현으로 눈길을 돌리는 것이 이 소잡지의 목적이다.

'소품문'에 대해서는 루쉰, 린위탕, 저우쭤런, 라오서, 위다푸, 하이거, 옌

---

25 시에빙잉謝氷瑩(1906-2000); 작가. 후난성립 제일여자사범학교 재학 시절 여군을 모집한다는 소식을 듣고 우한 중앙군사정치학교에 입학해 1927년부터 우한의 『중앙일보』에 「종군일기」를 연재했다. 이후 도쿄 대학에서 유학하며 좌익작가연맹에 참여했다. 1937년 중일전쟁이 발발하자 다시 전방에 나가 부상 군인들을 위해 봉사했다. 전쟁터, 옥중, 학교에서의 자기 체험을 진솔하게 기록한 작품들을 주로 써냈다.

지콴, 류반눙, 량종다이의 작품을 번역해 수록하고 다케우치 요시미가 해설을 썼다

소품문이란 소위 산문의 일종이지만 산문, 잡필隨記, 수필, 잡기 등이라는 용어 사이에 내용상의 차이가 얼마나 있을지는 의문이다. 비교적 짧게 글을 매듭짓고 작가적 의식이 다소 강하게 작용하는 장르가 소품문으로 불린다고 생각한다.

소품문의 기원에 대해서는 후스가 다음처럼 말하고 있다.

"최근 수년간 산문 방면에서 가장 주목해야 할 발전은 저우쭤런 등이 제창한 '소품산문'이다. 이런 종류의 소품은 담박한 말로 심각한 의미를 품으며, 가끔은 치졸한 듯하지만 실은 골계이기도 하다. 이런 종류의 작품이 성공해서 '미문은 백화白話를 사용해서는 안 된다'라는 미신이 철저하게 타파되었다." (「오십 년 동안 중국의 문학」, 1922)

소품문은 저우쭤런을 비롯해 루쉰, 주쯔칭, 시잉, 위핑보, 쉬즈모, 린위탕, 페이밍, 오즈후이, 류반눙 등 많은 작가를 낳았다. 일부 비평가가 아무리 깎아내리려 해도 현대문학에서 소품문이 점하는 지위는 역사적으로 자명하며 「『인간세』 발간사」(1934)는 "14년간 중국 문학의 유일한 성공은 소품문의 성공이다"라고까지 말하고 있다.

그러나 소품문이 과도하게 유행하고 한편으로 문제시된 것은 일 년 사이의 일이다. 이에 관해서는 1호 시보 「오늘날 중국 문학의 문제」 및 「위엔쭝랑 연구의 유행」으로 소개했다. 현대 소품문의 일반 개념을 이해하고자 '소품문 특집호'를 꾸렸다.

루쉰과 린위탕이 소품문을 논한 글을 선택한 것은 현대 소품문계의 양대 영역 사이에 가로놓인 주장의 차이를 각각의 대표적 이론가로 하여금 대변케 하기 위함이다. 현대의 소품문은 『논어』파의 유머 소품을 제외한다면 『인간세』 정통파의 소품문 일의론一義論, 주정적主情的 소품문(한정閑情, 개인 필치)과 『태백太白』 일파의 소

품문 부정론 혹은 이의론二義論(따라서 과학 소품, 역사 소품론 등이 파생한다)으로 나눠진다. 루쉰의 「소품문의 위기」는 후자의 주장을 가장 적절히 표백하고 누누이 인용되어 비수와 투창의 비유는 타도 소품문의 암호가 되었다. 올봄에 나온 「소품문과 만화」(『태백』 증간호)는 이 파의 논객 수십 명을 동원해 『인간세』에 총공격을 가했지만, 그 사이에서 루쉰과 그의 세력은 모습을 감추고 있었다.

이와 대척적 입장에 있는 글로서는 원래 「『인간세』 발간사」를 골랐어야 할지도 모르지만, 여기서는 소품문의 역사적 근거를 해명하고 이후의 이론적 전개를 시도한 린위탕의 「소량고문의 유업」이 적당하다고 믿어 번역해 실었다. 동인 사이에 소소한 이론은 있겠지만 현재 소품문파의 수준적 동향을 엿보기에 충분할 것이다.

저우쭤런에 대해서는 군이 해설할 필요가 없을 것이다. 다만 『파리』를 반드시 대표작으로 봐야 하는 것은 아니며 그밖에 여러 작품이 있고, 사회풍자에도 공을 들인다는 것에 주의를 기울이고 싶다. 『파리』의 재기才氣는 그 중요한 특색이다.

(『중국문학월보』 6호, 1935. 8.)

중국의 소품문은 다케우치 요시미가 그로써 자신의 문체를 연마하는 문장 수행의 장이 되었다.

같은 호에서 특집으로 다룬 만화에 대해 다케우치는 이렇게 쓰고 있다.

만화에 대해—중국의 만화는 배꼽을 잡고 웃다가 끝내는 미국식이 아니며, 뭔가 소시민을 조소하거나 빈민에게 동정하거나 하는 만화가의 시선이 우리 쪽을 노려보는 것 같다.

펑쯔카이는 만화계의 대선배로, 최근에는 그 서정미를 서민 사회 묘사와 융합시켜 독특한 향이 난다. 다만 과도하게 정적인지라 발랄한 맛이 떨어져 펑쯔카이식의 감상感傷은 젊은 사람들로부터 공격받기도 했는데, 그만큼 대중적 인기가 식지 않았다는 증거기도 하다. 「우리가 만들었다我們所造的」는 『태백』에서 취했다.

예첸위의 「북해에서 만난 몽고인北海所見蒙古人」은 『시대 만화』에 담긴 '고성부장집古城附掌集'의 일편이다. 눈으로 실제 접한 서민 생활을 그리는 소위 속사速寫의 한 가지 사례로서 골랐다. 과장된 필치에 익숙해진 우리로서는 만화라고 받아들이기 어려운 작품이지만, 대상의 선택과 파악에서 순수한 만화적 핵심을 결코 잃지 않았다. 특히 소시민 생활에 대한 날카로운 비판을 담아낸 대목은 중국 만화의 훌륭한 일면이다.

후카오는 특이한 페이소스와 기교를 구사하는데 펑즈카이와는 다른 의미에서 서정파다. 『시대 만화』에 연재된 「민간정가民間情歌」는 필치의 묘와 함께 요염한 아름다움을 자아낸다. 본호에 수록된 것은 『시대』에 실린 「여름」이라는 제목의 단편인데, 여덟 명의 인물로 이뤄져 있으며 대략적으로 다음의 설명이 있다.

"여름—여기는 아이스크림도 선풍기도 풀도 없다.

그러나 우리는 우리의 부채든 물이든 바람이든—어쨌든 우리도 매년 여름을 보내고 있다는 것은 사실이다."

그밖에도 게오르게 그로스 같은 루즈양, 사회 정치 만화의 루샤오페이, 『논어』파의 황지아인, 『생활 만화』의 황스잉, 황딩 등이 주요 만화가로 꼽히지만, 소개는 다음의 기회로 미룬다.

작가로서 출발하던 때부터 다케우치 요시미는 만화에 주목했다. 관심은 생애 끝까지 지속되었다. 1960년대에 등장한 일본의 만화잡지 『가로ガロ』는 다케우치에게 감상을 물었지만, 만화 세대가 루쉰을 어떻게 읽을지가 기대된다는 말을 남겼을 뿐이다. 그러나 다케우치는 그의 독자이며, 그가 떠난 후 도립대학 중국문학과의 학생이었던 우에노 타카시가 『가로』의 창간 이래 시평란을 담당하며 건필하던 사정을 알고 있었을 것이다.

원래 중국문학연구회의 성원들은 도쿄 대학 지나문학과에서 가르치던 한학에 등을 돌리고, 현대 중국을 살아가는 사람들을 알아 가겠다는 목표를 세웠다. 다케우치는 이를 위한 귀중한 자료를 이케다 다카미치에게 빌리는 행운을 얻었다.

다케우치는 베이징에 처음 갔을 때 이케다 다카미치를 만났다. 이 사람 집에 가보니 소문으로만 듣던 잡지가 제본되어 진열되어 있었다. 도쿄로 돌아온 이케다는 셋방에서 살아야 할 사정으로 둘 곳이 마땅치 않으니 중국문학연구회가 장서를 맡아서 활용해 주기를 바란다고 했다. 이 장서는 당시 도쿄 대학의 연구실, 교토 대학의 연구실에도 없었으며, 어쩌면 일본에서 유일했다. 다케다 다이준의 집은 절이라서 넓었으니 거기에 이케다의 장서를 두기로 했다. 이후 혼고우에 중국문학연구회의 사무소가 생기자 거기로 옮겼다가 메구로의 다케우치 자택으로 다시 옮겼다. 이윽고 이케다 다카미치가 만주철도에 취직한 뒤 그것을 팔고 싶다기에 구매자를 소개했는데 그전까지 4, 5년간 다케우치와 동료들은 장서를 마음껏 읽을 수 있었다.

그사이 중국문학연구회는 까다로운 사건에 휘말렸다. 그것은 시에빙잉 사건이라 불린다. 1935년, 만주국 황제가 일본에 왔을 때 일본 경찰은 수상쩍다 싶으면 중국인 유학생을 예비 구속했다. 그중에 다케다 다이준을 비롯한 중국문학연구회의 회원과 교류하던 시에빙잉이 있었다. 다케다도 연루되어 유치장 신세를 졌다.

시에빙잉은 과거 중국에서의 종군 체험에 기반해 『여병 女兵』이라는 작품을 썼으며, 일본에도 독자가 있었다. 다케다와는 서로 일본어와 중국어를 가르쳐 주는 사이였다. 1942년, 그녀는 『일본의 감옥 속에서』라는 소설을 써서 당시 일을 다뤘다. 이른바 시에빙잉 사건은 『요미우리신문』에 보도되었고, 중국문학연구회의 동인이라면 위험하다는 불안감이 퍼져 동인 중에 모임을 그만두는 자가 나왔다. 모임이 깨질지도 모를 위기였다.

패전 후 다케우치 요시미는 중국 본토에서 시에빙잉과 재회하고는 1945년 11월 22일에 「차마 지난날을 돌이켜 볼 수 없다―시에빙잉 선생에게 바친다」라는 글을 중국어로 썼으며, 이 글을 중국 한커우시의 평화일보사가 간행한 『평화일보』 1946년 1월 10일자에 발표했다. 다케우치 요시미가 전후 최초로 쓴 글이다. 일찍이 기개 넘치던 여류 작가는 호리호리하며 침착한 가정교사 같은 중년 부인이 되어 있었다.

시에빙잉, 양리엔셩, 궈모러, 위다푸와의 교우는 다케우치 요시미로 하여금 중국인과 일본인의 관계에 대해 생각하도록 이끌었다. 다케우치는 살아가면서 자신을 인도하는 심상을 소중히 여긴 사람이다. 그러나 자신의 심상에만 의지하고 그것을 만들어낸 바깥 현실에 눈을 감는 식은 아니었다. 베이징 유학 시절에는 상하이 민가를 조사해 작성한 「여일기초 3 旅日記抄 3」을 『중국문학』 1942년 9월호에 발표했다. 당시 중국에 체류하는 일본인은 호텔에서 거주하는 경우가 많았으며 중국인의 민가에는 좀처럼 관심을 기울이지 않았다. 당시 다케우치가 중국에서 중국인의 생활을 이해하려고 노력했음을 알 수 있는 대목이다.(우부카타 나오키치, 「베이징·상하이에서 다케우치 요시미의 생활과 그 의미」, 『사상의 과학』, 1978. 5.) 편견에 기대어 살 수밖에 없지만 편견을 깨부술 지식을 찾아 나선다는 다케우치의 방법은 이 시대에 이미 드러나고 있다.

다케우치는 이 시대에서 살아가기 위해 나름으로 일본의 상像과 중국의 상을 만들고자 했다. 그것은 어디까지나 자신이 살아가는 방식과 관계되며, 그의 자기 형성 과정에서 나타난다. 자신처럼 자기 형성의 일부로서 중국의 상을 만든 나카에 우시키치[26], 오자키 호츠미, 아시아의 상을 만든 오

---

26 나카에 우시키치中江丑吉(1889-1942); 중국학자. 나카에 초민의 장남이다. 1914년 도쿄 제국
   대학 법학부 정치학과를 졸업한 뒤 위안스카이의 헌법제정 고문이 된 아리가 나가오의 조
   수로서 베이징에 갔다. 이듬해 돌아왔다가 곧 중국으로 건너가 30년 동안 베이징에서 생활
   하며 중국 사상 연구에 힘썼다. 저서로 『중국 고대 정치사상中国古代政治思想』, 『나카에 우시
   키치 서한집中江丑吉書簡集』 등이 있다.

오카와 슈메이[27], 오카쿠라 텐신[28]에게 다케우치는 공감했다. 이 점에서는 동시대의 야스다 요주로[29]가 일본의 상을 만들던 방식과 맞닿는 지점이 있다. 그러나 야스다를 비롯한 일본 낭만파는 자신이 만들어낸 상 속에서 안주하려고 했다. 그리하여 다케우치는 일본 낭만파와 연을 끊었다. "편견은 즐겁다. 그러나 무지는 즐겁지 않다."(『전형기—전후일기초』, 1962. 6.) 만년에 다케우치는 이러한 자숙의 말을 남겼다. 이 문장은 자신 속에 남아 있는 일본 낭만파의 심정을 보여 주는 동시에, 거기서 벗어나려는 마음가짐을 전한다.

27 오오카와 슈메이大川周明(1886-1957); 사상가. '식민특허회사'에 관한 박사논문을 제출해 식민회사 연구로 출발했지만, 이슬람 연구에 관심을 가져 『코란』을 번역하기도 했다. 군의 중견 장교 직위에 올라 제2차 세계대전 후 A급 전범으로 체포되었으나 발작으로 석방되었다. 저서로는 『일본문명사日本文明史』, 『회교개론回教概論』, 『지나혁명 외사支那革命外史』 등이 있다.

28 오카쿠라 텐신岡倉天心(1862-1913); 미술계의 지도자. 미의 차원에서 동양의 동질성과 운명을 기술했다. 일본미술원日本美術院을 설립했다. 저서로는 『동양의 이상東洋の理想』, 『일본의 각성日本の目覚め』, 『차의 책茶の本』 등이 있다.

29 야스다 요주로保田與重郎(1910-1981); 사상가. 가메이 가쓰이치로 등과 함께 『일본낭만파日本浪漫派』를 창간했다. 태평양전쟁에 돌입하자 낭만주의의 새로운 기반을 다지고자 고전문학과 고미술에 관심을 두면서 일본 정신의 부활을 꾀했다. 이 시기 그는 시대정신의 대표 주자로 꼽혔다.

「대동아전쟁과 우리의 결의」

대동아전쟁은 다케우치 요시미에게 예상 밖의 사건이었다.

역사가 만들어졌다. 세계는 하룻밤 사이에 변모했다. 우리는 눈앞에서 그것을 보았다. 감동으로 고동치며, 무지개처럼 흐르는 한줄기 빛의 행방을 지켜보았다. 형용하기 어려운 어떤 요동치는 것이 있어 가슴이 복받쳐 오른다. (「대동아전쟁과 우리의 결의」, 『중국문학』 80호 권두에 무서명으로 발표, 1942. 1.)

이 선언은 1941년 12월 13일의 동인 모임에서 자문한 뒤, 같은 달 음력 16일 밤에 집필해 무서명의 「선언」으로서 1942년 1월호에 발표했다.

12월 8일, 선전의 조칙이 내려진 날, 일본 국민의 결의는 하나로 타올랐다. 상쾌한 기분이었다. 누구나 이로써 안심이라 여겨 조용히 입을 다물고 걸으며 친근한 시선으로 동포를 응시했다. 입 밖으로 꺼낼 말은 필요치 않았다. 일순 건국의 역사가 오가고 이는 설명을 기다릴 것도 없이 자명했다.

그 누가 이런 사태를 예상이나 했겠는가. 전쟁은 어디까지나 피해야 한다고, 그 직전까지 믿어 왔다. 전쟁은 비참할 뿐이라고 여겨 왔다. 실은 그런 사고방식이야말로 비참했던 것이다. 비굴하고 고루하며 꽉 막힌 것이었다. 전쟁은 별안간 개시되었고, 그 찰나 우리는 모든 것을 깨달았다. 모든 것이 명백해졌다. 하늘은 높고 청명하게 빛나며 여러 해에 걸친 우리의 갑갑함은 바람에 날려 갔다. 여기가 길이었구나, 비로소 크게 깨달은 바 있어 되돌아보면 어제의 울적함은 이미 흔적조차 사라졌다.

생각건대 인간 생사의 경지는 여느 때의 사유로는 측량할 수 없는가 보다. 깨닫고 나니 번뇌에 사로잡혔던 어제가 차라리 괴이하다. 우리 젊은이는 일러전쟁을 알지 못하고, 국민의 사기가 앙양하는 장면을 역사 이론의 추상에만 의지해서 붙들고 있었다. 오늘날 국가의 성사를 맞이하여 자기 안에서 비범한 체험을 얻은 일은 생애를 두고 행복이라 말해야겠다. (같은 글)

강하고 풍족한 미국에는 양보하면서 약하고 궁핍한 중국은 거세게 밀어붙여 이권을 취한다는 다이쇼 이래 일본국의 행보가 줄곧 혐오스러웠는데, 마침내 일본이 미국, 영국, 네덜란드에 맞서겠다는 자세를 확실히 표명했기에 일거에 지지의 입장으로 돌아섰던 것이다.

솔직히 말하자면, 우리는 지나사변을 두고 태도를 갑자기 바꿔 동조하기가 줄곧 꺼림칙했다. 의혹이 우리를 괴롭혔다. 우리는 지나를 사랑하고, 지나를 사랑함으로써 거꾸로 우리 자신의 생명을 지탱해 왔다. 지나는 성장해 갔으며 우리 또한 성장했다. 그 성장은 확실히 믿을 수 있었다. 지나사변이 일어나 그 확신은 무너지고 무참히 찢겨졌다. 가혹한 현실은 우리의 존재를 무시했고 우리는 자신을 의심했다. 너무도 무력했다. 현실이 승인하라며 독촉하면 할수록 우리는 밀려나 왜소해졌다. 방향키를 잃은 배처럼 바람에 맡겨져 헤맸다. 다다라야 할 목적지가 없었다. 현실은 너무도 자명하고 강력하여 부정될 수 없었다. 그런고로 우리는 자신을 부정해야 했다. 아슬아슬한 장소로까지 내몰려, 예사롭지 않은 결의를 은밀히 가슴에 품은 적도 있다. 지금 되돌아보면 비좁은 사유에게 행선지란 이런 것일 수밖에 없었다. 머리를 끙끙 싸매고 한 번 더 행동에 나서는 게 아니라 모든 것을 백안시했다. 그간의 소식은 이 잡지의 독자들이 현명하게 꿰뚫어 보고 있었으리라. 불민함을 부끄러이 여기고 우리는 소위 성전의 의의를 몰각했다. 우리 일본은 동아건설이란 미명 아래 약한 자를 괴롭히고 있지는 않은지 지금의 지금까지 의심해 왔다.

우리 일본은 강자를 두려워하지 않는다. 이 모두는 가을 서리와도 같은 행위의 발로가 증명하고 있다. 국민의 한 사람으로서 이보다 더한 기쁨이 있으련가. 이제야말로 모든 것이 백일하에 드러났다. 우리의 의혹은 봄볕 아래 눈처럼 사라졌다. 감언은 사람을 홀려도 행위는 속이지 못한다. 동아에 새로운 질서를 베풀고 민족을 해방한다는 것의 진정한 의의는 뼈와 살에 스며들어 바야흐로 우리의 결의다. 누구도 억지로 꺾을 수 없는 결의다. 우리는 우리 일본국과 한 몸이다. 보라, 일단 싸움이 시작되니 당당한 포진, 웅장한 규모, 무기력한 사내를 바로 서게 만들지 않는가. 이 세계사적 변혁의 장거를 앞에 두고 생각건대 지나사변은 감당할 수 있는 희생이었다. 지나사변에 도의적 가책을 느끼고 여성적 감상에 빠져 전도대계前途大計를 상실한 우리란 얼마나 가련한 사상의 빈곤자였던가.

동아에서 침략자를 몰아내는 일에는 어떠한 도의적 반성도 필요치 않다. 적은 일도양단으로 베야 마땅하다. 우리는 조국을 사랑하고 조국 다음으로 이웃 나라를 사랑한다. 우리는 정의를 믿고 힘도 믿는다.

대동아전쟁은 훌륭히 지나사변을 완수하고 이것을 세계사에서 부활시켰다. 이제 대동아전쟁을 완수하는 일은 바로 우리의 몫이다.

여기서 전개되는 성전의 사상은 야스다 요주로 등의 일본 낭만파 정신과 일맥이 통하며, 동시대의 오오카와 슈메이, 도쿠토미 소호[30]와도 닿아 있다. 메이지의 미야자키 도텐[31], 기타 잇키[32]의 우익적 아시아주의 사상의 혈맥을 이어받은 것이다. "이제야말로 모든 것이 백일하에 드러났다"라는 주장은 니힐리즘을 완전히 떨쳐 내고 있다. 중국문학연구회만이 아니라 다케우치 요시미의 사상에서도, 니힐리즘보다 약한 것이 아니라 이때는 오히려 니힐리즘을 압도하는 것으로서 우익적 아시아주의가 표면으로 분출하고 있다. 그 선언은 다케우치 요시미에게 자기 사상의 성실한 표현이었다. 지금도 그의 문장을 옮기고 있는 내게 그렇게 느껴진다.

역사는 종종 하나의 행위로 말미암아 결정된다. 오늘 우리의 의심은 내일 역사의 울타리 바깥으로 우리 자신을 내팽개치리라. 이 전쟁을 진실로 민족해방을 위해 싸워 낼지는 동아 제 민족의 오늘의 결의가 어떠하냐에 달려 있다.

당연히도 전쟁에는 어려움이 뒤따른다. 하지만 그 어려움은 우리가 역사를 자각

---

30 도쿠토미 소호德富蘇峰(1863-1957); 언론인. 1887년 출판사 민우사民友社를 설립한 이래 일본 최초의 종합지 『국민의 벗國民之友』을 창간했고 계속해서 『국민신문國民新聞』, 『국민총서 國民叢書』, 『가정잡지家庭雜誌』 등을 발행하며 언론계를 주도했다. 초기에는 평민주의를 지향했으나 점차 정부의 입장에 서서 군비확장을 주장하는 등 군국주의를 지지했다. 1918년부터 1952년에 걸쳐 『근세일본국민사近世日本國民史』 100권을 집필했다.

31 미야자키 도텐宮崎滔天(1871-1922); 중국 혁명운동 원조자. 자유민권운동을 접하고 기독교에 귀의한 후 러시아혁명에 관심을 가졌다. 1905년에는 쑨원과 함께 도쿄에서 혁명운동 단체 '중국동맹회中國同盟會'를 결성했으며 이후 신해혁명을 지원했다. 자서전으로 『33년간의 꿈三十三年の夢』이 있다.

32 기타 잇키北一輝(1883-1937); 국가주의 운동의 이론적 지도자. 1906년 『국체론 및 순정사회주의國體論及び純正社會主義』를 자비로 출판해 독특한 사회주의론을 전개했으나 발매금지당했다. 중국혁명동맹회에 참가해 쑹자오런을 지원했으나 1913년 쑹자오런이 암살되자 중국 혁명에 실망해 『지나혁명 외사支那革命外史』를 발간했다. 그 후 안으로는 정치·경제적 특권계층을 제거하고 밖으로는 가진 나라에 대한 갖지 못한 나라의 권리를 확보하기 위해 무력으로 혁명적 제국주의를 실현해야 한다고 주장했다. 2·26 사건에 연루되어 총살당했다.

하는 지점으로 되돌아간다면 사라질 것이다. 전쟁의 여러 단계를 거치면서 우리는 내디디면 내디딘 만큼 여지없이 우리 자신을 탈피하게 되리라. 구세력은 거센 기세로 몰락시키자. 불순한 것, 약한 것, 비루한 것은 죄다 도태시키리라. 이 싸움에서 이겨 내기 위해 우리는 모든 모순과 기만에 주저 말고 맞서야 한다.

우리는 지나를 사랑하고 지나와 함께 걷는다. 우리는 부름 받아 병사된 자로서 용감하게 적과 싸우리라. 그러나 앉으나 서나 우리는 지나를 우리의 책무에서 빠뜨리지 않는다. 오늘날 우리는 일찍이 부정했던 자기를 동아해방전쟁의 결의로써 다시 한 번 부정한다. 우리는 올바르게 놓여졌다. 우리는 자신을 회복했다. 동아의 해방을 세계 신질서 위에 놓기 위하여 오늘 이후 우리는 우리의 자리에서 미력 하나마 힘을 다한다. 우리는 지나를 연구하고, 지나의 올바른 해방자와 협력하고, 우리 일본 국민에게 진정으로 지나를 알려야 한다. 우리는 사이비 지나통과 지나 학자 및 지조 없는 지나 방랑자를 축출하고 일본과 지나 양국의 영원한 공영을 위해 헌신한다. 이로써 그간 쌓인 우리 자신의 한심스러운 혼미를 갚고, 광영 어린 국민의 책무를 다하고자 한다.

중국문학연구회 일천 회원 제군에게 고하노라. 우리는 오늘의 비상사태를 맞이하여 제군들과 함께 이 곤란한 건설의 싸움을 싸워 내기 위해 노력하고자 한다. 길은 아득하나 희망은 밝다. 힘을 모아 소신을 관철하기 위해 앞으로 나아가지 않겠는가. 귀를 기울이면 밤하늘을 가르며 멀리서 울려오는 우렛소리가 들리지 않는가. 곧 새벽이 밝아 올지니, 이윽고 우리의 세계는 우리 손으로 눈앞에 펼쳐지리라. 제군들이여, 이제 새로운 결의로 싸우자. 제군들이여, 함께 싸우자.

선언의 전문을 한 줄도 빠뜨리지 않고 옮겨 적은 이유는 선언이 이후 다케우치 요시미의 사상적 기초가 된다고 여기기 때문이다.

선언의 특징은 현실 분석의 빈약함에 있다. 선언은 예견으로서는 사실에 의해 배반당했다. 예견의 실패는 전시 중 대동아건설의 현실을 목도하며 다케우치 요시미 자신에게 명백해졌으며 패전으로 일단락되었다. 새로운 가치에 관한 정립으로서의 예언과 사실 전개에 관한 예측의 구분을, 이후 다케우치는 고통을 수반하며 자신의 방법으로 취한다.

전후에 언론인으로서 활동하며 다케우치 요시미는 이 선언을 숨기지 않고 『일본과 중국의 사이』(1973)에 수록했다. 누구도 강요하지 않았는데 가케아시 아키히데[33]는 자기 의사로 검찰청에 가서 자신의 전향 조서를 찾아내 발간하며 전후 활동을 시작하고, 오오쿠마 노부유키[34]는 『고백』을 써서 전시 중의 신문 잡지 동향에 자신도 동조하게 되는 과정을 추적했다. 이러한 자기 검증이 전후 다케우치 요시미의 활동의 전부였다고 말할 수 있을 것이다.

특히 중요한 것은 「선언」에서 드러나듯 국민의 한 사람으로서 스스로 대동아전쟁을 짊어지려 했던 사실을, 전후 언론 활동의 기초에 두는 사고방식이다.

1945년 8월 15일 일본이 패전하자 일본의 여론 주도층은 새로운 현실에 대응해야 했다. 미군은 얼마 안 되는 병력으로 간접 점령을 해야 할 형편이었기에 전시 중의 책임은 군부와 거기에 결탁한 일부 지도자에게 있으며 국민은 피해자라는 사고법을 취했고 언론인과 지식인은 여기에 동조했다. 전후의 논단은 오랫동안 그 틀 속에 있었고 미군의 점령이 끝난 후에도 그

---

33 가케아시 아키히데 梯明秀(1902-1996); 철학자. 교토 제국대학 문학부 철학과에서 니시다 기타로의 사사를 받았으며 『물질의 철학적 개념 物質の哲学的概念』, 『사회기원론 社会起源論』을 집필했다. 전후에는 1949년 『전후 정신의 탐구—고백의 책 戦後精神の探求·告白の書』을 발표하고 마르크스주의 연구에 매진해 『자본론의 학문적 구조 資本論の学問的構造』, 『현대의 유물세계관 現代の唯物世界観』 등의 저작을 남겼다.

34 오오쿠마 노부유키 大熊信行(1893-1977); 경제학자이자 평론가. 전전에는 『문예의 일본적 형태 文芸の日本的形態』, 『국가과학에의 길 国家科学への道』 등을 집필했고 전시기인 1943년 대일본언론보국회의 이사를 맡았다. 전후에는 1946년 야마가타현 지방노동위원회 초대 회장을 맡았다가 이듬해 공직 추방을 당했다. 1948년 『전쟁책임론 戦争責任論』과 『전쟁의 휴머니스트 戦争のヒューマニスト』를 발표했다. 추방 해제 후 여러 대학의 교수를 역임하고 논단에서 활약했다.

틀은 오랜 시간 지식인에게 영향을 미쳤다. 다케우치 요시미의 활동이 두드러졌던 것은 이 전쟁에서 국민이 자진해서 싸웠다는 사실을 직시해 붓을 들었기 때문이다.「중국인의 항전 의식과 일본인의 도덕의식」은 그 전제 위에서 나온 논의로서 신선하다.

「선언」을 쓰던 시점에는 아마도 시야에 없었을 나카에 우시키치(중국을 연구하는 데 온 힘을 쏟다가 전쟁 말기에 죽었다), 이시바시 단잔(메이지 말기에 세워둔 '소국 일본'이라는 구상을 버리지 않았으며 언론 기업을 끝까지 지켰다)을 다케우치는 높이 평가했다. 다케우치가 싫어하는 "느슨한 문장"을 쓰다가 이윽고 그조차 쓰지 않고 전중에 홀로 아사한 쓰지 준[35]의 니힐리스트로서의 철저한 결말에도 마음에 갔다. 그런 자들을 시야에 두고 다케우치 요시미는 일본 국민에 관해 생각하고 국민문학론에 관해 말하고 일본 문화와 중국 문화를 비교하고 근대의 초극을 재고하고 안보운동에 참가했다. 그러한 활동들의 밑바닥에서「선언」은 살아서 작용한다.

「선언」으로 되돌아가자. 이런 한 줄이 있다.

전쟁의 여러 단계를 거치면서 우리는 내디디면 내디딘 만큼 여지없이 우리 자신을 탈피하게 되리라.

이 한 줄은 1년 2개월 뒤에 작성된 다음 문장에서 계승된다.

---

35 쓰지 준辻潤(1884-1944); 사상가이자 번역가. 열두 살에 부유했던 집이 몰락하자 중학교를 퇴학하고 국민영학회國民英学会를 야간으로 다니며 여러 아나키스트와 교류했다. 1922년에는 다다이즘 운동을 접하고 다다이스트라고 자칭했다. 1932년 무렵부터 정신이상의 증상을 보여 정신병원 입원과 경찰 보호를 반복하다가 아사했다.『부랑만어浮浪漫語』,『절망의 서絶望の書』,『치인의 독어癡人の独語』등을 남겼다.

일본 문화가 일본 문화를 부정해야만 대동아 문화가 생긴다고 나는 믿는다. 일본 문화는 일본 문화 자체를 부정함으로써 세계 문화가 된다. 무無이나 그런고로 전부가 되어야만 한다. 무로 돌아가는 일이 세계를 자기 안에서 그려내는 일이다. 일본 문화가 일본 문화로 있어서는 역사를 창조하지 못한다. 그때 일본 문화는 굳어 가고 관료화되고 생의 본원은 말라 버린다. 자기 보존 문화는 타도해야 한다. 그러지 않고서야 달리 살아갈 방도가 없다. (『『중국문학』의 폐간과 나』, 『중국문학』 92호, 1943. 3.)

「선언」과 「폐간」 사이에 무슨 일이 있었던가. 아마도 '대동아문학자대회' 가 주된 사건이었을 것이다.

다케우치 요시미는 일본문학보국회를 전시하의 직업조합 정도로 이해하고 참여했다. 자신도 속해 있는 일본문학보국회가 역시 자신이 속해 있는 중국문학연구회에게 회장(도쿠토미 소호) 명의로 대동아문학자대회를 개최하니 도움을 청한다는 취지의 서신을 보내왔다. 보국회의 간사인 오쿠노 신타로우가 다케우치 요시미를 찾아와 협력을 구했다. 중국문학연구회 말고 전문적 단체가 있다면 모르지만 일본에서 현대 중국 문학을 연구하는 유일한 단체는 중국문학연구회이니 대동아문학자대회에 참가하지 않는다면 곤란하다는 것이었다. 다케우치는 양해를 구했다.

나 개인이야 어떻든 간에, 적어도 공적인 입장을 갖는 중국문학연구회로서는 공무원마냥 환영 행사를 거드는 일은 그 전통이 허락치 않는다. (「대동아문학자대회에 대하여」, 『중국문학』 89호, 1942. 11.)

나아가 말한다.

또한 이번 회합에 참석하고자 이 나라에 온 사람들에게 불평을 늘어놓을 생각은 털끝만큼도 없다. 내가 아는 한 모두 좋은 사람들이다. 특히 화베이에서 온 일행은 오랜 세월 알고 지낸 사이다. 옛 스승이며 친우이며 술동무다. 이들과 그간 나누지 못한 말들로 이야기꽃을 피울 수 있다면 내겐 더없는 즐거움이겠지만, 그만큼 공사의 구별은 더욱 엄격해야 하며, 그것이 개인적인 감정에서 나를 쓰라리게 한다. 절대의 입장에서 말하자면, 요컨대 오늘의 문학을 믿느냐 믿지 않느냐다. 나는 다른 건 몰라도 적어도 이번 회합이 일본 문학 대표와 지나 문학 대표의 회합이었다는 말에는, 일본 문학의 영예를 위해 그리고 지나 문학의 영예를 위해 결코 승복할 수 없다. 승복하지 않는 까닭은 흠 잡을 데 없는 회동을 미래에 성사시키겠다는 확신 때문이다. 즉 문학에서 12월 8일을 실현할 수 있다는 자신이 있기 때문이다. 그 미래의 날을 위해 오늘은 일본문학보국회가 회합을 주최해도 나는 가만있겠다. 보다 상세히 쓰지 못해 유감이지만, 대강의 사정이라도 밝혀 이 잡지의 독자에게만큼은 이해를 구하고 싶다. 농락당하는 지나 문학이 아프다. 쇼와 17년 모월 모일 어느 회합이 있어, 일본문학보국회가 주최했지만 중국문학연구회는 참가하지 않았다는 사실을, 그 불참이 현재로서는 가장 좋은 협력의 방법임을 백 년 후의 일본 문학을 위해 역사에 써 남기련다. 이것이 대략의 경위를 기록하는 까닭이다. (같은 글)

이 글에서도 「대동아전쟁과 우리의 결의」를 철회하지 않았다. 그러나 12월 8일 개전의 지지와 대동아문학자회 불참 사이에서 다케우치 요시미는 괴로운 입장이 되었다. 대동아문학자대회는 일본어를 유일한 공용어로 삼았고, 초대된 아시아 각지의 문학자에게 일본 정부의 정책을 강요하는 인상을 남기는 회합이었다. 문학은 이렇듯 강요하는 정치와 어떠한 관계를 맺어야 하는가.

　다케우치는 중국문학연구회를 만들고 꾸려 나가는 데 경주해온 지금까지의 노력이 실패로 돌아갔다고 생각했다. 그때 그의 앞에는 대학 졸업논문에서 다뤘던 위다푸가 서 있었고, 죽은 루쉰이 서 있었다.

루쉰의 무덤

다케우치 요시미가 중국의 현대문학에 관심을 갖기 시작한 무렵 그는 창조사의 장쯔핑, 위다푸, 궈모러를 주목했지 창조사와 대립하던 루쉰은 그다지 눈에 들어오지 않았다. 루쉰의 작품보다는 마오뚠의 장편소설에 마음이 끌렸다.

다케우치가 『중국문학월보』에 발표한 논문을 보면 당시 일본을 방문하고 있던 항잉, 량종다이, 시에빙잉, 위다푸, 하이거, 션총원, 마오뚠으로 이어지며, 1936년 11월호에 이르러서야 간신히 루쉰이 등장한다. 그해 10월 19일에 루쉰이 죽었기 때문인데, 다케우치는 「루쉰론」을 쓰고 아울러 루쉰의 소품인 「죽음」을 번역해 함께 발표한다.

다케우치 요시미가 쓴 최초의 「루쉰론」은 논쟁가 루쉰에 대해 "타인을 향하는 칼날이라면 좀 더 부드러울 수 있었을 것이다"라고 말한다. 자기 안의 그림자와 벌인 논쟁이었기에 그토록 집요하고 가혹했다. 이 대목은 훗날 다케우치 자신의 루쉰론으로 계승되는 직관이다. 동시에 혁명문학에 대해 냉담했던 루쉰이 1930년에 자유대동맹을 거쳐 성립한 좌련(중국좌익작가연맹)을 주도했던 사실을 두고는 루쉰 자신이 아Q의 역할을 연기한 것이라고 보고 있다.

따라서 그가 몸으로 하는 쩽짜 속에서 현세로부터 격절된 문학의 절대 가치를 좇았다고 하더라도, 그것을 '작가' 루쉰의 잊기 힘든 과거의 꿈이라며 깊이 의심할 필요는 없을지도 모른다. 말하자면 1930년에 스스로 죽인 육체를 그리워하는 정신의 비통한 광란에 불과한 것이다. 현세의 문학은 어디까지나 우리 '문화의 지도자'의 욕구를 만족시켜야 한다. (「루쉰론」)

이후 대동아전쟁이 개전하고 1942년 2월부터 3월까지 다케우치 요시미는 회교권연구소원의 자격으로 베이징과 상하이를 방문했다. 오랫동안 알고 지내던 우부카타 나오키치가 상하이에 머물고 있었다. 다음은 우부타카의 회상이다.

그런데 상하이에 체재하던 다케우치 요시미에게 몹시 중요한 일이 「여일기초 3」에 적혀 있다.
바로 상하이 교외에 있는 루쉰 무덤에 다녀온 일이다. 상하이에 온 다케우치 요시미가 루쉰의 무덤을 가보고 싶다고 내게 부탁한 것은 당연하다고 하겠다. 나 역시 루쉰의 무덤에 가본 적이 없어서 관심 있는 친구 몇 명과 함께 가기로 했다. 3월 하순, 비교적 따뜻한 날이었다. 무덤이 자리잡은 만국공묘는 프랑스 조계의 서쪽에 있으며 조계로부터 벗어나 약 20분 정도 걸어야 한다는 걸 미리 알고 있었다. 그러나 이 지역도 이미 게릴라 지구가 되어 가급적 눈에 띄지 않는 차림으로 나섰고 성묘를 위한 꽃 등도 부러 준비하지 않았다. 프랑스 조계를 빠져나가자 부근의 농촌은 일본의 농촌과 많이 닮아서 아름다운 풍경이었지만, 우리는 역시 긴장된 공기를 느꼈다. 이윽고 묘지 입구에 이르렀다. 안내소 건물은 있었지만 아무도 없었고 묘지 안은 기묘한 풍경이었다. 그대로 부지 안으로 들어가니 눈앞에 거대한 무덤이 나왔다. 가까이 가보니 절강 재벌 송가의 무덤이었다. 그 옆길로 더 들어

가니 송가의 무덤과는 비교도 안 될 만큼 작은 무덤들이 늘어서 있었다. 여전히 넓은 부지에는 누구 하나 없었다. 물어볼 사람이 없으니 하는 수 없어 우리는 묘지 안을 배회하다가 간신히 구석에서 루쉰의 무덤을 발견했다. 근처에 있는 다른 무덤들처럼 크기도 작고 그다지 눈에 띄지 않았다. 그런데 루쉰의 무덤을 정면에서 본 뒤 다케우치를 비롯한 우리는 깜짝 놀랐다. 묘비에 새겨진 루쉰의 초상이 끔찍하게 부서져 있었다. 참혹하게도 절반만이 남아 있었다. 그 장면을 보고 다케우치가 한마디도 하지 않고 지긋이 응시하던 모습이 내게는 몹시 인상적이었다. 무덤에는 헌화도 뭣도 없고 사람이 다녀간 흔적도 없어 극히 황량한 풍경이었다. 충격을 받은 우리는 묘 앞에서 잡담할 기분도 들지 않아서 각자 묵례했다. 그 후 다케우치는 무덤을 사진으로 담아 두고 싶다고 말했다. 다행히 동행한 한 명이 카메라를 갖고 있었다. 다케우치가 그걸 빌려 먼저 무덤을 정면에서 찍고, 이어서 성묘한 기념으로 무덤 앞에서 동행한 다섯 명이 사진을 찍었다. (우부카타 나오키치, 「상하이의 다케우치 요시미—1942년」, 『다케우치 요시미 전집』 3권 월보, 1981. 3.)

이때 다케우치가 찍은 루쉰 무덤의 사진은 『다케우치 요시미 전집』 3권의 월보에 수록되었다. 그걸 보면 루쉰의 초상은 이마를 남기고 얼굴은 크게 깨져 있으며 거기에 구멍이 나 있다.

해질녘이 가까웠다. 다케우치와 우리는 전부터 고대하던 루쉰의 무덤에 와보았다는 만족과 실상을 접하고는 받은 충격의 양면으로 여느 때와 달리 묵묵하게, 흥청거리는 프랑스 조계를 다시 가로질러 귀로에 올랐다. (같은 글)

루쉰의 무덤에 성묘한 다케우치 요시미는 이미 전년에 대동아전쟁에 대한 지지 선언을 『중국문학』에 발표한 그였다. 이자는 과단성 있게 하나의 길을 선택한다. 그러나 그때 결단하느라 놓친 게 있었다는 사실을 잊지 않는 자였다. 자신이 일단 선택하고 그 선택을 공표한 뒤 언제까지고 그 선택은 옳았다는 판단을 고집하며 자기 예언의 무오류를 가장하는 사람이 아니었다. 이것이 그를 출중한 사상가로 만들었다.

> 일본군 점령 아래서 루쉰은 죽음마저 욕보였다. 그 앞에서 아무 말 없이 머리를 숙이고 있던 다케우치 요시미의 상념은 『루쉰』을 쓰는 다케우치의 서술 안으로도 흘러들어 가지 않았을까.
> 전후 전장에서 살아남은 다케우치는 귀국해 전쟁 체험을 「굴욕의 사건」이라는 통렬한 에세이에 담았다. 그 굴욕은 1942년 만국공묘에서 보았던 루쉰의 굴욕과 무관치 않을 것이다. (같은 글)

일본 점령 아래서 무덤이 부서진 루쉰. 그 무덤의 모습은 출정 전에 다케우치가 써서 남긴 최초의 저작 『루쉰』(일본평론사, 1944)에 그림자를 드리운다.

이미 최초의 짧은 「루쉰론」에서 다케우치는 정치로부터 문학을 지키려는 루쉰의 자세에 공감을 내비쳤다.

> 가공할 속론은 루쉰을 선각자로 만들었다. 만약 루쉰이 영웅이라면, 진정 그 반대의 이유, 즉 자신을 분열인 채로 받아들이는 범용함에서 그는 영웅이지 않을 수 없었다. (「루쉰론」, 1939. 11.)

이 입론은 그로부터 반세기가 지나 중국에서 혁명정권이 성립한 후 권위로 받들어진 루쉰상을 떠올린다면 더욱 예리한 비평이라고 여겨진다.

이제 제2의 루쉰론에서 다케우치는 루쉰의 변화에 대해 쓴다.

> 루쉰은 변했을지 모른다. 그러나 내게는 그가 변했던 것보다 그가 변함으로써 표현한 것이, 즉 이차적 전환을 거쳐 드러난 본질적 회심回心 쪽이 중요하다. (「정치와 문학」, 『루쉰』)

이미 중국문학연구회의 선언으로 「대동아전쟁과 우리의 결의」를 발표해 대동아전쟁에 나선 일본 국가의 방침을 지지하기로 결정한 후에 써낸 문장이다. 이는 대동아전쟁 추진을 지지하면서도 일본 정부가 주최한 대동아문학자대회에 중국문학연구회는 참가하지 않겠다고 입장을 분명히 밝힌 사정과 닿아 있으며, 이윽고 당파성이 변질했다며 중국문학연구회를 해산하기로 한 결의와도 닿아 있다.

> 문학을 낳는 근원의 장소는 늘 정치가 둘러싸고 있어야 한다. 이는 문학이 꽃을 피우기 위한 가혹한 자연조건이다. 허약한 꽃은 피어나지 못할 것이며 질긴 꽃은 긴 생명을 얻으리라. 나는 현대 중국 문학과 루쉰에게서 그것을 본다. (같은 글)

정치에 맞서는 힘은 정치다. 문학으로써 정치에 대항할 수 있다는 환상을 가져서는 안 된다. 실제로 진행되는 전쟁(다케우치는 올바른 전쟁이라고 여겼다)의 목적에 따라 문학작품을 쓰는 것은 문학의 길이 아니다. 중일전쟁 시기에 다케우치는 오카모토 카노코[36]의 『노기초』, 『생생유전』을 탐닉했으며, 대동아전쟁에 진입하고 나서는 다자이 오사무의 작품 말고는 읽고 있기가 어려운 심경이 되었다. 그의 마음이 어디에 머물렀는지는 『루쉰』에 나오는 다음 문장에서 '혁명'을 '전쟁'으로 바꿔 보면 똑똑히 알 수 있다. 자신의 출정이 임박해 오는 시대에 계속해서 '혁명'에 대해 쓰고 있는 다케우치의 절박한 숨결이 들려온다.

> 당시는 '혁명'의 시대다. 혁명에 쓰임이 있는 문학만이 문학이라는 주장이 공공연했으며 일반적으로 지지받았다. 루쉰은 거기에 반발했다. 이 사정은 루쉰이 만년에 맞이한 '구국'의 시대에도 마찬가지였다. 따라서 그것은 일생을 통틀어 변하지 않는 주장이라고 여겨도 좋다. '혁명'과 '구국'에 대해 문학은 무력하다. 왜인가. 군벌에 무력한 문학이 혁명에 대해 유력할 리 없는 까닭이다. (같은 글)

여러 루쉰 연구 가운데서 다케우치 요시미는 리장지의 장편 평론 「루쉰 비판」에 경의를 표했다. 리장지는 루쉰의 사상이 근본에서 "사람은 살아야만 한다"는 생물학적 일개 관념을 벗어나지 못했고, 그래서 사상 체계를 만들지 못했고, 따라서 사상가가 아니라고 말했다. 다케우치는 이 평가에 동의한다. 동시에 "사람은 살지 않을 수 없다"는 루쉰의 소박한 신조를 찰스 다윈, 토마스 헉슬리의 진화론 선상에서 생물학적 이념으로 풀어 내지는 않았다.

"사람은 살지 않을 수 없다." 그것은 (적어도 루쉰에게, 그리고 루쉰을 이렇게 읽

---

36 오카모토 카노코岡本かの子(1889-1939); 소설가이자 가인. 탐미 요염의 작풍이 특징이다. 만년에는 불교로 귀의해 불교 연구의 업적도 남겼다. 작품으로는 소설 『생생유전生々流転』, 『노기초老妓抄』, 『한여름밤의 꿈真夏の夜の夢』, 가집 『사랑의 고뇌愛のなやみ』, 『욕신浴身』 등이 있다.

는 다케우치 요시미에게) 과학적 명제가 아니다. 『루쉰』을 집필하기에 앞서 다케우치가 작성한 일기를 보면 여성 탐닉의 고통이 진술되고 있다. 다케우치에게 사람이 산다는 것은 무엇을 먹고 어떻게 돈을 벌고 어디서 살며 어떻게 여자와 만날지의 문제였다. 그것들 속에서 자신은 살아가는 것이다. 그러나 자신이란 개인으로서의 자아가 아니라 뭐가 자신인지 제대로 알지 못하는 자신이다. 요즘 유럽의 근대사상이 전제로 삼는 자아와는 다르다. 어디까지나 1930년대의 다케우치 요시미가 살아가는 상황 속의 번민이며, 다케우치는 그 번민에 답하는 존재로서 루쉰을 읽었다.

다케우치 요시미는 어째서 그토록 꼼꼼하게 일기를 썼을까. 만년의 『전형기』에 모아둔 일기는 타인이 읽을 것을 의식하고 작성한 것들이다. 그러나 이 시기의 일기는 그렇지 않다. 소설을 쓰기 위한 메모로서 일기를 쓴 경우도 있을 것이다. 결국 소설 구상은 청말의 기생을 주인공으로 내세우지도, 자신의 『전쟁과 평화』를 써내지도 못하고 끝났다. 루쉰의 소설 작법이 서투르다고 꼬집은 것은 자신의 서투름을 향한 것이리라. 그러나 소설을 위한 각서 이상으로 일기는 다케우치가 당시 구체적 상황 속에서 버둥거렸다는(루쉰의 말로는 쩡짜했다는), 그의 사상적 특색에서 기인하는 것이 아닐까.

에머슨[37]의 일기는 에머슨의 사상적 맥락을 전하고 있으며, 일기에서 취한 잠언이 갑작스럽게 튀어나오는 그의 에세이는 일기만큼 이해하기가 쉽지는 않다. 다케우치 요시미에게 일기는 사상이 형성되는 현장의 기록이었던 것이 아닐까. 그의 사상은 그가 처한 구체적인 상황 속에서 그의 구체적인 버둥거림을, 버둥거림 속에서 그가 모색했던 활로를 전하는 것이 아닐까.

---

37 랠프 에머슨Ralph Waldo Emerson(1803-1882); 사상가이자 시인. 자연과의 접촉에서 고독과 희열을 발견하고 자연의 네 가지 효용으로서 실리·미·언어·훈련을 제시했다. 주요 저서로 『자연론Nature』, 『사회와 고독Society and Solitude』 등이 있으며 열 권에 달하는 일기를 남겼다.

그렇다면 추상적 원리를 추상적 명제로써 구축하는 근대 유럽의 학문에 다케우치가 경의를 품으면서도(가령 마르크스의 『자본론』에 압도당했다) 동시에 구미 근대의 추상적 이론을 통째로 차용해 현재 일본의 상황에서 살아 있는 사상으로서 대용하려는 방식에 뿌리 깊은 거부감을 가졌던 것은 당연하다고 하겠다.

다케우치는 도쿄 대학의 연구실에 장서를 맡겨 놓았는데 전후 복원[38]해서 찾아보니 많은 책이 이곳저곳으로 흩어져 있었다. 이에 격노한 다케우치가 스스로 짐수레를 공수해 되찾으러 다녔다는 전설이 있다(나는 우부카타 나오키치에게서 들었다). 다케우치의 일기를 보면 그건 사실이 아닌 모양이지만, 한차례로 끝난 분노가 아니라 오랜 시간에 걸친 교섭과 항의가 기록되어 있으며, 한때는 도쿄 대학 고소를 진지하게 고민했고 상대에게 통고한 적도 있다.

이 또한 일기에 나오는 내용인데 수입이 없어 가난하게 지내던 다케우치의 자택에 도쿄 대학 교수 쿠라이시 타케시로가 찾아와 도쿄 대학 조교수가 되기를 권했지만, 다케우치는 일언지하로 거절했다. 생활이 곤궁해 도쿄 대학으로 돌아가고 더구나 졸업한다면 친구 다케다 다이준이 중퇴한 것과 비교하건대 일생 동안 떳떳치 못하리라는 것이었다.

이러한 감정의 작용은 다케우치 요시미의 사상에서 중요하다. 그것은 이론으로서의 정합성을 갖지 않는다. 전시 중에 써낸 『루쉰』에서 다케우치는 니시다 기타로의 용어를 차용해 "모순적 자기동일"이라고 적었지만, 이 표현은 빌린 것이라고 생각해 패전 후인 1952년 창원문고에서 복각되었을 때는 주석을 달아 용어의 부적절함을 스스로 지적했다.

---

38 복원復員 전시체제에 있던 군대를 평상체제로 돌려 군인의 소집을 해제하는 일을 말한다.

니시다 철학에서 빌려온, 이런 종류의 용어가 산재하지만 이는 당시의 독서 경향 탓이고 지금 되돌아보면 사상적 빈곤함의 발로다. 니시다 철학의 용례에 엄밀하게 따를 이유는 없다. (『루쉰』, 창원사 문고판. 1961년 발행된 미래사판에도 주석이 달려 있다.)

소학생 시절 다케우치 요시미는 집이 궁핍해 도시락통이 다른 학생들 것만 못한 게 창피했다. 계란구이가 먹고 싶었지만 어머니는 집안 사정을 말하며 소원을 들어주지 않았다.

나이가 들어서도 식사할 때 입맛이 민감했다. 맛있는 걸 먹고 싶고 좋아하는 여자와 사귀고 싶고 담배를 즐기고 술은 정신을 잃을 때까지 마시고 싶었다. 청년이 되어서는 모든 걸 할 수 있었다. 그런 내용을 숨김없이 일기에 적고, 그런 생활상의 행위를 넘어 이상을 구한다. 대동아전쟁을 지지하기로 결의한 후에도 일본 정부의 정책을 통제로 받아들이는 게 아니라 자신과 동료가 치러야 할 부담과 위험을 계산해 중국문학연구회의 대동아문학자대회 불참을 결정하고 이윽고 중국문학연구회를 해산한다. 일미전쟁을 받아들인 후에도 평소 비판의 시선을 견지하던 중국에 대한 일본의 무력 침략은 긍정하지 않았다. 운도 따랐지만 중국 전선에서 사람을 죽인 적이 없다고 적고 있다. 고뇌를 품고 그는 병사로서 역할을 했다.

출정 전에 써낸 단 한 권의 책으로 다케우치 요시미는 왜 루쉰을 선택했던가.

내가 쓰고 싶은 것은 내 상상 속에 있는 루쉰이라는 한 인간의 모습이다. (「전기에 관한 의문」, 『루쉰』)

루쉰의 저작을 읽는 동안 다케우치 요시미는 자신의 문제를 끄집어내고 루쉰의 방식으로 문제를 풀었다. 그것은 대동아전쟁 아래서 『루쉰』을 써내려 가는 자신의 상황이 자신에게 제출하는 문제를 어떻게 풀 것인지에 관한 대답이었다. 다케우치에게 『루쉰』은 자신이 바라보는 일본의 상황이자 그의 이상이었다. 다케우치에 따르면 루쉰의 사상은 무종교의 형태를 띤 속죄다.

병사의 걸음

1934년 5월 음력 16일 밤에 징병검사를 받아 제2을종을 통과했다.

1943년 12월 1일, 소집영장이 나왔다. 이후의 내용을 쿠메 사카오가 작성한 「연보」(『다케우치 요시미 전집』 17권, 1982)에 근거해 적어 둔다.

12월 4일, 지바켄 인바군 사쿠라쵸 동부 제64부대에 입대한다. 중지中支 파견 독립혼성 제17여단(통칭 봉우리부대)의 보충 요원이 된다. 33세의 나이 든 육군 이등병이다.

12월 10일, 사쿠라를 출발해 12월 28일, 중국의 후베이성 쉬엔닝에서 보병 제88대대에 배속받았다. 광동-한커우를 잇는 철도 노선의 경비를 맡는다.

1944년 3월, 암호 교육을 받지만 계기류를 운반할 만한 체력이 없어 실격당한다. 5월부터 전령병이 되어 후난성 화룽현 베이징항의 대대본부에서 근무한다. 6월, 대대의 작전 행동 중에 명령 수령을 받고 기관총대에 배치된다. 봉우리부대로 불리는 이 독립혼성여단은 노병과 학도병 같은 약졸로 꾸려져 제일선에 설 일은 거의 없었다. 그러나 6월에는 적군과 정면 충돌했다. "첫 번째 교전에서 소대장이 전사, 두 번째는 충돌로 끝났다. 지뢰로 뿔뿔이 흩어진 유해를 목격. 적은 죽이지 않았다. 행군 중 낙오하기로 유명했다. 낙마해 의식불명이 된 적도 있다. 아메바 이질로도 고생했다."

7월, 대대본부에서 근무하게 되어 베이징항으로 옮긴다. 선무반에 소속해 일본어 학교를 개설하고 중국어 교육도 맡는다.

1945년 5월 10일, 여단 사령부 근무를 명받아 같은 달 말, 후난성 웨저우에서 보도반에 들어가 중국어 교육의 조수가 된다. 8월 15일, 웨저우에서 패전을 맞이한다. 국부國府군의 진주進駐를 응원. 8월 31일자로 현지에서 소집해제된다. 「나의 군대력」(『군상』, 1963. 8.)에 따르면 육군 일등병으로 군 생활을 마쳤다.

9월, 웨저우에서 한커우로 이동한다. 이 무렵 중국문학연구회 시절 알게 되었던 시에빙잉과 만난다. 10월 10일, 한커우로부터 우창으로 옮겨 간다. 제4 야철사령부 철도운영대에서 임시 통역을 맡는다.

1946년 1월 10일, 한커우시 평화일보사의 『평화일보』에 「차마 지난날을 돌이켜 볼 수 없다──시에빙잉 선생에게 바친다」를 발표한다. 다케우치 요시미가 전후 최초로 쓴 글이다. 그 후 6월 26일, 일본으로 돌아온다. 시나가와역에서 내리는 바람에 도쿄역으로 마중나온 여동생 사다코와 만나지 못하고 메구로에 있는 다케다 다이준의 집에서 하룻밤을 묵는다. 다음 날인 6월 27일, 다케다가 안내해줘 가족들이 새로 이사한 집으로 간다.

앞으로 돌아가자면 다케우치는 패전의 날을 웨저우라는 마을에서 겪었다. 그는 독립혼성여단의 사령부에 딸린 보도반 소속 육군 일등병이었다. 그는 이미 「대동아전쟁과 우리의 결의」를 썼을 때의 그가 아니다.

천황의 방송은 항복 아니면 결사항전에 임하라는 호소일 거라고 짐작했다. 더군다나 후자를 예상했다. 나 역시 일본 파시즘을 과대평가했던 것이다. 나는 패전을 예상했지만, 저렇듯 나라가 통일된 상태로 맞이하는 패전은 예상치 못했다. 미군

이 상륙작전을 펼치면 지배 권력은 주전파와 평화파로 갈려 혁명운동이 전국을 맹렬히 뒤덮으리라고 몽상했다. 나라의 인구는 반감되겠지. 총지휘관을 잃고 각지의 파견군은 고립된 단위가 될 것이다. 파르티잔이 된 그 부대에서 나는 어떤 부서에 속하게 될까. 그 점만은 신중해야지. 그런 생각을 하고 있었다. 낭만적이었고 코스모폴리탄적이었다. 천황의 방송을 듣고는 맥이 풀렸다. 화도 안 났다. 해방의 기쁨도 살아남았다는 기쁨도 그다지 실감나지 않았다. 돌이켜 보면 당시 나는 몹시 비인간적이었다. (「굴욕의 사건」, 『세계』, 1953. 8.)

다케우치 요시미는 자신을 낭만적이라 평가하고 코스모폴리탄이라 평가한다. 양면성을 갖는 자기 인식은 대동아전쟁이 개시되기까지의 다케우치 요시미에게는 어울리지 않는다. 하지만 전시 중에 고뇌하고 스스로 "비인간적"이었다고 표현할 만큼 감정의 건조를 거친 전후의 다케우치 요시미에게는 들어맞는다. 다케우치 요시미가 널리 알려진 계기였던 '국민문학론'과 '근대주의 비판'은 낭만적이고 동시에 코스모폴리탄적이었다.

패전 당일은 부대로부터 멀리 떨어진 봉우리병단 사령부 보도반에서 소수 인원과 함께 있었지만, 이윽고 원래의 부대로 돌아와 전쟁 때처럼 반복되는 군대 생활의 규율 아래서 지냈다.

장교 중에 위압적인 인물이 있었다. 원래 내 중대장이었다. 나와 비슷한 시기에 대대본부로 와서 이윽고 여단 참모가 되었다. 도쿄 교외에 있는 유명한 신사의 신관 아들로 대학을 나왔다. 나는 입대하자마자 이 남자에게 대검으로 맞아 둑 아래로 곤두박질친 일이 있다. 중대장이 직접 병사에게 손을 대는 건 예삿일이 아닌데, 이 남자는 억지스러운 구석이 있어 태연히 그런 짓을 했다. 나는 그의 억지스러운 점이 좋았다. 그러나 그의 편집광적 잔인함은 싫었다. 작전 시에 그는 이등병인 나를 느닷없이 전령으로 임명하기도 했다.

전쟁이 끝났다고 군대의 규율이 갑자기 흐트러지지는 않았다. 어느 날 아침 점호 때 그가 당번 사관이었다. 그는 망토를 걸치고는(여름에 망토는 이상하지만 내 기억엔 그렇다) 정렬한 부대원들 앞으로 나왔다. 그리고 관례에 따라 군인칙훈을 제창하는 것과 비교하자면 꽤나 이례적인 방식으로 읊기 시작했다.

"아국의 존엄을 널리 떨치지 못함에 너희들은 짐과 그 근심을 함께 나눠야 할지니라."

충격이었다. 단순한 수사라며 별생각 없이 넘기던 칙훈에 이렇듯 긴박감 넘치는 표현이 담겼음을 알고는 메이지의 정신을 새삼 다시 보게 되었다.

그러나 이 장교가 남몰래 "민주주의가 대체 뭔 말인가"라며 내게 물었을 때, 나는 유쾌해졌다. 나는 오개조 어서문[39]을 인용하며 스스로도 영 아리송한 민주주의의 정의를 설명해 주었다.

이미 8월 15일은 왔다. 도쿄 대학을 졸업한 보도반의 일원으로서 다케우치 요시미는 이때 군대 질서의 바깥으로 나와 포츠담선언을 설명할 수도 있었다. 그러나 바깥에서 일본을 고찰하는 게 아니라 메이지유신의 「오개조의 어서문」으로 거슬러 올라가 민주주의를 정의한 대목이 그답다. 더구나 그는 중대장이 메이지 천황의 「군인칙훈」을 읽는 방식에 이끌렸고, 그 육성에서 당시까지 의식하지 않았던 메이지 정신을 접했다. 「군인칙훈」을 보면 메이지 이후 일본을 새롭게 일으키려던 때 메이지 천황도 처음부터 뻐기는 태도가 아니었으며, 아직 어린 자신을 도와달라고 군인들(국민으로

---

39 오개조 어서문五力條の御誓文; 1868년 3월 14일 메이지 천황이 반포한 국시다. 그 내용은 "널리 회의를 열어 모든 일을 공론으로 결정할 것" "위아래 한마음으로 국가 시책을 활발히 할 것" "군에서 서민에 이르기까지 각기 그 뜻을 펴게 하여 인심이 나태해지지 않도록 할 것" "잘못된 옛 풍습을 버리고 천지의 공도에 근거할 것" "새로운 지식을 각 세계로부터 구하여 왕국의 기초를 다질 것" 등이다.

부터 널리 모은 젊은이들)에게 호소했다. 이후 고도성장기로 접어든 일본에서 다케우치는 우익과 좌익을 넘어 민간 측에서 메이지유신 백년제를 주최해 보려고 계획하는데, 그 결심은 이때 일이 바탕이었다. 또한 이는 메이지 국가를 만드는 운동이 완성된 메이지 국가(그리고 다케우치 자신을 포함해 국가에 쥐어 있는 다이쇼, 쇼와의 국민)보다 크다는 그의 판단과도 닿아 있다. 다케우치는 전쟁을 치르고 깨진 일본 국민으로서 중국의 보다 높은 도덕의식에 경의를 표하는 동시에 일본 국민의 한 사람으로서 메이지 국가를 건설한 원점으로 거슬러 올라가 자신을 다시 씻어내고자 했다.

「굴욕의 사건」에는 이런 문장이 있다.

8·15는 내게 굴욕의 사건이다. 민족의 굴욕이며 나 자신의 굴욕이다. 떠올리기 쓰라린 사건이다. 포츠담혁명[40]이 진행되는 참담한 과정을 보며 통절하게 느낀 것은 8·15의 시기에 공화제를 실현할 가능성이 전혀 없었는가였다. 가능성이 있었는데도 가능성을 현실로 바꾸려는 노력에 게을렀다면 우리 세대는 자손에게 남긴 무거운 짐에 대해 연대의 책임을 져야 한다.

기록을 보면 정치범을 석방하라는 요구조차 8·15 직후에 자주적으로 터져 나오지 않았다. 우리는 민족으로서도 개인으로서도 천치마냥 얼빠진 채 8·15를 맞이했다. 조선이나 중국과 비교하건대 견딜 수 없이 수치스러운 일이다. 메이지의 우리 조부들과 비교해서조차 수치스럽다.

사회과학자들이 일본의 천황제나 파시즘을 분석했지만, 우리 내부에서 골격을 이루고 있는 천황제의 묵중함을 고통스런 실감으로 걷어 올리는 일에 우리는 아

---

40 포츠담회담: 1945년 7월 17일부터 8월 2일에 독일 베를린의 교외 포츠담에서 열린 제2차 세계대전 연합국 회담이다. 주요 참석자는 해리 S. 트루먼 미국 대통령, 윈스턴 처칠 영국 총리, 요시프 스탈린 소련 공산당 서기장이었다. 회담에서는 패전국 독일의 즉각 통치, 폴란드 서부 국경, 오스트리아 점령, 동유럽에서 러시아의 역할, 배상금, 일본과의 전쟁 등이 주요 의제로 다뤄졌다.

직도 성실하지 않다. 노예의 피를 한 방울 한 방울 짜내, 어느 아침 정신을 차려 보니 자유로운 인간이 되었다는, 그러한 방향에서의 노력이 부족하다. 그것이 8·15의 의미를 역사 속에서 정착시키는 데 방해가 되고 있다.

파시즘이 맹위를 떨쳐 우리는 무력했지만 조선이나 중국에서는 파시즘의 맹위가 거꾸로 저항의 힘을 길렀다. 따라서 파시즘 탓에 어쩔 수 없었다는 이야기가 떠돌지만 그로써 우리의 도덕적 책임이 면제될 수는 없다. 8·15 시기에 인민정부를 수립한다는 선언이라도 있었다면, 설령 미약한 소리였고 성사되지 못했을망정 오늘날의 굴욕감으로부터 얼마간 구제되었으련만. 그런 일은 아무것도 일어나지 않았다. 우리는 고귀한 독립의 마음을 이미 8·15에 잃지는 않았던가. 지배 민족으로 설쳐 독립의 마음을 잃고, 독립의 마음을 잃은 채 지배당하는 처지에 놓인 것이 오늘날 우리의 모습이지 않은가. (같은 글)

패전 무렵에 "왜 공화제를 생각해보지 못했던가"라고 토로하는 대목에서는 다케우치의 낭만주의가 드러난다. 이 낭만주의는 세계주의와 함께 전중과 전후 다케우치의 저작과 행동에서 늘 그림자처럼 따라다닌다. 국민에 관해 생각할 때, 국민의 한 사람으로서 아마도 그는 실현 불가능한 공화제를 꿈꿨으며, 이 나라를 벗어나 유랑자로서 세계를 다니기를 꿈꿨을 것이다.

"우리 내부에서 골격을 이루고 있는 천황제의 묵중함"이라는 그의 문장은 십수 년 지나 「권력과 예술」(1958. 4.)에서 현대 일본을 분석하며 "일목일초에도 천황제가 있다"는 문장으로 이어진다. 자기 내부에 천황제가 있기에 외부의 풀 한 포기 나무 한 그루에서도 천황제가 보인다. 여기서도 그는 한 명의 방관자로서 일본 상황을 바라보지 않는다. 한때 자신도 일본이 중국을 침략한다는 사실에 대한 혐오감을 넘어서서 대동아전쟁을 긍정했다는, 그렇게 일본 전체를 물들인 저 집단적 열기(바로 다케우치가 말하는 내부의 천황제다)의 기억을 불러들인 것이다. 다케우치는 지배 체체의 바깥으로 나와 그것을 전면적으로 부정하는 것이 아니라 그 안에 머물며 몸부림치는 길을 택했다.

국민이 침략 전쟁으로 향하는 시기, 그 동향으로부터 거리를 두려는 자를 비난해선 안 되겠지만, 자신은 그 길이 잘못되었음을 알면서도 굳이 나라와 함께 걷는다. 그런 판단이 사회과학적인지는 의심스럽지만, 한 가지 사상적 입장이기는 하다. 더구나 그 국민이 국가(실은 당시 정부)가 명해 일억일심으로 모일 때, 그것을 거부하고 한 명의 이단자로서 그 자리에 선다. 그 모습은 당시 정부와 맞서 논쟁할 힘을 지닌 개인이며, 국가 바깥으로 떠나기를 꿈꾸는 이단자를 포함한 국민이다. 다케우치는 국민을 이런 식으로 거머쥐려 했다. 이를 두고 섣불리 내셔널리즘으로 분류해선 안 될 것이다. 거기에는 낭만주의와 세계주의, 뿐만 아니라 국가의 대립과 멸망을 응시하는 니힐리즘마저 길항하며 공존한다.

회교권연구소

전시로 거슬러 올라가게 되는데, 다케우치 요시미는 1940년 4월 회교권 연구소에 들어갔고 1945년 8월의 패전까지 적을 뒀다.

당시 일상생활에 대해 그는 이렇게 말한다.

회교권연구소에는 주 4회 나갔습니다. 이후 집에서 잡지(『중국문학』―인용자) 일을 했습니다. 그리고 중국어를 가르치는 아르바이트를 두 개 정도 했습니다. 어제 우연히 당시의 일기를 봤는데, 한 달 수입은 도합 170엔이었군요. 그중 70엔을 내가 쓰고 100엔은 집으로 보냈습니다. 그래서 생활비가 100엔 정도 적자라는 이야기가 일기에 적혀 있더군요. 그러니까 가계에 200엔 정도가 들었던 거겠죠. 그 무렵은 어머니, 어머니라고 해도 의붓어머니인데, 어머니와 여동생과 저 그렇게 세 명입니다. 남동생은 출정해 집에 없었습니다. 따라서 200엔이라면 조금 넉넉해 보일지도 모르겠지만, 이미 물가가 상당히 오른 때였죠. 아마 대졸자 첫 월급이 100엔에 근접했을 겁니다. 지금처럼 인플레가 완만하게 진행되었겠죠.

아버지의 유산을 정리하는 데 일 년 정도 걸렸습니다. 유산이라고는 하나 빚도 많았죠. 한정상속하지 않으면 감당할 수 없을 거라고 생각했습니다만, 정리해 보니

조금 남더군요. 남은 것은 먼저 있던 적자를 메우는 데 썼습니다. 1, 2년 정도는 이

걸로 지낼 수 있겠거니 싶었고 그 사이에 어떻게든 궁리를 마련할 요량이었지만,

이윽고 출정하게 되었죠. (「회교권연구소로의 취직—나의 회상」, 『제3문명』, 1975. 10.)

회교권연구소는 시로가네산코쵸에 있었다. 선린협회라는 국책 단체가
경영했다. 당시 국책상의 필요로 회교권을 조사해 『회교사정』이라는 잡지
를 발행했다. 육군의 정책이 많이 투영된 대일본회교협회는 『회교세계』라
는 잡지를 내고 있었다. 아울러 회교권연구소는 『회교권』이라는 잡지를 발
행했는데, 1941년 3월호에 다케우치는 「구제강[41]과 회교 문제」를 발표해
중국의 민족 문제를 다뤘다.

회교권연구소의 소장은 오오쿠보 코이지였는데, 당시 일본에서 유일한
터키어 달인이었다. 터키 대사였던 도쿠가와 이에마사와 가까웠으며, 도쿠
가와 종가의 상속인이 지원하고 있어 연구원들은 비교적 자유롭게 연구할
수 있었다.

아시아에는 인도네시아, 인도, 파키스탄, 말레이시아 등지에 회교도가
많다. 대동아공영권을 주창한 일본이 남쪽으로 나아가려면 회교도를 알
필요가 있었다. 육군의 경우에는 내몽고부터 신강에 걸쳐 회교도가 살아
가니 그들을 선동해 분리독립시킬 작정이었다. 중국을 분열시키려는 모략
이었던 셈이다. 군부는 그 정책에 도움이 될 만한 연구를 해달라고 요구했
지만, 소장 오오쿠보 코이지는 콧대 높은 귀족으로 외교관인 도쿠가와 이
에마사를 내세워 군의 압력을 회피하고 있었다.

전시 중에도 회교권연구소에는 학문 이외의 것에는 무릎을 굽히지 않겠

---

41 구제강顧頡剛(1893-1981); 사학자. 국고정리운동國故整理運動에 참가해 중국 고대사는 위조된
    전설을 모아 놓은 것이라는 가설을 세워 『변위총간辨僞叢刊』을 간행하고 『고사변古史辨』을
    편집했다. 또한 전통문화를 의심하고 우상 타파에 힘써 의고파擬古派의 중심인물이 되었다.

다는 학풍이 남아 있었다. 하라쥬쿠서의 특고경찰이 연구소에 달라붙어 평균 열 명 남짓이던 연구원은 한 명 그리고 또 한 명씩 경찰에게 잡혀갔다. 노하라 시로[42]도 당시 그 한 명이다. 전쟁 말기에 검거되어 패전 후 간신히 석방되었다.

연구소 내에서는 외국어 학습이 활발했다. 외무성 지국의 카와사키 토라오가 와서 아라비아어를 가르쳐 다케우치 요시미도 배웠다. 그밖에 터키어와 페르시아어도 익혔다. 다케우치는 연구소원에게 중국어를 가르쳤다.

오오쿠보 코우지는 독신이었다. 술꾼으로 다케우치 요시미와 술 마시는 날이 잦았다. 다케우치는 이 연구소를 좋아했다. "나는 대학에서 배운 게 아무것도 없어서 중국문학연구회를 제외한다면 이 연구소가 유일한 훈련의 장이었다"고 훗날 회상한다.(『전형기』, 창수사, 1974) 노하라 시로는 연구소가 창립되던 때부터 연구원이었고, 다케우치보다 2년 앞선 1940년부터 있었다. 노하라는 당시 다케우치 요시미의 풍모를 이렇게 회상한다.

다케우치 씨는 전부터 그다지 대인관계가 좋은 편이 아니었다. 뭐랄까 그는 분위기를 거북하게 만드는 구석이 있었다. 특히 외관을 꾸며 잘 보이려 하지 않았다. 우리 친척 중에도 그런 자가 있기 마련이다. 왠지 모르게 이야기를 나누기 힘든 사람 말이다. 그런 사람이었다. (노하라 시로, 「다케우치 씨 회상」, 루쉰친우회 편 『추도 다케우치 요시미』, 루쉰친우회 발행, 1979)

노하라에 따르면, 그 무렵부터 다케우치 요시미는 근대적 합리주의를

---

42 노하라 시로野原四郎(1903~1981); 동양사학자. 회교권연구소 연구원이었으며 태평천국, 의화단운동 등의 연구에 큰 공적을 남겼다. 주요 저서로『아시아의 역사와 사상アジアの歴史と思想』, 『중국혁명과 대일본제국中国革命と大日本帝国』 등이 있으며, 이슬람 연구자로서도 「미낭카바우족의 관습メナンカバウの慣習」, 「기우제雨乞いの祭り」 등의 논고를 남겼다.

강하게 불신했다. "그의 이러한 생각은 언제까지고 변하지 않는 것 같다."

(같은 글)

다자이 오사무에 몰입하다

다케우치 요시미는 전시하의 일본 문학 가운데 다자이 오사무[43]의 작품을 가장 사랑했다.

1940년에 읽은 『도쿄 팔경』은 충격이었다. 이후 「새로운 햄릿」, 「정의와 미소」, 「우다이진 사네토모右大臣實朝」, 나아가 짧은 글도 어느 것 하나 놓치지 않으려 했다. 다자이의 저서는 거의 전부 모았다. 1943년 출정하기까지 다자이를 향한 열정은 이어졌다.

> 선배 작가를 논외로 한다면, 동세대에서 이만큼 친근감이 들었던 작가는 전에도 후에도 다자이 오사무 한 명뿐이다. (「메모 2칙」, 『유리카』, 1975. 3, 4월 합병호)

다이쇼익찬회가 성립하고 야당과 여당 사이의 구별이 사라져 모든 정당

---

43 다자이 오사무太宰治 1909-1948, 소설가. 제2차 세계대전 기간에 고유한 작품 세계를 구현해낸 소수의 작가 가운데 한 명이다. 어둡고 뒤틀린 작품 분위기로 허무주의적 면모를 드러냈다. 작품으로는 『쓰가루津輕』, 『사양斜陽』, 『인간실격』 등이 있다. 『굿바이グッドバイ』라는 미완성 소설을 남긴 채 1948년 자살했다.

이 정부를 지지하는 다이쇼익찬 운동이 진행 중인데도, 정치적 구호를 뒷전으로 하고 자신의 문체로서 속내를 중얼거리는 젊은 작가의 존재를 다케우치는 줄곧 주시했다.

> 나는 무엇을 구하고 있었던가. 달리 말해 당시 나는 다자이에게서 무엇을 발견했던가. 상황을 복원하는 번거로운 절차를 생략하고 얼마간 일반화해서 말한다면, 이 경우 역시 일종의 반역성, 일종의 반시대 같은 게 되지 않을까. 성인이 된 뒤로는 늘 그때그때 그걸 요구하고 방황하고 모색하다가 만족과 실망을 반복하며 오늘에 이른 것 같다.
>
> 여기서 반역이나 반시대라는 것은 큰 상황만을 두고 하는 말이 아니다. 내면을 포함하며 자신을 포함한다. 즉 표현을 포함하며, 표현 방법, 좀 더 단적으로는 문체의 새로움과 거의 같은 뜻이다. (같은 글)

> 나는 은근히 다자이 오사무의 이해자임을 자임했다. 교우의 폭은 좁았지만, 좁은 범위에서 나는 기회가 될 때마다 다자이 오사무를 상찬했다. (「다자이 오사무」, 『다자이 오사무 전집』 3권 월보, 1957. 12.)

1943년 여름, 다케우치는 집필 중이던 『루쉰』의 일부를 『문학계』에 보내 「루쉰의 모순」이라는 제목으로 발표했다. 그런데 다케다 다이준을 통해 다자이 오사무가 그 글을 칭찬했다는 이야기를 전해 들어 힘이 났다. 『루쉰』의 집필을 마치고 다케우치는 출정해야 했는데 원고와 더불어 출간 후 책을 보낼 사람들 목록을 다케다 다이준에게 맡겼다. 기증 명부에는 다자이도 포함되어 있었다. 다자이는 다케우치의 『루쉰』을 읽었다. 그리고 자신의 루쉰상을 『석별』에 담고는 후기에 다케우치 요시미의 『루쉰』을 참고했다고 기록했다.

다케우치는 패전 후 복원하고 나서 다자이의 『석별』을 읽었다. 그러고는 불만을 느껴 「후지노 선생」(『근대문학』, 1947년 2, 3월 합병호)이라는 글을 발표했다.

센다이 의학교에서 루쉰의 성적이 좋게 나오자 학생 간사가 중국인은 저능한데 후지노 선생이 편애해서 그리되었다는 모함의 편지를 루쉰에게 보냈다. 또한 루쉰이 센다이 의학교를 떠날 때 후지노 선생은 자기 사진에 '석별'이라고 적어 루쉰에게 기념으로 줬다. 다자이는 이를 두고 "루쉰이 겪은 굴욕에 대한 공감이 작아서 사랑과 미움이 분화되지 않고, 그로 인해 작자의 의도여야 할 드높아진 애정이 이 작품에서 실현되지 못한 게 아닐까 싶다"고 말했는데, 다케우치의 비판은 이 대목에 집중된다.

다자이는 중국인을 얕보는 일본인에 대한 강렬한 미움을 다케우치와 공유하지 못했다. 더구나 패전의 기색이 짙어지는 가운데 다자이는 애처로운 감정에 사로잡혀 패전을 짊어진 국민이 천황에게 여전히 충성하는 모습을 아름다운 것으로 끌어안으려 했다. 그건 패전을 경계로 하여 천황을 찬미하는 다자이로 이어진다. 일본인을 향한 강한 애정과 증오(그건 강한 애정의 역상이다)로 찢겨진 복원병 다케우치 요시미는 다자이의 이러한 마음을 평온하게 받아들일 수 없었다. 훗날의 반성으로서 다케우치는 전시 중에 읽지 못한 사카구치 안고[44]의 『쿠로타니 마을』을 전후에 읽고는 감탄한 일을 언급하며, 다자이 오사무가 죽었을 때 사카구치 안고가 다자이의 문체는 허약하다고 평했는데 이제 납득할 수 있다고 말한다.(「메모 2칙」) 다자이는 나카에 우시키치처럼, 사카구치 안고처럼, 야나이하라 다다오처럼,

---

44 사카구치 안고坂口安吾(1906-1955): 소설가. 1931년 단편소설 『바람 박사風博士』와 『구로타니 마을黑谷村』을 발표해 신진 작가로 부상했다. 전시기에는 진주만에서 죽은 특수 대원과 자기의 데카당스를 대비한 『진주真珠』외에 『일본문화사관日本文化私觀』, 『청춘론青春論』 등을 썼으며, 전후에는 1947년 『백치白痴』와 『타락론堕落論』을 발표해 일본 사회의 혼란과 퇴폐를 반영한 작풍을 확립하고 시대의 새로운 윤리를 제시했다.

아카시 준조처럼 그리고 다케우치 요시미처럼 동포를 향해 길게 지속되는 격한 미움을 견뎌낼 수 있는 사람이 아니었다.

> 그리고 그것은 「후지노 선생」 속에서 비열한 학생 간사를 잊고 후지노 선생만을 취하고 싶어 하는, 그 후지노 선생에게 '일본인' 혹은 '나'라는 옷을 입히고 싶어 하는, 일종의 좋은 아이가 되고 싶어 하는 기분과 공통의 지반을 갖는 게 아닐까 상상한다. (「후지노 선생」)

다자이의 『석별』은 다케우치 요시미가 지적하듯이 루쉰의 「후지노 선생」을 오독한 결과일 것이다. 루쉰 작품의 배경에는 일본인을 향한 증오가 있다는 점을 놓친 탓이다. 그러나 다자이의 오독에는 다케우치의 독해 방식으로는 드러낼 수 없는 요소가 잠재해 있다. 따라서 한마디로 오독이라고 잘라 말해서는 안 된다. 그건 정치상의 지배자를 그저 보고 있을 뿐인 무관심한 민중에 대한 루쉰의 시선이다. 그 시선은 이윽고 『아Q정전』에서 조형되는데, 무관심한 민중이 혁명을 향해 일어서는 방향과 달리 정치 자체로부터 등을 돌려 홀로 떠나는 방향도 있으며, 다자이 오사무의 『석별』은 그 방향이 무엇인지를 손을 뻗으면 닿을 수 있는 곳까지 구현했던 것이다. 중국 문학자 아라이 켄은 이렇게 읽고 있다.

> 그런데 아Q는 신해혁명 기간에 총살당했지만, 30년이 넘게 지난 후 아Q처럼 국가권력에 희생되어 쓰러진 미국 청년(실존 인물이다)의 경우, 정신의 나이브함으로 따지자면 아Q보다 더하면 더했지 뒤처지지 않았다. 노르망디 전선의 '순진한 탈

주병' 에드워드 슬로빅[45]은 민주주의 대 파시즘이라는 제2차 대전의 의의를 끝내 이해할 수 없었다.

"에드워드 슬로빅이 손으로 쓴 376통의 편지가 남아 있다. 거기서 히틀러라는 말은 나오지 않는다. 승리, 자유, 조국, 민주주의라는 말도 나오지 않는다. 슬로빅은 전쟁이 무엇인지, 자기가 왜 끌려왔는지를 몰랐다. (……) 그의 정치 지식은 인간의 공동생활을 규정하는 두 단어를 넘어서지 않았다. 즉 '녀석들'과 '우리들'. 이게 슬로빅 이등병이 알고 있는 유일한 전선이다. 그 전선이 어디를 향하는지 그는 몰랐지만 자신이 그 전선에서 전사하리라고 생각했다." (한스 마그누스 엔첸스베르거, 노무라 오사무 역, 『정치와 범죄』)

나치스 독일의 병사를 미워할 줄 몰랐던 그가 전선에서는 몹시도 용감했다. 그리고 마침내 계획적인 '적 앞의 탈주'라는 죄목으로 총살이라는 "명예로운 전사"를 성취했다. "녀석들이 날 쏘아 죽인 건 내가 탈주해서가 아니다" "녀석들은 그저 본때를 보일 한 명 필요할 뿐이다" "12년 동안 내가 껌과 빵을 훔쳤다고 녀석들은 총살형을 하려 든다"며 그는 자기 죽음의 의미를 똑똑히 진술했다(제2차 대전 중 미군 탈주병 약 4만 명 가운데 처형당한 자는 슬로빅 한 명이었다고 한다).

슬로빅의 의식은 조지 오웰이 「내셔널리즘 각서」에서 언급한 '내셔널리즘', 즉 대의大義에 대한 충성과 날카롭게 대립한다. 이 "낮은 의식"의 폴란드 이민자 아들은 파시즘 대 민주주의라는 국정교과서적 기만성을 본능적으로 간파했던 것이

---

45 에드워드 슬로빅Edward Donald Slovik(1920-1945); 소년 시절 절도범으로 수차례 체포당했다. 1942년 다시 석방되어 직장을 얻은 뒤 결혼했다. 하지만 일 년도 되지 않아 징병당해 프랑스 전선으로 보내졌다. 전선에서 숨거나 도망치기를 반복했으며 상사에게 전투 참가가 두렵다며 후방으로 보내줄 것을 요청했으나 거부당했다. 헌병에게 "전선으로 보낸다면 도망가고 말겠다"는 쪽지를 건넨 일로 영창에 보내졌다. 다른 부대로 보내 주겠다는 제안을 거절하고 군법회의에 섰는데 총살형을 선고받았다. 연합군 최고사령관이던 아이젠하워에게 감형의 탄원서를 보냈으나 각하되어 사형이 집행되었다. 제2차 세계대전 시기 탈영한 미군 병사 가운데 총살형 판결은 받은 자는 49명이지만 실제로 집행된 경우는 슬로빅 한 명이다. 탈영병 가운데는 고관대작들의 자식들도 있었는데, 출신 계급이 낮고 범죄 경력이 있고 군력을 기피하고 상관에게 밉보인 슬로빅을 본보기로 삼아 처형했다는 평가가 지배적이다.

다. 그는 민주주의를 옹호한다는 대의에 목숨을 내놓겠다는 것을 거부해 살해당
했다. 슬로빅의 적은 나치스가 아니라 간신히 손이 닿을 뻔했던 그의 행복(의 허상)
을 소집영장으로 탈취해간 '녀석들'이었다.

아Q로부터 슬로빅적 의식('녀석들'과 '우리들')의 싹을 떠올리는 게 반드시 부당하지
는 않을 것이다. 그리고 슬로빅의 의식에서 미국 '민혼民魂'의 정수를 보려는 것에
루쉰도 반대했을 것 같지는 않다. 하지만 현실에서 아Q는 슬로빅으로 성장하고
있었을까. 또한 루쉰은 아Q가 그렇게 성장하기를 바랐을까. 대답은 둘 다 '아니
다'이다. 현실에서 아Q와 아Q의 후예는 교과서로써 '의식이 높아져' "파시즘과
제국주의 전쟁에 맞선 전 세계적 투쟁을 아우르는 시야를" 지닌 '홍군 병사'로 다
시 태어났으며, 중공이 제창한 항일 통일전선을 원칙적으로 지지한 만년의 루쉰
이 거기에 이의를 제기할 리도 없었다. (아라이 켄, 「두 개의 루쉰상—다케우치 요시
미와 다자이 오사무의 경우」, 구와바라 다케아 편, 『문학이론의 연구』, 이와나미 서점,
1967)

　이런 포착 방식은 다케우치 요시미의 루쉰 해석과는 다른 방향을, 다자
이 오사무의 『석별』에서 짐작케 한다.

　일본 민중의 심성에 밀착해 있던 다자이는 중국인의 민족 감정에는 맹
목이었고, 다케우치와 같은 민족적 속죄감에서 연원하는 시점을 결여했다.
그 맹점으로 인해 다자이는 일그러진 루쉰상을 만들 수밖에 없었는데, 동
시에 그는 아Q-슬로빅이라는 계열에서 루쉰 문학을 사고해볼 한 가지 계
기도 제공했다. 뜻밖의 공명일지 모르나 다자이식의 '화조풍월花鳥風月'도 반
드시 버릴 건 아닌 듯하다.

　아라이 켄은 여기서 루쉰의 시야 바깥에 선 '아Q'를 다루고, 다자이의
『석별』에 관한 이해를 실마리로 삼아 다케우치 요시미가 읽어낸 아Q를 다
룬다.

친부 루쉰은 예기치 못했을지 모르나 아Q가 그저 두 걸음, 세 걸음을 내디디면 거기에는 이미 슬로빅이 서 있는 게 아니었을까. 물론 루쉰은 아Q가 향해야 할 방향을 명시하지 않았고, 또한 '민혼'의 내용에 대해서도 자기 작품에서 보여 주지 않았다. 하지만 어떤 의미에서는 한층 중요한 문제가 앞으로도 남으리라고 생각한다. 루쉰 문학이 지닌 못다 핀 가능성을 탐구하고 확인해 그로써 루쉰을 비판적으로 넘어서고자 한다면, 이때 필요한 것은 과연 정답일까, 아니면 오해일까.

전후라는 상황

일본으로 돌아온 다케우치 요시미는 우라와에서 의붓어머니와 함께 생활했다. 그리고 전후라는 새로운 상황을 거스르며 글을 쓰기 시작했다. 자신이 써낸 글이 어떠한 동료들 사이에서 어떻게 놓이는지를 알고자 궁핍한 중에도 잡지를 사거나 빌려서라도 읽었다. 대체로는 실망스러웠다. 글을 쓰는 사람들 대부분이 전쟁이 없었던 양 전쟁 전으로 돌아와 자기 생각을 쓰고 있었기 때문이다. 전후 부활한 『중국문학』에서도 그런 혐의가 느껴져 초조했다. 동료들에게 자신들의 전쟁 책임을 추궁할 것을 호소하다가 비난을 사기도 했다. 이윽고 다케우치의 비판이 잡지에 실리고 『중국문학』은 다시 폐간되었다.

다케우치가 이끌린 필자가 없는 것은 아니었다. 미야모토 유리꼬와 하니 고로의 글은 나오는 대로 읽었다. 마루야마 마사오, 하나다 기요테루, 에거튼 노먼에게는 새로운 자극을 받아 경의를 표했다. 전전과 전중에 즐겨 읽었고 전후가 되어서도 감동을 안긴 작가는 나카노 시게하루였다.

(1947년 2월 12일) 밤, 『전망』 신년호의 나카노 소설 『다섯 잔의 술』을 읽다. 역시 나

카노다워 감명이 깊다. 뻐딱하고, 그러나 날카로운 사고, 심연으로 인도하는 신음소리. 상대를 중학생 삼아 공산당의 문화 정책을 비평한다. 높은 도덕 감정의 요구, 제대로다. 자기 내면의 문제(전향)에 닿는 욱신거림을 전한다. 미야모토 유리코와 비교하면 표리를 이룬다. 역시 어느 쪽도 당해 내기 어렵다. (『우라와 일기』)

이 시기 다케우치는 「지도자 의식에 대하여」, 「중국인의 항전 의식과 일본인의 도덕의식」, 「중국의 근대와 일본의 근대」라는 세 편의 에세이를 썼다. 원래 앞의 두 편은 『세계평론』이 의뢰했지만, 「지도자 의식에 대하여」는 당시 공산당의 영향 아래 있던 편집부가 받아들이지 않았다. 대신 이단임을 두려워 않는 공산당원인 하나다 기요테루, 노마 히로시, 세키네 히로시가 편집하던 『종합문화』에 실렸다. 또한 「중국인의 항전 의식과 일본인의 도덕의식」은 너무 길어서 반려되었다. 결국 모토야마 토시히코가 편집하던 『지성』에 실었다. 「중국의 근대와 일본의 근대」는 이이즈카 고지가 의뢰해 1947년 11월 15일 도쿄 대학 동양문화연구소가 주최하는 강연회에서 발표했으며, 1948년 11월 『동양문화강좌』 3권에 글로 실었다. 세 편의 에세이는 다케우치가 패전이라는 단면으로 목도한 일본 문화를 전한다.

「지도자 의식에 대하여」는 1947년 당시의 민주주의문화연맹 이사장이었던 마츠모토 마사오가 전차 안에서 전쟁 중에 나온 잡지를 읽고 있는 젊은 여성을 비판한 글에 대한 비판이다. 책을 새로 살 여유가 없더라도 어째서 전쟁 중에 나온 낡은 잡지 따위를 읽는가라며 마츠모토가 비판하는 말투에서 다케우치는 메이지 이래 일본 문화의 형태로 굳어진 지도자 의식을 발견한다.

자신은 올바른 사상을 갖고 있다, 그걸 모르는 자들을 자신의 올바른 사상으로 이끌어 가자. 그런 스타일은 사람의 자발적인 감수 방식과 사고를 가로막는다. 정부 관료만이 아니라 인민 해방의 활동가조차 그런 스타일에 절어 있다는 경고였던 것이다.

「중국인의 항전 의식과 일본인의 도덕의식」의 개략적 내용은 첫 장에서 확인했다. 이 글이 발표된 1949년은 일본인 전체가 의식주로 고민하던 시대였고, 미국의 물량 공세 앞에서 일본이 무릎을 꿇었다는 식을 넘어선 전쟁관을 지닌 자는 드물었다. 그러한 일본인 사이에서 린위탕이 쓴 『모멘트 인 베이징』의 일본어 번역서는 일본인의 아편 매매를 감춰 두려 했고, 다케우치는 이 사실을 실마리로 삼아 일본인이 중일전쟁을 여전히 이해하지 못했다고 고발했다. 그리고 중일전쟁을 사이에 두고 중국인과 일본인의 실감이 얼마나 달랐는지를 드러내 일본인의 자화상을 수정할 것을 요구했다.

「중국의 근대와 일본의 근대—루쉰을 단서로 삼아」는 1948년 4월 도쿄대학 동양문화연구소에서 이뤄진 강연인데, 다케우치 요시미의 방법이 정리된 형태로 드러난다.

> 관념을 뽑아 내는 것이 과학적이라 생각하는 학자는 과학적이라는 관념 속에서 살아가고 있을 따름이다. 인간을 뽑아 내는 것이 문학이라고 생각하면서, 인간을 궁극적으로는 뽑아낼 수 있다고 믿는 문학가는 문학이라는 관념 속에 인간을 억지로 밀어 넣을 따름이다. 그들은 자신을 싣고 움직이는 장에 관해서는 생각하지 않는다.

동시대 일본은 어떤 장인가. 그 장에서 자신은 어떻게 살아갈까. 다케우치는 그 문제를 꺼내 나름의 가설을 세웠다.

다케우치 요시미는 자료를 집약해 그것을 분석할 때 자기 나름의 정의를 사용했다. 그러면서 추상적 정리를 자신의 실감으로 뒷받침한다.

「지도자 의식에 대하여」, 「중국인의 항전 의식과 일본인의 도덕의식」,

「중국의 근대와 일본의 근대」 세 편은 일본 문화에 관한 견해로서 지도자, 국민, 근대라는 세 가지 개념을 실마리로 삼는다.

일본의 통념으로는 국가 내부에서 살아가는 사람들을 국민이라 하여 국가를 앞에 두지만, 다케우치는 국민이 먼저 국가를 만들며 끊임없이 다시 만든다고 생각했다. 국가는 국민의 소리를 듣고 다시 만들어져야 한다. 정당은 물론 국민의 요구에 응해 국가를 다시 만들 임무를 지고 있으며, 국민에게 명령하는 식이어선 안 된다. 전후의 공산당 문화부가 그처럼 으스대는 방식이라면 곤란하다.

지도자가 국민에게서 유리되어 성장한다. 그렇게 해야 지도는 분명히 효율적이겠지만 그렇다고 이 지도가 제대로 된 건 아니다. 국민의 여러 의견에 시달려 효율이 떨어지더라도 지도자는 항시 국민과 교류하는 게 바람직하다. 이러한 이상에서 조명한다면, 전후 일본의 지식인을 사로잡은 큰 조류는 근대주의다.

> 근대주의란 달리 말해 민족을 사고의 통로에 넣지 않거나 혹은 배제하는 것이다.
> (「근대주의와 민족의 문제」, 『문학』, 1951. 9.)

당시 공산당은 근대주의를 세차게 비판했지만, 이 논문에서 다케우치는 마르크스주의도 근대주의이고 프롤레타리아 문학도 근대주의 문학이라며 일본 공산당과는 다른 정의를 내놓는다.

그러면서 다케우치는 전시 중의 일본 낭만파야말로 민족을 분명히 자신의 주제로 삼았다고 말한다.

마르크스주의자를 포함한 근대주의자들은 피로 물든 민족주의를 외면했다. 자기도 피해자라며 내셔널리즘의 울트라화를 자기 책임 바깥에 두었다. 또한 그게 옳다고 여기며 '일본 낭만파'를 묵살했다. 하지만 '일본 낭만파'는 그들이 무너뜨린 게 아니다. 바깥 세력에 의해 무너졌다. 바깥 힘으로 무너진 것을 자기가 무너뜨린 양 자기 힘을 과신하지는 않았던가. 악몽은 잊었을지 모르나 피는 씻기지 않은 게 아닐까.

이윽고 일본 낭만파를 끝까지 파고드는 비평이 다케우치에게서 시사를 받은 하시가와 분조에 의해 작성된다(하시가와 분조, 『일본 낭만파 비판 서론』, 1960). 하지만 문학 속의 한 조류인 일본 낭만파로 향해진 시선은 문학보다 넓게 일본 문화 전체로 향할 수 있다. 일본 민족 고유의 사명이라며 대동아전쟁에 뛰어든 국가의 결단을 일본 국민은 지지했다. 일본 국민은 지도자에게 속은 게 아니었다. 자진해서 총력전에 임했다. 다케우치는 자신의 실감을 가지고서 이를 입증한다. 그것은 다케우치 개인의 실패이며, 일본 국민의 실패이다. 적은 수의 병력을 데리고서 일본에 들어온 맥아더 원수가 군사적 사정으로 "일본 국민에게 책임은 없다. 지도자에게만 책임이 있다"고 말했더라도, 또한 공산주의자, 사회주의자, 자유주의자, 진보적 지식인이 그 판단을 받아들이더라도 다케우치 요시미는 그럴 수 없었다. 결코 받아들일 수 없었다. 그는 자신의 전후를 살아가며 자신의 전쟁 책임과 씨름하고자 했다.

일본의 마르크스주의, 공산당, 프롤레타리아 문학을 근대주의로 분류하며 그것들이 무르다고 지적했다고 해서 다케우치가 이 삼자를 전면적으로 배척한 것은 아니다. 근대주의의 가치를 인정했고, 근대주의자 가운데 뛰어난 자와 그렇지 않은 자를 섬세히 가려냈다. 근대주의를 적으로 돌린다는 입장을 스스로 취했지만, 동시에 근대주의의 흐름에 속한 문학 연구자로서 요시카와 고지로[46], 가토 슈이치[47]를 적의 진영에서 뛰어난 자로서 인정하며 혼전 중에서는 자신이 어느 쪽으로 붙을지 모른다고 말하기도 했다. 그는 언제나 '아군 아니면 적군'이라는 진영 의식에서 벗어난 곳에 자신의 이상을 두었다.

---

46 요시카와 고지로吉川幸次郎(1904-1984); 중국 문학자. 교토 제국대학 문학부에서 가노 나오키의 지도를 받았다. 1928년에서 1931년 사이 중국으로 유학해 청조 고증학을 배웠다. 실증주의적 입장에서 언어예술로서의 문학을 연구했고 특히 당시唐詩, 원곡元曲 등의 연구에서 뛰어난 업적을 남겼다.

47 가토 슈이치加藤周一(1919-2008); 소설가. 1943년 도쿄 제국대 의학부를 졸업하고는 '마티네 matinée 포에틱'을 결성해 정형시 창작을 시도했다. 전후에는 『근대문학』지 동인으로서 문예비평을 시작했다. 이어 소설 창작에 나서 『어느 맑은 날에』, 『운명』 등의 장편소설을 썼다. 국제적 시야에서 일본 문화를 재검토하고자 『잡종문화雜種文化』 등의 평론도 썼다.

저항을 계승하는 장소

1957년, 기시 노부스케[48]가 총리대신이 되었다. 이자는 대동아전쟁이 발발하던 1941년에 도죠 내각의 상공대신으로서 선전조서에 부서副署했다. 또한 군수성 차관으로서 물자 조달을 입안해 당사자의 동의 없이 조선인과 중국인을 일본 본토로 끌고와 노동력이 부족한 광산 등지에서 중노동을 시킨 데 책임이 있다. 다만 1944년에 국무상 사임을 거절했는데, 이로 인해 당시의 제도상 총리대신이 그만둬야 했다.

이자의 전기는 일러전쟁 이후 일본제국의 행방과 겹치고, 특히 전전, 전시 중의 일본제국이 전후 점령하의 일본으로 어떻게 살아남았는지를 보여준다. 내가 지금껏 읽은 한에서 이자에 관한 제대로 된 전기는 나오지 않았다. 나로서는 쓸 힘이 없다. 도쿄 대학 법학부 학생이던 시절부터 국가주의

---

48 기시 노부스케岸信介(1896-1987); 정치가. 1936년 만주국 정부의 산업부 차관으로 일하다가 1940년 일본으로 돌아와 상공차관으로 전시경제체제에 기여했다. 패전과 함께 투옥되었지만 재판을 받지 않고 석방되었다. 전후에는 사업가로 재기해 정치 활동을 재개했다. 1953년 중의원 의원으로 선출된 뒤 민주당의 창당을 도왔으며, 민주당이 1955년에 자유당과 통합해 자유민주당을 결성하는 데 이바지했다. 1957년 2월에 총리가 되었고 1960년 신안보조약 체결의 여파로 사임했다.

적 헌법학자인 우에스기 신키치[49]에게 심취해 칠생회 七生會라는 우익 학생 단체에 가입한 걸 보면 국가주의자로서 일관된 길을 걸었음을 알 수 있다. 도쿄 대학을 졸업하고는 농상무성에 들어갔는데 혁신 관료로서 유능함을 인정받았다. 1935년에는 상공성 공무국장, 1936년에는 만주국 산업부 차장이 되어 표면상으로는 타국인 일본에 유익하도록 광대한 영토를 설계하는 역할을 맡았다. 이 일을 계기로 당시 관동군 참모장이었던 도죠 히데키의 신임을 얻어 40대 중반이란 젊은 나이에 도죠 내각의 각료가 되었다. 패전 후에는 A급 전범으로 지정되지만 기소당하지 않고 1948년에 석방되었다. 패전 직후 조선전쟁이 발발해 미국이 소련 및 중국과 충돌하고 미국의 세계정책이 일변하는 세계사 무대를 배경으로 하여, 1953년 기시 노부스케는 자유당 국회의원으로 입후보해 당선했다. 점령하의 7년을 포함한 전후 8년이라는 긴 세월 동안 이 사람이 전전과 전시 중의 인맥·금맥을 어떻게 유지해 왔는지를 보면 정치 능력이 남달랐던 것을 알 수 있다. 1957년, 기시 노부스케는 자민당 총재 선거에서 이시바시 단잔에 패했지만, 단잔이 갑작스럽게 몸 상태가 나빠져 총리대신이 되었다.

미국의 점령이 끝난 시점에서 일본과 미국 사이에는 일미 안전보장조약이 체결되었다. 그것을 개정하고 연장하기 위해 1960년 6월 미국 아이젠하워 대통령의 방일에 맞춰 신안보조약을 비준한다는 절차가 마련되었다. 하지만 신안보조약은 사실상 군사협정이며, 일본을 더 오랫동안 구속할 거란 불안감에 사회당·공산당·학생운동 진영이 거세게 비판했다. 1959년 말에는 반요요기파 학생[50]이 담장을 넘어 국회로 들어가 반대 시위를 하는

---

49 우에스기 신키치 上杉愼吉(1878-1929); 헌법학자. 천황기관설을 비판해 천황주권설을 제시하고 황국헌법론을 주장했다. 천황주권설이란 천황은 국가의 주권을 행사하는 유일한 주체로서 천황이 곧 일본이며 일본은 천황을 위해 존재한다는 논리다.

50 당시 학생운동은 일본 공산당의 지도 여부에 따라 요요기代代木파와 반요요기反代代木파로 분화되어 있었다. 요요기라는 말은 일본 공산당 본부가 있던 도쿄 요요기에서 유래한다. 일본 공산당의 지도를 받은 요요기파는 비폭력, 의회주의 성격의 온건파였고, 반요요기파는

등 학생들은 1960년을 기다리지 않고, 의회 내 정당의 방침을 넘어 직접 행동에 나섰다.

1960년 5월 19일, 자민당은 반대 정당들을 아랑곳 않고 의회 내 절대 다수의 힘으로 경관대를 중의원 안으로 끌어들여 체결을 강행했다. 이에 대한 반발은 정당의 틀을 초과했다. 자진해서 국회 주위를 에워싸고 항의하는 집단행동이 뒤따랐다.

5월 21일, 다케우치 요시미는 당시 근무하던 도쿄 도립대학에 사표를 내고 지인들에게 인사장의 형식으로 그 일을 알렸다.

저는 도쿄 도립대학 교수직에 취임할 때 공무원으로서 헌법을 존중하고 지키겠다고 서약했습니다.

5월 20일 이후 헌법의 가장 중요한 요소의 하나인 의회주의를 상실했습니다. 더구나 국가권력의 최고 기관인 국회가 그 기능을 잃도록 만든 책임자는 다름 아닌 중의원 의장이며, 공무원의 대표격인 내각 총리대신입니다. 이렇듯 헌법이 무시당하는 작금의 현실에서 도쿄 도립대학 교수직에 머문다면 취임할 때의 서약을 저버리는 일입니다. 또한 교육자로서의 양심에 어긋납니다. 그리하여 저는 도쿄 도립대학 교수직을 그만두겠다고 결심했습니다.

이 판단은 저 홀로 내린 것이지 누구의 의지도 개입되지 않았습니다. 다른 사람이 그러기를 원한 적도 없으며, 저 역시 다른 사람에게 권할 생각은 털끝만큼도 없습니다. 저는 글을 써서 되는대로 생계를 유지할 만한 변통은 있습니다. 이런 조건 아래서 제 나름으로 항의하고자 숙고 끝에 결정을 내렸습니다.

제가 사직해 동료와 학생들에게 폐를 끼친다면 견딜 수 없는 일이겠지만, 어떻게든 용서를 구합니다. 그리고 앞으로도 변치 않는 우의를 부탁드립니다.

폭력, 혁명, 가두투쟁 성격의 급진파였다.

대동아전쟁이 개전하고 조서가 나오자 일찍이 로맹 롤랑의 평화론에 심취해 있던 다카무라 코타로[51]는 "천황 위태롭다"라는 외침이 영혼의 밑바닥에서부터 솟구쳐 전쟁을 지지하는 측에 몸을 맡겼다고 한다. 다카무라와는 나이 차이가 많지만, 같은 메이지 사람이었던 다케우치 요시미는 1960년 5월에 상부 단체가 지시하지도 않았는데 국회 주위로 모여든 사람들을 보고 "각원各員 한층 분려하고 노력하라"(일러전쟁 당시 연합함대가 러시아의 발틱 함대와의 일본해 해전으로 향하던 때의 수기手旗 신호)는 소리를 들었다고, 5월 25일 오후에 쓴 「심경과 전망」에 적고 있다. 이 시기 국회 주위로 등장한 수십만 인파가 다케우치와 같은 심경은 아니었을 것이다. 하지만 일러전쟁의 호소가 마음속에서 솟구쳤다는 데서 안보조약 강행 체결에 대한 다케우치 요시미의 태도가 드러난다. 뿐만 아니라 다케우치의 사상적 스타일도 잘 드러난다. 결과적으로 다케우치는 1960년 5월과 6월의 항의 행동을 시민의 저항이라고 파악하지만, 다케우치는 원래 '시민'이라는 사고방식을 꺼리고 있었다.

여기서 시민이란 말을 꺼냈지만, 이와 관련해서도 설명이 필요하다. 사실 나는 이 말을 좋아하지 않는다. 버터 냄새가 난다고 오해받을 우려가 있어서다. 가능하면 다른 말을 사용하고 싶지만, 적당한 말이 떠오르지 않으니 별수 없이 사용한다. '시민'이 일본어 속에서 정착할지는 자신이 없다. 내가 말하는 시민은 개인이라고 바꿔 말해도 좋을 것이다. 독립적인 개인이라면 보다 완전해진다. 혹은 자유로운

---

51 다카무라 고타로高村光太郎(1883-1956); 조각가이자 시인. 로댕의 '생각하는 사람'을 사진으로 보고 감동해 도쿄미술학교 양화과洋畵科에 입학했다. 미국, 영국, 프랑스에서 조각을 공부하는 한편 보들레르 등의 시를 공부했다. 귀국 후 미술평론과 시작으로 왕성히 활동하며 로댕과 관련된 번역에도 힘썼다. 제2차 세계대전 무렵에는 천황과 전쟁을 찬양하는 시를 주로 썼으나 패전 후 자신의 역사관을 후회하며 개인적 기억들을 평이한 언어로 옮긴 자유시를 발표했다. 『지에코초智惠子抄』가 대표작이며 시집으로 『도정道程』, 『전형典型』 등이 있다.

개인이라고 바꿔 표현할 수도 있다. 자유는 독립의 내용이니 결과적으로 같아진다. 즉 사람은 모두 부모(아이)이며 남편(아내)이며, 또한 계급인이고 특정한 국적인이지만 동시에 의지 및 책임의 주체로서 개인이며, 그 개인은 평등하다. 이러한 인간의 두 가지 측면 중 개인으로서의 측면을 시민이라고 부르는 것이다.

시민이라는 말은 좀처럼 친숙해지지 않는다. 그것은 사실관계가 그러하기 때문이지 말의 죄가 아니다. "시민 여러분"이라고 호소하니 "나는 시민이 아니라 도민이다"라고 답했다던 우스갯소리가 있는데, 그자를 바보 취급하면 안 된다. 하물며 농촌에서 '시민'은 통용되지 않는다. 무리해서 통용할 수 없지만 대신할 말도 마땅치 않아 곤란하다. 일본의 사정에서는 시민을 넘어 인민이, 독립·균질·연대의 어감을 간직한 개인을 의미하는 말로서 정착할지 모르지만 그리되더라도 나중 얘기다. 인민은 아직 어색하다. 하여 별 수 없이 시민으로 부르는 것이다.

시민이라는 말을 두고 장황하게 설명한 것은, 작년 운동을 전반적으로 또한 본질적으로 시민의 운동이었다고 규정하고 싶어서다. 나는 현재 논쟁의 과제인 이 운동의 성격을 최종적으로 규정하려는 것이 아니다. 그럴 의도는 없다. 그저 개인이 각자의 체험을 정리하고 거기서 얼마간의 교훈을 이끌어 내기를 권할 따름이다. 남과 나에게 말이다. 그러려면 아무래도 최소한의 공통된 이해로서 운동 전체에 관해 성격을 규정해 둬야 한다. 중간 단계로서 필요하다. 아울러 개인의 체험을 정리하는 일이 왜 중요한가라는 물음에 관해 그것이 시민운동이었기 때문이라고 나는 답하고자 한다. 시민의 운동 혹은 시민이고자 하는 일본 민중의 운동이었다고 이해하고 싶으며, 이 생각이 틀리지 않았다고 나 자신은 믿고 있다. (「'안보' 1년 나의 결산서—불복종운동의 유산화를 위해」, 『부인공론』, 1961. 6.)

이때 다케우치의 사고는 마르크스주의를 포함한 근대주의의 부족분을 응시하던 때와 닮아 있다. 그때 그는 근대주의를 전면 부정하지는 않았다. 그 역시 어떤 근대주의자로서 자신을 같은 틀 속에서 보고 있었다. 이번 안보투쟁에서 그는 근대주의의 냄새를 맡았다. 그런데도 운동 속으로 뛰어들었음을 운동이 끝나고 일 년이 지난 뒤에 적고 있다.

학생운동가 그리고 그들과 가까운 지식인들은 신안보조약의 체결을 막아 내지 못했기에 안보투쟁을 패배로 여겨 '좌절'을 자주 입에 담았다. 하지만 기시 노부스케를 퇴진으로 내몰고, 이후 등장한 이케다 하야토의 내각을 경제 기조로 유도했다는 점에서 다케우치 요시미는 당시 개인의 저항운동이 소득을 냈다고 이해했다.

애초 다케우치가 안보투쟁에 참가하는 절차는 시민주의와 거리가 멀었다. 선전포고도 하지 않고 중국과 벌인 15년간의 전쟁을 매듭짓지 않은 채 일본은 패전했고, 그렇게 15년이 지났다는 사실에 대한 쓰라림으로부터 다케우치는 신안보조약 강행 체결을 비판했다.

1958년 2월 8일, 홋카이도 이시카리군 도베츠의 자이모쿠자와에서 사냥꾼 하카마 세이지 씨가 눈 덮인 굴속에서 홀로 있는 남자를 발견했다. 굴속의 남자는 류렌런이라는 중국의 농민으로 이미 전쟁 말기로 접어든 1944년 가을, 농사일을 하다가 갑자기 일본군에게 끌려와 홋카이도의 메이지광업 쇼와광업소에서 괴로운 노동을 강제당했다. 조금만 지나면 16일에 전쟁이 끝나는데, 그 일을 알 수 없던 류렌런은 1945년 7월 30일에 탈주해 그 이후로 14년간 홋카이도 산속에서 숨어 지냈다. 그가 발견되자 국회에서 문제가 되었지만, 당시 총리대신이었던 기시 노부스케는 그가 왜 거기에 있었는지를 알 수 없으니 중국으로 돌려보내는 비용을 일본 국가가 부담할 수는 없다고 잘라 말했다. 기시 노부스케는 그에게 일어난 일에 대해 책임져야 할 전시 각료였다. 기시 노부스케 대 류렌런의 이러한 극적 대결은 대동아전쟁 동안 일본 정부와 권력이 강제 연행한 4만 중국인(그중 7천 명이 죽었다)의 역사를 비추고 있다.

우리가 그 우정에 화답하려면 입발림으로 이러쿵저러쿵 떠들어서는 안 됩니다. 행동으로 보여야 합니다. 우리의 우정을 행동으로 보이지 않으면 안 됩니다. 행동은 지금의 잘못된 정치를 뜯어고치는 일이어야 합니다. 그렇다면 여기서 우리는 일본 국민으로서, 오늘날 이처럼 위령제를 치르는 일본 국민으로서 무엇을 해야 할까요. 우선 첫째로 정부가 딴청을 피운다면 민중의 힘으로, 우리 힘으로 국교 회복에 나서야 합니다.

둘째로 지금 논의되고 있는 새로운 군사동맹인 신안보조약을 저지해야 합니다. 신안보조약과 일중의 국교 회복은 양립할 수 없습니다.

신안보를 거쳐 중국과 국교를 맺는다. 이런 말을 하는 사람이 있지만, 이는 손을 잡고 나서 한쪽 뺨을 갈기는 꼴입니다. (「순난자의 영령 앞에서」, 중국인 포로 순난자 국민대 위령제 실행위원회 발행, 『일중 다시금 싸우지 않도록』, 1960. 8. 15.)

도쿄에서 보자면 오키나와는 일본의 외떨어진 작은 섬이다. 하지만 중국에서 보건대 1960년에 일본은 오키나와의 그늘에 숨어 있다고 다케우치 요시미는 말했다. 오키나와의 기지를 통해 미군 기지의 포문이 중국 대륙의 옆구리를 겨눌 수 있기 때문이다. 중국 연구자로서 다케우치 요시미는 중국 입장에서는 일본이 어떻게 보일지를 주시했다. 다케우치 요시미는 자신이 일본 국민이라는 아픔을 줄곧 마음속에 간직했으며, 그 아픔은 중국인에게 우리들 일본인이란 무엇인지를 잊지 않겠다는 의지로 작용했다. 또한 자신을 안보투쟁에 내던진 결단도 그 아픔으로부터 나왔다.

법 절차만 지킨다면 의회 다수당은 뭐든 할 수 있으며, 국회 바깥의 많은 개인이 반대해도 국가권력을 쥔 집단의 결정을 밀어붙인다. 기정사실 추인의 역사는 겹겹이 쌓인다. 권력을 비판하는 운동은 언제나 깨지고 결국 기정사실을 받아들일 것이다. 이러한 체념은 메이지 국가 일본이 일청전쟁에서 승리한 뒤 확립되었고, 전쟁과 패배를 경과하고 또한 점령과 점령

해제를 거치는 동안 일본 국민을 늘 따라다녔다. 혁명은 대학생 3학년부터 4학년까지, 기세등등하게 격론을 펼치며 자기들끼리 기분이 고양되는 그 기간을 중심으로 재생산된다.

1960년 5월 19일 이후 발생한 신안보조약에 대한 저항운동을 다케우치 요시미가 한 가지 정신 혁명의 운동이라고 불렀을 때, 그는 '혁명'을 국가 권력 탈취로 여기는 일본어 용례에 따르지 않았다(일본어 용례로는 저항이라고 부르는 편이 당시 운동에는 어울릴 것이다). 대신 혁명을 오랜 기간 지속하는 운동 이라고 여기는 중국어 용례를 군이 채용해 일본어 용례에 맞서고자 했다. 1960년 안보투쟁이 퇴조하고 나서 다케우치는 '메이지 백년'에 해당되는 1967년의 기념 행사를 정부에만 맡기지 말고 민간이 나서자고 주장했다. 그는 이치이 사부로의 제의를 받아들여 '사상의 과학 연구회'의 『공동 연구 메이지유신』(토쿠마 서점, 1967)에 참가해 「메이지유신과 중국혁명—쑨원에 대하여」를 썼다. 이 공동 연구는 '사상의 과학 연구회'로서는 새로운 한 걸 음을 내딛는 계기였다. 지금껏 연구회는 다원주의를 주창했지만 고작 마 르크스주의자와 자유주의자의 협력에 머물렀으며, 국수주의자와는 협력 하지 못하고 있는 게 아닌가라는 이치이 사부로의 지적을 수용해, 이치이 가 추천한 아시즈 우즈히코를 동료로 받아들이고 더욱 보수적 색채가 짙 은 니시 하루히코, 하야시 다케지도 참가해 메이지유신에 관해 새로운 접 근을 모색했다. 한 달에 한 번 꾸려진 연구회에서 다케우치 요시미는 조정 자로서 큰 역할을 맡았다.

만들어진 메이지 국가보다 메이지 국가를 만들고자 애쓴 사람들이 중요 하다는 게 다케우치 요시미의 지론이다. 새로운 정치를 목표로 내건 에도 막부 말기의 여러 개인 중에는 자기가 살아남아 정점에 서겠다는 권력욕 따위는 없이 헌신하다 쓰러진 자들이 있다. 바로 안보투쟁은 그러한 개인 이 만들어낸 운동의 흐름을 계승하는 것이라고 그는 생각했다.

칸바 미치코는 국회에 돌입한 공산주의자동맹의 한 사람으로서 1960년

6월 15일 경관대와의 충돌로 사망했다. 칸바 미치코는 한 사람이며, 그녀가 속한 공산주의자동맹은 소수의 학생이 중심이 된 조직이다. 하지만 그녀가 속한 공산주의자동맹의 이론을 거부하는 자들을 포함해 수십만이 넘는 운동 참가자가 그녀를 애도했다.

무당파 항의자의 집단인 '소리 없는 소리의 모임'은 칸바 미치코가 사망한 지 35년이 지난 오늘날까지 6월 15일이면 어김없이 그녀가 숨을 거둔 국회 통용문通用門에 헌화한다. 『불복종운동의 유산화를 위하여』에서 다케우치 요시미가 말했듯이 "누가 뭐라던 그녀는 운동 전체의 상징이었다." 1960년 5, 6월에 왜 수십만의 사람들이 누가 시키지도 않았는데 국회에 항의하러 갔는가. 그 인파는 공산당, 사회당, 신좌익의 테두리를 아득하게 넘어섰다. 그들 중 대다수는 자민당 지지자였다. 패전으로부터 15년. 그 전쟁을 지휘한 각료가 이제는 총리대신이 되어 일본을 전쟁에 말려들게 할지 모를 조약을 강행 체결했다. 당시는 일본인 가운데 절반 이상이 전쟁 체험을 가진 자들이었고, 그들은 전쟁 지도자 기시 노부스케의 모습을 기억하고 있었다. 기시 노부스케의 결정에 맞서 한 여학생이 항의 운동을 하다가 사망했다. 이 두 가지 일이 자발적이고 대대적인 운동을 불러일으켰다. 다케우치 요시미는 정부가 강행 체결을 하는데도 팔짱낀 채로 넘어간다면 권력이 독재체제로 나아가는 길을 내주는 꼴이라며 반대 운동의 문제를 '민주인가 독재인가'라는 구도로 정리했는데, 그의 주장은 이러한 사정을 배경으로 했다.

민중운동의 물결은 사그라들고 생생한 기억은 지워진다. 이때 불복종의 운동을 어떻게 이어갈 것인가. 그것은 살아가는 개인의 내부에서, 일상생활에 의해서다. 나아가 다케우치 요시미의 경우는 가건물이라도 좋으니 근거지 같은 걸 구축하려고 했다. 그게 소신문 만들 가능성을 모색하는 모임, 메이지유신 공동 연구회, 중국 고전 번역 모임, 잡지 『중국』, '루쉰의 벗 모임'이었다. 다케우치는 낚시 등을 해서 식량을 구해 오는 산속의 독립노

동대 대장에 자신을 비유했다. 나이와 병은 점차 그에게서 힘을 빼앗았고, 최후에 그는 루쉰 전집을 온전히 번역하는 일을 자신에게 부과했으나 끝내 완성을 보지 못하고 숨을 거뒀다.

그의 근거는 개인이며, 개인에서 개인에게로 정신 혁명의 뜻이 계승되는 일이었다. 마오쩌둥의 『지구전론』을 토대로 그는 근거지를 구상했지만, 일본에서 소수 인원이 자급자족할 만한 근거지를 마련하기는 어려웠다. 다케우치 요시미의 영향을 받은 니지마 아즈요시는 야마기시 모임에 들어가 활동하며 다케우치의 근거지론을 얼마간 활용하기도 했다. 그러나 근거지는 하나의 장소로 고정될 필요가 없으며, 일본이라는 나라 내부에 있어야 할 필요조차 없었다. 내셔널리스트라서 그가 꼭 일본에서 살아야지 생각한 것은 아니다. 1970년대 말년에 다케우치는 일본의 바깥, 가령 멕시코에서 살면 어떨까를 생각하기도 했다.

대동아전쟁 기념의 비

바람직한 가능성에 보탬이 될 나쁜 것. 다케우치 요시미는 소년 시절부터 그런 생각을 갖고 있었다. 그게 문장의 밑바닥에서 문체의 특색을 결정했다.

그것이 편견을 대하는 그의 태도에서도 드러난다.

(1962년) 6월 21일 밤, 만주국 연구회에 출석, 관동군 정략 기밀 일지의 다음 보고를 듣다. 『요미우리』 석간의 「요미우리 수첩」란에서 『전향』 하권이 다뤄졌다. 익명의 필자는 '갈대葦'라는 펜네임을 쓰는데, 나이가 꽤 많은 평론가 모씨임은 거의 알려진 사실이다. 갈대의 비평은 편견의 흥미로움을 자아내는 게 특색이다. 다나카 미치타로의 논단 시평도 편견이 흥미롭지만, 보다 품위가 없는 쪽은 갈대다. 다만 이번은 조금 심하다. 첫머리부터 『전향』을 역사서라 규정하고는 조금도 의심하지 않았다. 그러니까 말하는 게 죄다 엉뚱하다. 과거의 것이 써 있다면 뭐든 역사라고 생각하는 것일까. 살아 있는 인물을 논평하면서도 당사자를 면담하지 않았다든지, 사용한 사료가 원본이 아니라든지 따위를 마치 귀신의 목이라도 쥔 듯 의기양양하게 지적하지만, 그런 게 분명 『전향』이 스스로 부과한 방법 규정이

아니던가. 그건 상권의 권두에 써 있다. (『전형기—전후 일기초』, 1974)

하나의 생을 걸어가는 한, 살아가는 힘의 일부로서 전형轉形을 피할 수는 없다. 걸어가는 길 위에서 편견에만 의존하면 계속 걸을 수 없다는 걸 깨달아 편견을 살피려고 노력은 한다. 그러나 편견으로부터 완전히 벗어나지는 못한다. 다케우치 요시미는 타인의 편견을 즐길 줄 알았으며, 자신에게 활력을 주는 편견이라면 호의를 갖고 그 편견이 지식과 충돌하는 대목을 민감히 주시했다. 그는 끝내 편견을 내려놓지 않았다. 그가 끝까지 반복해 인용한 루쉰의 문장에서조차 그는 그 독을 인정했다. 그 독은 선善 안에 있을지 모른다.

그는 선에 선을 겹쳐 쌓는 논의를 신뢰하지 않았다. 1963년 1월 18일, 이와나미서점에서 발행하는 잡지 『세계』 좌담회에서 그가 꺼낸 감상이다.

이처럼 화려한 자리는 뭐랄까, 질린다. 식욕을 버리고 산으로 도망가고 싶어진다. 그러나 살려고 속세의 의리를 버리는 데까지는 가지 않는다. 수재들이 하는 말은, 나도 이 나이까지 살아 보니 대부분 짐작은 간다. 틀림없이 그건 전부 올바르리라. 그러나 올바른 게 역사를 움직였다는 경험, 그런 게 몸으로 스며든 적이 나로서는 한 번도 없는 걸 어쩌랴. 세 시간에 걸친 대大좌담회 동안 줄곧 자기혐오에 시달려 견디기 힘들었다. (같은 글)

자기 입장을 그저 순수한 선 위에서 구축하려는 이상주의적 편향에서 그는 거듭해 자유로워지려고 했다. 동시에 실패로 끝날 줄 알면서도 자신에게 새로운 구속을 부가했다. 대동아전쟁의 예측에 실패했으니 전후에 대해서는 입을 다무는 길을 택하지 않았다. 전후 중국의 문화대혁명에 이르는 과정을 예측하는 데 실패했으나 그 실패를 인정하며 중국에 대해 평론하기를 멈추지 않았다.

다케우치는 근대주의를 비판해 전후 일본의 논단에서 존재감을 드러냈지만, 근대주의의 모든 유파, 나름의 주장마저 반대하지는 않았다. 근대주의의 우두머리였던 가토 슈이치와 대립하면서도 함께 접점을 모색한 일은 가토의 저작에 대한 다케우치의 서평에서 드러난다.

나는 가토 슈이치를 프랑스 문학 연구자 가운데, 아니 일반 외국 문학의 연구자 가운데서 가장 존경한다. '가장'이라고 말하긴 했지만 그런 말을 할 만큼 내가 폭넓게 읽은 것은 아니다. 나의 독서 범위는 몹시 좁다. 그 범위 안에서 '가장'이라는 의미다. 나는 지식의 양 때문에 존경하는 것이 아니다. 지식의 양을 따진다면, 그를 능가하는 자는 얼마든지 있다. 그게 아니라 방법의 새로움, 아니 그보다는 그 새로움을 떠받치는 자각적 태도에서 나는 시사를 받는다. 뭐가 새로운가 하면, 그는 외국 문학을 연구하려면 자신이 그것이 되는 곳까지 가야 한다고 생각하며, 더구나 그것이 일본 문학의 전통이라고 단언한다.

내 생각에 이런 자각적 태도는 일본 역사에서 전례가 없다. 견당사[52]도, 오산[53]의 승려도 막부의 어용학자도 이만큼 철저히 자각적이지는 않았다. 그것을 가토는 어떤 극한으로까지, 더구나 자각적으로 철저히 밀어붙였다는 데서 오늘날 외국 문학 연구자 가운데 한편의 최첨단에 서 있다. 아마도 그것은 일본의 패전에 수반되는 문화의 완전한 식민지성을 폭로하는 데 대응하는 가장 급진적인 이데올로기라 할 것이다. 그에 비하면 일본의 마르크스주의자 따위는 급진적이라 할 수 없

---

52 견당사遣唐使; 나라 시대부터 헤이안 시대 초기에 걸쳐 일본이 당나라에 파견한 사절이다.

53   오산五山; 선종禪宗 최고의 5대 사찰을 일컫는 말이다. 가마쿠라 시대에 중국의 오산 제도에 따라 처음 가마쿠라 선사에 적용되었다.

을 정도다. 그만큼 자르면 피가 흘러나오는 현대성을 지닌다.

나 자신은 중국 문학 연구자로서 당연하게도 가토의 길을 갈 수 없다. 그럴 수 없을 뿐 아니라 중국 문학이 프랑스 문학을 흉내 내서 진보의 방향을 더듬는다면 온 힘으로 가로막을 작정이다. 그럼에도 적으로서의 가토에게 최고의 경의를 보낸다. 모든 순수한 것, 고도의 것은 아름답다. 가토가 가토의 저속함(나카노 요시노부가 보건대)에 철저한 것은 바람직하다. 식민지적 현실을 직시하는 가토의 용기는 방향을 달리하는 자도 격려한다. 어중간한 학자들과는 비할 바가 아니다. 나카노가 혐오하더라도 가토가 움츠러들어서는 안 되며, 또한 나카노는 자신의 반교양주의를 위해 이 교양주의의 최우수 선수를 활용해야 할 것이다. 그런데 나 자신은 어떤가 하면, 나는 사상을 믿지 않으니 연기자의 연기가 완벽하기를 바랄 뿐이며, 관객석에서 박수를 보내는 것 말고 할 수 있는 게 없지만, 거기에 자신의 호오는 있으니 만일 응원하는 쪽이 열세하거나 연기를 틀린다면, 주제넘게 무대 위로 뛰어올라 얻어맞는 역할 정도의 곡예는 할 수도 있을 것 같다. (「교양주의에 대하여」, 『인간』, 1949. 10.)

다케우치 요시미는 한문이 싫었다. 한문의 문체를 받아들이면 사실로 뒷받침하지 않은 채 호언장담하는 길을 연다고 생각했다. 그러나 한문의 영향에서 벗어나기는 어려웠고 그 영향은 다케우치 요시미의 문체에 그림자를 드리웠다. 제자들이 중국 고전 총서를 번역하는 작업을 할 때 다케우치는 감수를 맡았는데, 중국어 원문에 비해 일본어 문장의 길이는 한 배 반이라고 거듭 훈계했다. 자신이 써내려가는 문장도 그런 이상에 근접하도록 간결함을 중시했다.

"黙而當亦知也"(순자[54]), 다케우치가 싫어한 한문 읽기를 내가 시도해 보자

---

54 순자荀子(BC 298~BC 238경); 사상가. 중국 전국시대 말기의 사상가로서 맹자의 성선설性善說을 비판해 성악설性惡說을 제시했으며 예禮를 강조해 유학사상의 발달에 큰 영향을 끼쳤다

면 "침묵으로 이르게 함도 앎이다" 정도가 될까. 다케우치는 문장을 쓸 때 이 말을 자기 규율로 삼았다. 즉 문필을 직업으로 삼는 인간은 그렇지 않은 사람들의 침묵을 언제나 곁에 두고 자신의 작업을 측량해야 한다는 의미로 받아들였다.

나로서는 침묵하여 이치에 이르는 길로서 그 앞에 역시 순자의 '疑疑亦信也(의심을 의심하는 것도 믿음이다)'라는 말을 두는 편이 다케우치 요시미 문체의 특징만이 아니라 저작의 특징도 잘 드러낼 수 있다고 생각한다. 이로써 다케우치 요시미는 문장을 직업으로 삼지 않는 사람들의 문장에 근접해 간다.

'석별'은 중국으로 돌아가는 루쉰에게 후지노 선생이 자신의 사진 위에 적어준 문자다.

(1962년) 4월 9일 기시 야마지 씨와 만나다. 후지노 겐쿠로우 선생의 기념비를 후쿠이시에 세울 요량으로 현지 측의 발기인 모임에 출석한 때의 상황을 듣다. 처음 도쿄 측 유지가 발안했을 때 현지 측은 내켜 하지 않았다. 여기에는 복잡한 내막이 있다. 하지만 『후쿠이신문』이 힘을 쓰기도 해서 간신히 현지에서 관심을 이끌어 냈다고 한다. 루쉰과 후지노 선생의 관계는 익히 알려져 있다. 하지만 일본인 전체로 보자면 매우 일부만이 알고 있다. 기념비의 취지가 널리 이해를 얻는 것은 나중 일이리라. 최근 센다이에는 루쉰의 비가 세워졌다. 나는 아직 보지 못했지만 훌륭한 비인 듯하다. 루쉰의 비도 섰으니 후지노 선생의 비를 갖고 싶은 것도 당연하겠지만, 그 바람을 바로 실행에 옮기지 않는 데 이유가 없지는 않다. 일을 서두르지 않는 편이 좋다. 다케시 씨는 일찍이 『문학안내』에 묻혀 있던 후지노 선생을 발굴해 냈다. 그 인연으로 이 운동에 열심이며, 자신이 주재하는 『작가신문』을

고 평가된다.

선전의 도구로 제공하고 있다. 나는 번역자라는 자격으로 상담을 맡고 있을 따름이다. 가까이서 지내는 사람들도 후지노 선생이라는 평범한 자를 왜 드높이려 하느냐고 묻곤 한다. 그러면 다케시 씨는 바로 평범하기에 루쉰에게 영향을 줬으며, 그 평범함이 고귀하기 때문이라고 설명했다고 말한다. 후지노 선생의 만년은 지금껏 전해진 바와는 실정이 달랐던 모양이다. (『전형기』)

일기 속 이 문장은 후지노 선생의 평범한 일상 속에 배어 있는 친절로부터 그 가치를 읽어 내려는 기시 야마지의 사고에 다케우치 요시미가 공감을 표하는 대목이라고 하겠다.

1963년 1월 24일에는 다음과 같은 내용이 나온다.

미타니 사쿠히치 씨 외 한 명 내방, 이야기를 자세히 듣는다. 미타니 씨는 옛날 성이 오이카와이며, 내가 군인이던 시절 같은 부대의 상사였다. 교육을 마치고 얼마 지나지 않아 나는 일등병으로 선무반에 전속되어 대대본부가 있는 마을에 갔는데 거기서 건물 수리 관계 주임을 맡고 있던 자가 오이카와 상사였다. 그는 본부 하사관 가운데 나를 때리지 않은 유일한 사람이었을 것이다. 애초 선무반의 주요 임무는 노무자를 조달하는 것이었는데, 그 선무반에서는 거의 나 혼자(명목상의 반장은 있지만, 이 준위는 어느 매춘부와 잠자는 게 일이었다) 주민과의 절충을 맡았으니 내가 일개 병사일지언정 얕보기 힘든 사정도 있었을 것이다. 아무튼 그는 온후한 인물이었다. 내가 있던 부대에는 사이타마와 치바와 도쿄 출신이 많았다. 귀환 후 나는 당분간 소개처[55]였던 우라와에 자리를 잡았다. 어느 날 오이카와 상사가 찾아와 작문의 첨삭을 의뢰했다. 그의 집은 이발관이었는데, 가업을 잇기 위해 이용학교

___
55 소개처疎開先; 전쟁시 폭격 등을 피해 도시에서 시골로 이주해 지내는 장소다.

에서 공부하고 이제 졸업논문을 써야 할 때였다. '이용의 사회적 의의'인가 하는 내용의 논문이었는데 나는 최소한의 문법적 수정을 봐줬다. 십 년간 뜸하더니 이 번이 두 번째 내방이다. 이런 이야기였다. 자신의 출신지인 시마네라는 부락에 대 동아전쟁의 기념비를 세우고 싶다. 일청, 일러전쟁의 비는 있지만 대동아전쟁의 비는 아직 없다. 종군 기념이 아니라 여명黎明의 비와 같은 이름으로 하고 싶다. 전 몰자와 생존자 모두의 이름을 새기고 싶다. 모든 생존자가 찬성해 돈을 모았다. 외부 원조는 바라지 않는다. 야스쿠니신사의 궁사[56]가 비명의 휘호를 지어줄 것이 다. 비문은 교장 선생이 써주기로 했다. 장소는 조상신氏神의 경내境內다. 이야기를 듣는 동안 이 의뢰는 거절할 수 없다고 생각했다. 미타니 씨가 기초한 취지서는 솔직히 말해 뜻이 넘쳐서 문장은 지리멸렬이었다. 내가 돕지 않으면 아마도 써줄 사람이 없다는 말은 과장이 아닐 것이다. 도都의 시골이며, 도쿄 주변만큼 궁벽할 지도 모른다. 돌에 새겨지는 문장을 쓸 수 있다면 문필업자로서는 더없는 행운이 다. (같은 글)

여기서 확인할 수 있듯이 대동아전쟁 전사자를 기념하는 비를 세우는 것은 전우와 다케우치 요시미의 공통된 바람이었다. 잘못된 전쟁이었다는 판단을 포함해 전사자의 충성심에 머리가 숙여진다. 전사자를 추도한다고 그 전쟁이 올발랐다는 판단은 아니다.

(1963년) 2월 3일 (일요일) 창문을 여니 싸락눈이 흩날렸다. 절분. 이달은 번역할 거 리를 들고서 오쿠타마미에 갈 예정이었으나 폭설로 주눅이 들어 아직 주저하고 있다. 거기다 교정지가 늦어지고 있어 멀리 가기가 여의치 않다. 미타니 사쿠시치

---

56 궁사宮司; 신사의 제사를 맡은 신관神官이다.

씨에게 부탁받은 비문이 마음에 걸려 일단 문장을 만들었다. "일찍이 군국 일본의 시대에/ 강제로 병사가 되어 몇 년간이나 가족과 헤어져 대륙과 남방의 섬에서 노고를 함께한 전우인 우리/ 그 가운데 불행하게도 중도에 쓰러진 자가 있지만 다행히 살아남은 자가 그 뜻을 따라/ 손을 맞잡아 조국 재건에 힘써/ 여기에 평화와 번영의 길을 확정하고/ 오늘 또다시 지난날을 추억하고/ 먼저 간 친구의 명복을 빌어/ 우리가 뜻한 바가 헛수고가 아니었다는 기쁨을 후대에 전하고자 세계 인류의 영세 평화를 기원해/ 고향의 신사가 있는 땅에 이 기념의 비를 세운다/ 1963년 3월 □일" 이 원안에서 최초의 두 구는 "대동아전쟁에 불려 병사가 되어"라고 바꿔도 좋으며 '세계 인류'라는 일구는 빼도 좋고, 그밖에도 자유롭게 고쳐써달라고 덧붙여 우송했다. (같은 글)

이리하여 전몰자 기념의 비가 세워졌다.

3월 11일 간신히 갰다. 해가 들어 따뜻하다. 오후, 요노의 미타니 사쿠시치 씨가 아이카와 씨와 함께 찾아왔다. 예의 종군 기념비가 세워졌다는 보고다. 3월 3일에 오미야의 히카와 신사의 미야지를 불러 제막식을 했다. 쾌청한 날씨로 축복받았으며 백 명 정도가 모여 성회였다. '여명의 비'라고 명명했다. 내 초고를 전부 사용했다. 2안 중 "대동아전쟁에 불려 병사가 되어" 쪽을 채용했다. 비문은 교장 선생에게 써서 받았다 등등. 제막식의 사진과 기념품 쟁반 그리고 사례로서 달걀을 받다. 나도 기쁘다. 꼭 한 번 보러 가고 싶다. (같은 글)

다케우치는 한문을 싫어하는 것 이상으로 미문을 싫어했다. 한문이 미문을 조장한다는 것이 다케우치가 한문을 싫어하는 이유였다. 우리 같은 후

배가 보기에 이 사람은 미문이 아닌 한문을 써온 사람처럼 여겨진다.

미문을 싫어해 「미문 의식에 대하여」(『문예』, 1951. 7.)라는 글을 쓰기도 했다. 거기서 다케우치는 일찍이 그의 전우였던 이발소 주인(아마도 미타니 사쿠시치 씨)이 이용학교의 졸업논문을 쓴 뒤 문장을 고쳐 달라고 부탁한 일을 언급하고 있다. 그 문장에서 미문을 없애는 게 어렵다는 것을 깨닫고는 그 미문의 말솜씨가 오늘날 문학자의 미문으로부터 흘러나오고 있다고 말한다. 그리고는 그런 미문에서 벗어나 "이발사가 이발사답게, 검사가 검사답게 문장을 쓰는 게 좋다"고 쓰고 있다.

> (1962년) 10월 15일 (월요일) 이슬비. 11시 반에 보통사에 간다. 날을 착각했다고 생각했다. 칸다에 가서 여느 때의 모자가게에 들른다. 스즈랑 거리를 군고구마 차를 끌고 지나가는 젊은이에게 눈길이 머문다. 소리가 좋다. 포장마차도 깨끗하게 닦아 놓았다. 흐트러짐이 없는 젊은이다. 분명 여자에게 인기가 있을 것이다. 저런 젊은이가 어떤 사정으로 군고구마를 팔고 있을까. 인생철학을 물어보고 싶다.
> (같은 글)

이런 사람이 다케우치 요시미에게는 이상적 인물이며, 그런 인물이 일본 국민 속에 있다는 것이 그의 신앙 내지 편견의 일부다. 그런 사고는 전시 중에 이미 다케우치에게 존재했다.

1962년 12월 8일에는 다음 같은 회상이 기록되어 있다.

> 전쟁 중 방공연습이 꽤나 잦던 무렵, 요코하마에 여자를 사러 간 적이 있다. 도쿄에는 자유가 없지만 요코하마는 아직 숨 쉴 만했다. 내가 자주 찾던 여자는 문학

을 좋아해 소설을 즐겨 읽었다. 슈세이[57]와 하쿠초[58]의 작품을 잘 알고 있어 줄거리를 들려줬다. 그녀의 의견으로 모파상[59]은 슈세이와 하쿠초와 수준이 다르며 대단하단다. 이 이야기를 들었을 때 나는 하마터면 눈물을 쏟을 뻔했다. 방공연습 때문에 창에 검은 커튼을 친 이층 다방이다. 과장해 말한다면 신의 소리라 생각했다. 살아가지 않을 수 없다고 생각했다. 독자는 무섭다며 몰래 혀를 내둘렀다. 하쿠초를 떠올리다가 연상이 이상하게 흘러가고 말았지만, 하쿠초도 대단하지만 모파상은 좀 더 대단하다고 느낀 것이 맞다고 생각한다. (같은 글)

다방의 여자와 문학. 그게 다케우치 요시미의 국민문학을 떠받치는 한 가지 모퉁이돌이다. 그는 20대에는 소설을 쓰겠다고 생각했다. 청조의 싸이진화를 조사한 건 그런 목적에서다. 이 일은 「싸이진화 구술」(『중국문학』, 1940. 9.)로 옮겼으나 소설은 되지 않았다. 4, 50대는 평론가로 활동하고 60대에는 번역가, 이윽고 70대에 들어서는 주로 구승口承을 하려고 생각했지만 67세에 숨을 거뒀다. 다케우치 요시미 문장의 매력은 자신을 지우고 상황을 보는 게 아니라 자신이 있는 상황에서 떠나지 않고 글을 써낸 데 있다. 자신을 바깥에 두지 않는 시야의 형성. "일목일초에 천황제가 있다."(「권

---

57 토쿠다 슈세이德田秋声(1872-1943); 소설가. 『덤불이나 구더기藪か·うじ』를 시작으로 『신세대 新世帯』, 『곰팡이黴』, 『우락부락あらくれ』 등을 써내 자연주의 문학의 대표 작가 반열에 올랐다.

58 마사무네 하쿠초正宗白鳥(1879-1962); 소설가이자 평론가. 도쿄전문을 재학하던 중 그리스도교 세례를 받았으나 졸업 후 무신론자가 되었다. 자연주의 작가로서 허무적·회의적 인생을 날카롭게 묘사했다. 메이지·다이쇼·쇼와 3대에 걸쳐 일선 작가로서 활동했다. 『어디로何処へ』, 『흙인형泥人形』, 『인간혐오人間嫌惡』 등의 작품을 남겼다.

59 기 드 모파상Guy de Maupassant(1850-1893); 소설가. 1870년 프로이센·프랑스 전쟁이 일어나자 학업을 중단하고 군에 지원 입대했다. 전후에 심한 염전사상厭戰思想에 사로잡혔고 문학 지망의 결의를 굳혔다. 이 전쟁을 취재한 단편 「비곗덩어리Boule de suif」를 발표했으며, 장편소설 『여자의 일생Une vie』은 선량한 한 여자가 겪는 환멸의 일생을 염세주의적 필치로 그려낸 작품으로서 프랑스 사실주의 문학이 낳은 걸작으로 평가받는다.

력과 예술」) 천황제에 붙잡힌 상황 속에서 천황제를 거역하는 지점에 다케우치 요시미 문장의 힘이 있다. 그것은 실패 속에서 힘을 긁어모으는 방법을 나타내며, 자신과 일본 국민 그리고 인류가 살아갈 길을 가리킨다.

사상의 모습

　다케우치 요시미의 문장은 자신을 얽매는 상황 속에서 전개된다. 젊은 시절 다케우치는 루쉰을 읽었고 그 방식을 루쉰에게서 계승했다.

　'쩡짜'라는 여전히 일본어로 익숙하지 않은 한자어를, 그는 『루쉰』에서 자신의 방식을 연마하는 단서로 삼았다. '쩡짜'란 버둥거리는 행동의 양태에 해당한다고 말한다. 다케우치 요시미가 단 주석을 가져오자면

　　쩡자掙扎란 참다, 용서하다, 발버둥치다, 고집을 세우다 등의 의미를 지닌다. 루쉰의 정신을 이해하는 데 중요한 단서라 여겨 원어 그대로 종종 인용한다. 굳이 일본어로 옮긴다면 지금의 말로는 '저항'에 가깝다. (『루쉰』, 미래사, 1961)

　쩡짜는 자신을 둘러싼 현실을 자기 뜻대로 개척해 가기가 어렵다는 자각을 품은 말이다. 현실에 떠내려가면서 자신의 의도를 접는 것이 아니라, 자신의 의도가 상황에 씻겨 가는 과정을 응시한다는 사고다.

　일단 이런 사고를 계승하기로 마음먹은 이후 40여 년 동안 그는 변하지

않았다. 문학작품 가운데 다케우치 요시미는 위다푸, 다자이 오사무, 오카모토 카노코의 작품을 친밀하게 여겼고 그들의 문체에 매료되었다. 그러나 루쉰의 작품은 다케우치 요시미에게 문체 이상의 체험이었다. 아니 루쉰의 작품에서 사상의 문체를 획득할 실마리를 얻었다.

1936년 11월 「루쉰론」을 『중국문학월보』 20호에 발표하고 나서 1977년 3월 3일, 번역하던 『루쉰문집』의 완성을 보지 못한 채 죽기까지 일생 동안 루쉰으로부터 힘을 이끌어 내기를 멈추지 않았다.

자신을 둘러싼 상황으로부터 사고하기 시작한다는 방법은 메이지 중반 이후 일본의 지식인이 취한 방식은 아니다. 사소설에는 그런 실례가 있지만, 평론에서는 권위를 인정받는 해외의 학설에 근거해 자신을 둘러싼 상황을 판단해 가는 편이 일반적이다. 다케우치의 문체는 거기서 벗어나 있다.

학문에 기대어 평론하며 살아가는 자가 아니라 자신의 처신을 걸고 상황을 확실히 움켜쥐려는 자의 스타일이다.

자신이 그 안에 떡하니 버티고 있는 까닭에 그의 문장은 안정감이 있다. 평론을 그런 식으로 계속 써낸 다케우치 요시미에게는 그 평론들을 계속 읽는 독자층이 있었다.

이런 사람은 자신을 둘러싼 소집단 속에서 분쟁이 생기면 훌륭하게 대처하고 해결을 본다. 이런 사람에게는 집안의 불화에 대해 상담하러 가는 사람이 있다. 다케우치 요시미는 평론을 계속 써내며 그런 신뢰감을 독자에게서 얻었다.

다케우치 요시미는 휘호를 싫어했다. 1966년에 타츠마 쇼스케가 『다케우치 요시미 저작 노트』(도서신문사)를 꾸렸을 때 「자화상」(1965. 2.)을 보내 그때까지의 저작에 대한 서문으로 삼았다. 이 글에 따르면 다케우치 요시미는 자신의 옛 학생이 중국 고전 총서 가운데 『순자』를 쓸 때 즈음하여 이것을 처음 읽었다. 거기서 발견한 잠언이 마음에 들어 그것을 「자화상」 말미에 써두었다.

信信信也, 疑疑亦信也

나아가

言而當知也, 黙而當亦知也

그리고 "진리와 영지英知에 대한 순자의 설에 나는 찬성이다. 부정의 방향
으로도 진리에 도달할 수 있다고 믿지 않는다면 나로서는 도저히 학문 연
구를 할 수 없으며, 침묵을 궁극의 목표로서 설정하지 않는다면 언론 활동
따위는 불가능하다. 나는 죽을 때까지 이 버릇을 못 고칠 것이다"라고 썼
다. 다케우치 요시미가 자기 사색법의 특징을 스스로 포착한 문장이다.
　이 압축적인 문장은 나로 하여금 잡화상 여주인을 떠올리게 만든다. 그
러한 소상황·장場에서 자신을 상황 바깥에 두지 않고 생각해 가는 방법을
체득한 사람은 이처럼 의심을 의심하기를 그만두지 않고, 침묵해서 이치
에 이르는 자세를 견지할 것이다. 그러한 자세로부터 나오는 감상의 한 가
지 사례가 떠오른다. 1923년 칸토대지진 다음날
　"어젯밤은 조선인에게 쫓겨 밤새 도망쳤다."
　라고 말하는 근처 남자에게 같은 연립주택에 살던 안주인이
　"무슨 말을 하는 거야. 조선인이 쫓기고 있던 거라고. 단지 그 사람 앞에
서 도망가고 있었던 거겠지. 일본인 쪽이야 어찌되었든 수가 많지 않은가."
　라고 말대꾸를 했다는 에피소드다.(사타 이나코, 『나의 도쿄 지도』, 1948) 도쿄
인구에서 재일조선인이 점하는 인원수를 보건대 아마도 평상심을 잃지 않
은 이 여주인의 상황 판단이 타당할 것이다. 다케우치의 방법은 나름의 생

활에서 발생하는 상황에 부대끼는 비언론인의 방법과 닿아 있다.

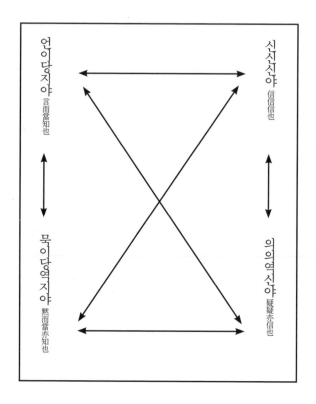

순자의 네 문장은 방진을 치고 서로 다투는 듯도 하다.

네 주장이 서로 다투는 상황이 사상의 장이기에 그 부딪힘에는 열여섯 가지의 조합이 있다.

소련이 마르크스주의를 올바로 받아들였다고 믿고, 거기서 한 발도 꿈쩍 않는 게 신신신야信信信也이다. 반면 과연 소련이 마르크스주의를 제대로 파악했는지를 의심하면서도 의심하는 자신의 입장을 의심하며 자신의 신념을 지켜 가는 것은 의의역신야疑疑亦信也라고 말할 수 있다.

자기 입장을 그때마다 진술해 분명히 해둔다는 서구 문화의 정통正統, 예를 들어 사르트르와 보부아르는 일이 있을 때마다 자기 입장을 밝히고 실행으로 옮기는 식이었다. 그런 게 아니라 자기 안에 있는 습관 그리고 습관의 변화에 충실하게 상황을 포착하는 비언론인의 방식도 지^知의 한 가지 모습이다.

앞의 방법으로 돌아가자면 위의 두 문장(信信信也와 言而當知也)은 지식인식이고, 아래의 두 문장(疑疑亦信也와 黙而當亦知也)은 비지식인식처럼 보이는데, '疑疑亦信也'와 '黙而當亦知也'의 대립 속에서 지속적으로 문장을 써내는 다케우치 요시미 같은 평론가가 등장하면 현대의 지식인 중에서 특이한 존재가 된다. 이 방식은 분명 서구 사상의 주류에서 벗어나 있다. 한 가지 이상화된 형태로서 '방법으로서의 아시아'가 나타나는 것이다.

「방법으로서의 아시아」는 1960년 1월 25일, 국제기독교대학 아시아문화연구위원회에서 한 강연이다.

다케우치 요시미는 지리 학문적 범주로서 아시아라는 하나의 실체가 존재한다고는 생각하지 않았다. 오히려 우메사오 다다오⁶⁰가 『문명의 생태사관』에서 적었듯이 자연환경을 보나 생활 방식을 보나 아시아 지역들은 뿔뿔이 흩어져 있다고 생각했다. 그러나 서구의 침략에 노출된 대상으로라면 하나의 아시아를 확인할 수 있으며, 쇄도하는 서구의 힘(무력, 기술력, 자본력, 문화력)에 저항함으로써 '방법으로서의 아시아'를 시도해볼 수 있다는 것이다.

타고르도 루쉰도 그랬습니다. 이를 전 인류에 관철하는 것이야말로 자신이라고 생각했습니다. 서양이 동양을 침략하고 그로써 저항이 일어나니 세계는 그렇게

---

60 우메사오 다다오梅棹忠夫(1920-2010); 사회인류학자. 1957년에 발표한 『문명의 생태사관文明の生態史觀』에서 서구 문명과 일본 문명이 비슷하게 진화해 왔다는 '평행진화설'을 제시했다. 정치와 이데올로기에 근거해 아시아, 유럽이라는 식으로 지리를 나누는 일에 반대하면서 생활양식을 기준으로 문명 형태를 가르는 문명생태사관을 주장한 것이다.

균질화된다고 생각하는 것이 지금 유행하는 토인비[61] 같은 사람의 발상이지만 여기에도 역시 서양적 한계가 있습니다. 현대의 아시아인은 그렇게 생각하지 않습니다. 서구의 우수한 문화 가치를 보다 큰 규모에서 실현하려면 서양을 다시 한번 동양으로 감싸 안아 거꾸로 서양을 이쪽에서 변혁시킨다, 이 문화적 되감기 혹은 가치상의 되감기를 통해 보편성을 만들어 내야 합니다. 서양이 낳은 보편 가치를 보다 고양하기 위해 동양의 힘으로 서양을 변혁한다, 이것이 동과 서가 직면한 오늘날의 문제입니다. 정치의 문제인 동시에 문화의 문제입니다. 일본인도 이런 구상을 가져야 합니다.

그 되감기를 할 때 자기 안에 독자적인 것이 없어서는 안 됩니다. 그게 무엇인가 하면, 아마도 실체로는 존재하지 않겠죠. 하지만 방법으로는, 즉 주체 형성의 과정으로는 있지 않겠는가 생각하는 까닭에 '방법으로서의 아시아'라는 제목을 달아 보았지만, 이를 명확히 규정하는 일은 제게도 벽차군요. (「방법으로서의 아시아」, 다케다 키요코 편, 『사상사의 방법과 대상』, 1961)

'방법으로서의 아시아'라는 표현은 사회과학 용어로서는 좀처럼 친숙해지지 않으며 레토릭이라 해도 역설을 담고 있다. 하지만 그것은 분명히 다케우치 요시미의 사상 전체를 떠받치는 키워드의 하나다.

다케우치 요시미는 생애에 걸쳐 스스로 문제를 만들고 또 풀어 내려고 노력하길 거듭했다. 자신을 둔재라 부르며 수재로부터 스스로 거리를 두는 것은 이 까닭이다. 수재는 선생이 문제를 내면 교실 안의 대중이 보는 앞에서 선생의 의도대로 답을 맞춘다. 수재는 이렇게 유치원, 소학교, 중학

---

61 아놀드 토인비Arnold Joseph Toynbee(1889-1975); 역사가. 자신의 역사철학을 확립한 『역사의 연구A Study of History』에서 문명의 순환적 발전과 쇠퇴를 제시해 논란을 불러일으켰다. 이 저작을 통해 인간 역사 과정에서 26개 문명의 등장과 쇠퇴를 검토하고 문명은 창조적 소수의 지도 아래 도전에 성공적으로 대응할 때 등장한다고 결론지었다. 그밖에 『시련의 문명 Civilization on Trial』, 『동방에서 서방으로East to West』 등의 저작이 있다.

교, 고등학교, 대학교를 거친다. 일본 바깥의, 특히 구미의 선생들이 만든 문제를 모범 답안이라 여기고는, 어렵잖게 익힌 외국어로써 답안을 가져와 뒤처진 무리들에게 자기 것인 양 내보인다. 여기서 이들의 자세만큼이나 일관되는 상황은 문제가 언제나 바깥에서 주어진다는 점이다.

다케우치 요시미는 루쉰을 읽어 나가며 자신의 생활 속에서 자신의 문제를 찾아냈다. 물음에 대해 더욱 새로운 물음을 보태 계속 물어 간다. 다케우치 요시미의 저작은 그가 만들어낸 문제의 계열이라고 말할 수 있다. 문제와 마주해 그는 가설을 세워 해답을 시도하지만, 그의 특색은 해답보다 문제 쪽에 있다. 그는 자신의 해답에 만족하지 않고 앞의 문제와 관련 있는 새로운 문제를 계속 꺼낸다. 예를 들면 1941년 '대동아전쟁'을 이해하는 방식, 1953년 일본에서 '국민문학'이 결락되었다고 문제를 제기하는 방식, 1959년 '근대의 초극'을 파고드는 방식이 그랬다.

메이지 이래 역대의 수재는 바깥에서 문제를 받아 오고 해답도 바깥에서 구해 왔다. 다케우치는 루쉰에게서 문제를 받고 루쉰이 그 문제와 씨름하는 방식에서 시사를 받았다. 따라서 수재들과 얼마간 닮기는 했다. 그러나 근본 지점에서 달랐다. 그 실마리는 1930년대 중일전쟁이 진행되는 시기 중국 문학 연구자인 다케우치 요시미가 생활 속에서 루쉰의 작품을 읽은 데서 찾을 수 있다. 세계 명작의 하나라는 식의 기대를 갖고서 루쉰의 작품을 대한 게 아니다. 자신의 방식으로 루쉰 읽기를 40년간 지속했고, 그로써 일본 내에서 얼마간의 사람들은 다케우치를 경유해 루쉰의 독자가 되었다. 물론 그러한 통계상의 사실은 다케우치의 가치 기준에서 부차적 의미를 지닐 뿐이다. 루쉰을 읽는 다케우치의 방법이 한 명의 독자 그리고 또 한 명의 독자에게 책을 읽는 새로운 방법을 전한 데 그의 진정한 공로가 있다. 다케우치의 활동은 메이지 이후의 일본 정신사에서 새로운 독서법을 일으켰다. 그 방법은 1955년 이후 풍족해진 일본 국민의 생활 속에서 1930년대와는 다른 양상과 무게로서 오늘날 존재한다.

그 읽기 방법에서 루쉰의 작품은 열린 텍스트다. 다케우치는 자기가 읽는 방법만이 옳다고 여겨 하나의 길만을 고집하지는 않았다. 다케우치의 방법은 20대부터 60대까지 스스로 읽는 각도를 달리해 갔던 데서 성립했다.

1960년대 일본의 대학생들 사이에서 만화가 유행하자 다케우치는 만화 세대가 루쉰을 어떻게 읽을지에 관심을 기울였다.(「만화 세대에 기대한다」, 『주간 아사히』, 1976. 1. 12.) 애초 루쉰이 만화에 관심을 가졌으니 이웃 나라 젊은 이들이 만화와의 관계에서 루쉰에게 접근하더라도 루쉰 측에서 보건대 있을 수 있는 일이었다. 요모타 이누히코가 쓰고 스지 아마가네가 그린 만화 『루쉰』(브론즈신사, 1992)은 만화의 리듬으로 루쉰전을 펼쳤다. 뿐만 아니라 다케우치 요시미는 일부러 소재로 끌어들이지 않았던 루쉰의 첫째 부인을 다루고 있다. 일본 유학 중이던 루쉰은 '어머니 위중'이라는 통지에 속아 고향으로 돌아와 보니 이미 혼담이 끝난 상태였다. 하는 수 없이 결혼을 받아들였다. 루쉰은 이 결혼에 친숙해질 수 없었지만, 이혼한다면 부인은 살아갈 수 없게 된다. 부인인 주안은 전족을 해서 작은 새처럼 걸었다. 그녀는 오랜 세월에 걸쳐 루쉰의 어머니를 돌봤고, 루쉰이 아이들에게 체조를 가르치면 뜰의 구석에서 부자유스런 몸으로 무리해 가며 몸동작을 따라했다. 요모타는 이 결혼이 루쉰에게 드리운 그림자가 중국의 실정과 겹쳐져 그의 문학을 배양하는 근원이 되었다고 루쉰전에 적었다.

다케우치 요시미는 만화를 기꺼이 찾아 읽을 정도는 아니었으나, 만년에 이르면 초기에는 언급하지 않았던 루쉰의 『고사신편』에 관심을 드러냈다. 신화와 우화에 끌렸다. 다케우치 자신이 줄곧 묘사했던 중국 인민의 모습, 일본 국민의 모습은 우화적인 것이 되어 그의 마음속에 끝까지 남았다. 다케우치의 작업 중 일본 공산당 비판에 관해 깊은 공감을 내보인 요시모토 다카아키[62]는 「일본 공산당에 대하여」에서 다음 문장을 끌어온다.

---

62   요시모토 다카아키吉本隆明(1924-2012); 사상가, 문학, 대중문학, 정치, 종교 등 다방면에 걸쳐 언론 활동을 이어갔으며 '전후 사상계의 거인'으로 불렸다. 『언어에게 미란 무엇인가言語にと

인민이란 자신의 모랄을 갖추고 혁명을 수행할 만한 능력이 있는 자유로운 인간이다. 권위(공산주의를 포함해)에 매달리는 노예가 아니다. 그러한 인간은 머잖아 노예로부터 형성되어야 하겠으나 그 형성 작용은 아직 일어나지 않았다. (「일본 공산당에 대하여」, 『전망』, 1950. 4.)

이 문장을 언급하며 요시모토 다카아키는 다음처럼 다케우치 요시미 추도문을 썼다.

나는 요즘 천재적 문학자나 사상가라면 반드시 동화를 써야 하며, 비록 자기모순이라는 생각이 들더라도 자기를 넘어 '올바른 것'을 써서 남겨야 한다는 생각이 강해졌다. 다케우치 요시미의 이러한 사상적 제언 역시 천재적 울림이 깃들어 있다. 달리 말하자면 '동화'적이고 또한 '올바른 것'이라는 성격을 갖는다. 나처럼 항상 얼마간의 망설임 없이는 '올바른 것'을 말해본 적이 없는 자, 항상 조직 차원의 고려 없이는 타자에 대해 발언한 적 없는 무리는 쓸 수 없는 말이며, 또한 불후의 제언이기도 했다. 그 후 전후에 여러 차례 얼마나 여러 사람이 다케우치 요시미의 이 사상적 제언을 기어오르려다가 미끄러지고 부상당하고 죽음에 이르고 미끄러졌다가도 기어올랐는지 헤아리기 어려우며, 지금도 사람들은 시도하고 있으나 성공에 이르지 못했다. 하지만 누구도 다케우치 요시미의 말이 나쁘다고 생각하지 않으며 그 말을 미워하지 않았다. 생각건대 이 말은 순정하고, 한편으로는 동화적이기 때문이다.

다케우치 요시미가 이런 말을 끌어내는 배경과 체험이 우리에게서 그다지 먼 것은 아니다. 그는 다른 글에서 마르크스주의자를 포함한 근대주의자들은 패전 후

って美とは何か』, 『공동환상론共同幻想論』, 『말로부터의 촉수言葉からの触手』 등의 저작을 남겼다.

자신을 피해자와 동일시해 "피 묻은 민족주의를 피해 갔다"고도 주장했다. 나는 이 말을 대중의 전쟁 체험을 무화해 전후에 멈춰서 있으려는 자는 누구든지 선험적으로 자기가 불구임을 각오한 위에서 살아야 한다는 의미로 받아들였다. 물론 동시에 구태의 천황제와 구태의 지배자가 아무렇지도 않은 얼굴로 자손을 늘이며 전후를 버젓이 지나려 한다면, 그것들을 영속적인 빚으로 삼을 각오 없이 전후에 멈춰서는 안 된다는 자기 윤리의 제언도 포괄한다고 받아들였다. 이 태도는 역작인 「근대의 초극」에 이르기까지 바뀌지도 쇠하지도 않는 다케우치 요시미의 사상적 육체였다. 나는 그의 사상적 육체를 좋아했다. (요시모토 다카아키, 『추도 개인 기록』, JICC 출판국, 1993)

자신 안에 동화를 간직한다. 그런 사람은 일상생활의 리듬에서 유리되게 마련인데, 다케우치 요시미는 그렇지 않았다. 중국문학연구회의 창립 이후 놀랄 만큼 많은 조직 실무를 감당해 냈다. 평론으로써 어떤 방향을 가리켰다면, 생활의 모습으로써 그 방향으로 노력해야 한다는 게 그의 신념이었다. 가령 메이지유신은 일본의 국민을 만들겠다는 목표로 에도막부 말기부터 메이지에 걸쳐 일어난 운동이라던 그는, 메이지 백 년에 해당하는 1968년을 민간의 손으로 축하하자고 제안하며 메이지유신에 대한 공동 연구에 참가해 『공동 연구 메이지유신』 간행에 힘을 쏟았다.

1960년 5월과 6월 기시 정부의 신안보조약 비준에 대한 반대 운동의 한복판에 있었던 다케우치 요시미는 당시 정신의 혁명이 진행 중이라고 적었다. 그렇게 적은 사실에 책임을 진다는 의미에서 이후 7년간의 행방을 일 년 단위로 『주간 독서인』에 발표했다. 반대 운동의 소용돌이 속에 있던 때와 비교한다면 기운이 가라앉았지만, 메이지유신 이후 백 년이라는 큰 틀 속에서 반대 운동을 바라보는 방법에 희망을 두고 있었다. 그 후 일어난 베트남 반전운동과 대학 비판으로 시작된 전공투 운동에 대해서도 공감을 표했다. 그 운동들은 일본사 백 년의 너울거림을 이어받고 있으며, 다케우치로서는 그중 한 장면으로서 1960년 5, 6월의 항의 운동에 집중했다.

1961년 12월, 『사상의 과학』의 천황제 특집호가 발행처인 중앙공론사로부터 발매 중지 및 폐기 처분을 받자 중앙공론사에 대한 집필 거부를 선언하고 10년 동안이나 집필 거부를 풀지 않았으며, 스스로 발행처를 설립해 『사상의 과학』의 자주 간행을 이어갔다.

다케우치 요시미가 시작한 여러 논쟁 가운데 국민문학론은 다케우치의 의도와 달리 공산당의 방침에 부합하는가라는 구도에 매여 불모하게 끝난 듯한 인상이다. 그러나 마에다 아이는 국민문학론에 대한 주도면밀한 추적을 통해 『국민문학론의 행방』을 썼다.

또한 다케우치가 제창한 국민문학론에 잠재해 있던 다양한 주제―근대주의 내지 자아의식 중심의 근대 문학사관에 대한 비판, 일본 낭만파 재평가, 정치적·사상적 규범 측에서의 문학 접근, 문학 독자의 문제 등―은 쇼와 30년대 이후 문학비평과 문학사 연구에서 하나의 방향성을 견지해온 숨겨진 패러다임임이 분명하다. 가장 먼저 등장한 결과는 고전 재평가의 기운을 불러일으켜 공동체 문학 이론의 가능성을 시사한 야마모토 겐키치의 「고전과 현대문학」(『군상』, 1955. 1-10.)일 것이다. 도야마 시게키 등의 이와나미 신서판 『쇼와사』에 「'국민'이라는 인간 부재의 역사」라는 비판을 들이대 쇼와사 논쟁의 계기를 제공한 가메이 가쓰이치로의 「현대 역사가에 대한 의문」(『문예춘추』, 1946. 3.)이나 그들의 반근대주의적 태도의 동인이 다케우치의 국민문학론이었음은 부정할 수 없는 사실이다(혼다의 『이야기 전후 문학사』는 국민문학론과 '고전과 현대문학'의 미묘한 맥락을 다루고 있다).

그러나 다케우치의 국민문학론이 끌어안은 다양한 주제를 개별적으로 파고들어간 것은 야마모토나 카메이보다 젊은, 1950년대에 정신 형성을 거친 세대였다. 예를 들어 『뜬구름』을 근대문학의 기점이라 여기는 자아의식 중심의 근대문학 사관에 맞서 정치소설의 내셔널리즘을 근대문학의 시발로서 자리매김하려 했던 아스카이 가의 「정치소설과 '근대' 문학」(『사상의 과학』, 1959. 6.), 정치적 낭만주의로서 일본 낭만파의 성격을 정밀하게 분석한 하시가와 분조의 『일본 낭만파 비판 서설』(1960)이 그렇다. 아스카이 가는 이 논문이 『일본 근대문학의 출발』(1973)에 수록될 때 그 「후기」에 "히라오카 토시오 씨가 이 논의의 정신적 선행자는 1950년대에 국민문학론을 제창한 다케우치 요시미 씨였다고 지적했을 때는, 그 지적이 사실이었던 만큼 어쩐지 간파당한 느낌이 들어 경의를 표한 일을 기억하고 있다"고 적고 있다. 나는 어느 좌담회 자리에서 하시가와에게 국민문학론과 『일본 낭만파 비판 서설』과의 관련성을 물어본 적이 있는데, 그때 그는 의젓한 표정으로 부정했다. 당시에는 뜻밖이라는 인상이었지만, 지금은 내 나름대로 하나의 결론을 도출했다. 다케우치 요시미를 독실하게 경모하는 하시가와는 다케우치의 제창을 비생산적인 논의로 끝내 버린 한때의 일본 공산당 쇼칸파[63]의 국민문학론에 씁쓸한 분노를 여전히 간직한 게 아닌가 하고 말이다. (마에다 아이, 「국민문학론의 행방」, 『사상의 과학』, 1978. 5.)

국민문학론을 제창했던 시대로부터 한참 지난 뒤 다케우치 요시미는 이시바시 단잔의 저작을 읽고는 자신이 간과한 대목을 알아차렸다. 다이쇼 초기에는 일본 국가의 궤도를 수정할 수 있었다고 판단한 이시바시 단잔은 즉시 시평時評을 꺼냈으며 패전까지 자세를 바꾸지 않았다. 더구나 이시바시는 메이지 말기 문예비평가로서 출발했으며, 국민 생활의 질을 끌어올릴 힘 있는 문학을 요구한다는 비평 기준을 세웠다. 이시바시 단잔을 발견한 것은 만년의 다케우치 요시미에게 중요한 사건이다. 쇼와의 패전 이후 다케우치 요시미가 제안한 국민문학론은 메이지 말기 이시바시 단잔의

---

63 쇼칸파所感派; 일본공산당 파벌의 하나로 친중파였으며 코민포름에 반론을 제기하기도 했다.

문예비평과 쇼와의 패전으로부터 수십 년 지나 등장한 오스카이 마사미치의 정치소설론 사이에 놓인다. 그리고 그것이 오자키 호츠키를 자극해 그가 대중문학사로의 길을 개척했다는 사실을 감안한다면, 다케우치의 국민문학론은 메이지 백 년의 흐름 속에서 고립되지 않은 하나의 위치를 점하고 있음을 알 수 있다.

논쟁이 침묵을 머금는다는 것은 서구의 논단을 표본으로 삼는다면 이해하기 어렵다. 다케우치 요시미의 경우 언설이 침묵과 어울리도록 하는 것을 이상으로 삼았다. 다케우치 요시미를 꼼꼼하게 고찰한 로렌스 올슨은 다케우치의 가장 생산적 시기는 1945년부터 1960년까지라고 말했다. 구오바라 다케오는 「다케우치 씨와 나」(『전망』, 1977. 5.)에서 이 시기 민족이라는 사고방식의 의미를 줄곧 파고든 최초의 일인이 다케우치 씨라고 말했다. 대동아전쟁에서 패하자 민족주의 사상의 조류가 물러났지만, 그 이후 민족의 의미를 캐묻는 것이 다케우치 요시미가 자임한 역할이었다.

1960년 이후 죽음에 이르기까지의 17년간이 그의 평론 활동에서 불모기는 아니었다. 그리고 의외로 이 시기에 그는 젊은 세대 안에서 뛰어난 독자를 몇 명 만났다. 그 만남은 언제나 한 명의 독자로서 한 권의 저작과 마주한다는 형태를 취한다.

1960년은 전후 민주주의의 원리를 묻는 데서 출발해 전후 민주주의의 공동화空洞化를 실증하는 형태가 되었다. 1970년은, 1960년의 이 부채를 그대로 떠안았다. 즉 전후 민주주의 자체에 대한 불신에서 출발해 전후 민주주의 틀의 해체를 향했다. 이 경우 외부에 대한 해체 요구는 당연하게도 내부에 대한 자기부정으로 작용했지만, 어느 경우든 말기에는 자기 목적화되어 버렸다. 왜인가. 해체 이후의 전망과 내재하는 부정의 거점을 상실하고 있었기 때문이다. 그리고 양자는 상호적이다. 이 점은 1970년에는 왜 1960년처럼 국민적 운동이 전개되지 않았는가라는 문제

제기와 포개진다. 그것은 왜인가. 즉 지식인 비판만이 심화되고, 입각했어야 할 대중의 실상을 자기 안에서 상실하고 있었기 때문이다. 타자에 대한 부정이 내재하는 자기를 향한 부정이 되었던 때, 그것은 무한하게 타자를 포섭해 가는 자기 전개였어야 했다. 그것이 어느덧 타자를 배제하고 타자를 지탄해 가는 자기운동이 되자, 내재하는 '대중'이라고 불러야 할 '저항의 거점'을 상실하고 만 것이다.

침묵이 심화되고, 침묵으로서 실재의 무게를 얻으려면 시간(역사)과 육체가 필요하다. 그리고 심화의 시간 속에서 현재의 자기로부터 과거의 실재성을 끊임없이 되물을 때 이전 세대는 물론이고 아득한 과거의 역사도 실감으로 공유해야만 한다는 당위가 다가온다. 선인도 그렇게 말했다. "역사학은 결코 옛일에 천착하는 기술이 아니다. 사람이 자기를 찾아내기 위한 학문이다"(야나기타 구니오, 『청년과 학문』). '전통'이 문제의식으로 포착되는 것은 역사와 자기 존재와의 관계에서다.

다케우치는 1970년에 관해 적극적으로 발언하지 않았다. 묵시黙視된 세대가 다케우치를 발견한 것도 얄궂다고 해야 할 것인가. 하지만 다케우치가 체현해온 것 안에 이 침묵과 시간의 실재가 있었음도 분명하다. 그리고 이것을 통해 세대적 분열과 주박을 넘어선, 민족의 전통과 역사에 대한 관점이 마련되었다는 것 역시 자신 있게 말할 수 있다. (나카가와 이쿠로, 『다케우치 요시미의 문학과 사상』, 1985)

나카가와 이쿠로처럼 1946년생인 마츠모토 켄이치는 다케우치 요시미의 저작에 이끌린 사정을 이렇게 밝힌다.

1948년, 그는 「중국의 근대와 일본의 근대」에서 "노먼은 오키지마 코뮌에 관한 인민 측 문헌이 없다고 지적하는 한 줄(94쪽)로 거의 일본의 학문 전체를 비판했다"고 적었다. 이것은 8·15를 거쳤지만 인민이라는 타자를 시야에 두지 않고, 온전한 자기부정을 살아가지 못하는 근대 일본의 아카데미즘에 대해 다케우치 요시미가 내던진 비난의 말이었다.

다케우치 요시미가 그렇게 적은 지 수십 년이 지나 이 책을 읽으며 94쪽을 꼼꼼하게 본 기억이 있다. 이와나미에서 나온 노먼의 『일본의 병사와 농민』 번역본에서는 65쪽이기는 하지만, 아무튼 그건 분명히 '주석'으로 나오는 한 줄에 불과했다. 노먼은 그 한 줄로 인민 측의 문헌이 없음을 지적했고, 다케우치 요시미는 그 한 줄에 담긴 것을 '학문하는 정열'='상쾌한 딜레탕트의 정신'을 잃은 일본의 아카데미즘 전체에 대한 비판이라고 읽어 냈다. 생각하면 노먼의 한 줄과 다케우치 요시미의 해석은 내게 한 가지 계시였다. 이 일이 없었다면 내가 오키지마로 갈 일도 없었을 것이다. (마츠모토 켄이치, 『다케우치 요시미론』, 1975)

인민 측의 문헌이 없다는 지점에 천착해 인민의 저항을 찾아 나서는 글쓰기는 아직도 일본 학계의 관습에서 학문으로서 인정받지 못했다. 이런 조건에서는 학문으로 인정받지 못하는 형태로 학문하는 인간이 등장하지 않는다면, 그런 학문은 등장할 수 없게 된다. 그때 그런 연구자는 문헌으로 그 모습을 남기지 않은 자의 사상적 족적을 좇아 지식인과 비지식인의 경계를 넘어 생활자 측으로 시점을 옮긴다. 이처럼 독자의 시선을 바꿔낼 힘을 다케우치 요시미의 문장은 갖고 있다. 뿐만 아니다. 그렇게 시선을 바꾼 독자는 일본 국민과 비일본 국민의 경계를 넘어선다. 메이지 이래 국가가 설파해 온 '일본 국민'이란 경계를 넘어설 몸짓을 다케우치는 독자 안에서 준비한다. 일본 바깥에 있던 독자인 로렌스 올슨은 구미에서 전래된 계몽주의가 일본 논단의 주류를 차지해 버린 환경에서 다케우치는 오랜 세월 중국의 근대문학과 정치를 연구했고 그 과정이 다케우치의 민족주의에 아시아적 기풍을 주입했다고 기술한다. 민족의 자긍과 독립은 그 민족의 문화 안에서 솟아오르는 저항을 통해서만 가능하다. 외국의 제도들을 냉정하게 분석한다고 도출되는 게 아니다. 그리고 1960년 5월과 6월을 제외한다면, 일본인은 아직 그 과정을 헤쳐 나간 적이 없지만 그 길을 통해서만 미래의 세계 문화에서 일본인다움을 확고히 거머쥘 수 있을 것이다. (Laurence Olson, 『Ambivalent Moderns』, 1992)

다케우치 요시미가 입에 담은 '국민문학'이나 '민족주의'는 일찍이 전쟁 시대에 정부와 어용 문필가들이 사용했던 말이다. 힘센 자와 약한 자가 같은 말을 함께 사용해 선전에 나서면, 힘이 센 쪽이 그 말이 풍기는 의미를 조정하게 된다. 그 말을 선택했기에 다케우치 요시미는 많은 사람에게 호소하기를 포기해야 했다. 하지만 그의 말은 종이 한 장의 차이로 전쟁 시대에 정부가 꺼낸 말과는 다른 방향을 언약하고 있다. 다케우치 요시미의 저작은 시대에 뒤처진 국면에서 힘을 갖는다는 특징을 지녔다.

다케우치 요시미가 시행착오를 거듭하며 더듬어온 지점도, 우리가 거기서 계승해야 할 사항도 정치에서 거리를 두고 정치성에 활력을 불어넣는 사상의 힘을 생산하는 방법이며, 또 그래야 할 것이다. 여기서 '정치'란 당파 이해利害에 따른 인식과 행동의 조작성을 가리키며, '정치성'이란 인식과 행동의 관계를 바꾸는 역량과 방향성을 의미한다.

예를 들어 천황제에 관해 생각해 보자. 알고 있다시피 정치제도로서의 천황제는 오늘날 구헌법과 함께 해체되었다. 그러나 정치 권세를 박탈당했을 터의 상징천황제가 정치적으로 기능하지 않는다고 말할 수 있을까. 결코 그렇지 않다. 천황제는 현대 일본의 종교 문제라는 위상을 매개삼아 생활 체계 속에서 지속되고 있으며, 지속되는 천황제는 분명 정치성을 띠고 기능한다.

줄여 말하건대 다케우치의 모든 작업은 이러한 의미의 천황제와 전면 대결에 나선 시도였다고 할 수 있을 것이다. 근대 중국사라는 '이교異敎'의 시간, 아시아라는 이름의 '타자'를 파고든 다케우치는 일본과 일본인을 향해 치솟은 타자를 지표로 삼아 정말이지 모든 관계를 바꾸는 힘과 방향성을 낳으려고 한 것이리라.

당사자도 인정하듯이 그것들 모두는 사상으로서는 두말할 것도 없으며 정치 판
단으로서도 실패였다. (칸 타카유키, 『다케우치 요시미론』, 1976)

만년의 평론집에 『예견과 착오』라는 제목을 단 것은 자신의 예측이 대동
아전쟁에 대해서도, 중국혁명 이후에 대해서도 불충분했다는 자기 인정을
포함한다. 그러나 빗나가더라도 이제부터 새롭게 예측하여 반대 방향을
향하거나 하지 않는다. 자신의 예측이 얼마나 빗나갔는지를, 매번 현재 위
치에서 측정하고 인식하기를 거듭한다. 나아가 착오의 인식을 포함해 자
신의 예측 속에서 얼마간의 진실이 함유된 부분을 골라내 그것을 지킨다.
이를 일러 나는 '실수의 힘' 혹은 '실패의 힘'이라 부르고자 한다. 그 판단을
떠받치는 냉정과 용기의 조합에 나는 감동한다.

후기

후기에 덧붙여

로렌스 올슨의 다케우치 요시미론을 읽다가 다케우치가 여러 사람에게 대부 역할을 맡았다는 구절과 맞닥뜨렸는데, 제대로 봤다는 느낌이었다.

　1955년 주간지와 일간지가 만든 스캔들(돈과 성 문제)에 내가 휘말렸을 때, 다케우치 요시미는 사상의 과학 연구회 회장이었는데 번거로운 일을 도맡아 연구회를 지켰다. 나도 보호받았다. 감사하는 마음이었다. 이 일을 언급한다면 개인적 감정이 들어와 다케우치 요시미의 초상을 채색할 수 있다. 하지만 나는 그 길을 택하지 않고 나와 교제한 적 없는 사람인 양 그의 저작을 통해 그의 초상을 그려 보았다. 그럼에도 불구하고 개인의 편견과 지식 부족은 하는 수 없이 채색에 반영되었을 것이다. 다케우치는 나를 "공사公私 혼동의 대가"라고 불렀다.

　내 앞에는 『추도 다케우치 요시미』(루쉰의 벗 모임 편, 1978), 『다케우치 요시미 회상 문집—그러나 인간의 마음은 우주보다 넓다』('다케우치 요시미 씨를 말한다' 기획·편집 그룹 편, 1978), 『다케우치 요시미 연구』(사상의 과학사, 1978) 세 권이 있다. 다시 읽어 보니 한 사람의 문필가로서 다케우치 요시미가 한 사람 한 사람의 독자를 대하는 자세가 느껴진다. 이자는 자신이 대하는 한 사람 한 사람으로부터 각자가 지닌 힘을 이끌어 낸다. 이자의 태도에 뿌리

내리고 있는 방법이 여기에 있다.

『추도 다케우치 요시미』에 실린 마루야마 마사오의 담화는 다케우치 요시미의 이 자세를 그리고 있으니 그대로 인용한다.

요시미 씨라는 사람을 내가 좋아하는 이유 한 가지는 자기가 살아가는 방법을 남에게 강요하지 않는다는 것입니다. 종종 사람들은 요시미 씨를 '엄격하다'고 말하죠. 그런데 이른바 '엄격한 평론가'는 대체로 타인에게 엄격한 만큼 자신에게는 관대합니다. 그리고 자기 삶의 방법을 기준 삼아 타인을 심판하려 드는 교만한 구석이 있습니다. 하지만 요시미 씨는 자기와 다른 삶의 방법을 받아들이는 너그러움을 갖고 있습니다. 물론 사람이 처신하는 방식에 대해서는 무척 엄격합니다. 하지만 그 사람이 그저 세상의 체면이나 시류에 따르는 게 아니라 나름의 입장에서 어떤 결단을 내린다면, 자신이 그렇게 행동하지 않을지라도 그 사람의 선택을 존중한다는, 원리로서의 '관용'을 지키고 있었습니다. 유감스럽게도 일본 지식인 가운데는 무척 드문 경우입니다. 타자를 어디까지나 타자로서, 더구나 타자의 내부로부터 이해하는 시선입니다. 이것은 "우리 일본인은 말야" 같은 일본 사회에서는 자라나기 어려운 감각입니다. 일본인은 사람 얼굴이 각기 다르듯 생각도 다르다는 게 당연하다고 생각하지 않습니다. 말하자면 만장일치의 '이의 없는 사회'입니다. 그 역상이 이의에 대해 '넌센스'라며 전면 거부하는 모습입니다. 애초 일본에도 '그런대로의 관용'은 있죠. 집단의 화和를 유지하기 위해 "그런대로 대세에 영향은 없으니 말하게 내버려 둬"라는 관용입니다. 그러한 '관용'과 '구석 자리의 이단'이 기묘하게 평화공존합니다. 하지만 그건 세상 사람은 모두 다른 존재이니 각각의 개성차를 출발점으로 삼겠다는 관용이 아닙니다. 요시미 씨의 경우, 아마 타고난 자질도 있겠고 일본과는 전혀 다른 중국이라는 매개체로 연마되기도 했겠지만, 그의 풍부한 타자 감각은 섬나라적 일본인과 대조적이죠. 개인과의 교제만이 아니라 실상 그의 사상론에서도 그 특징이 두드러집니다. 이 점을 다룬다면 이야기가 커질 테니 이 정도로 해두겠습니다. (「마루야마 마사오 씨에게 듣는 '요시미 씨와의 교제'」, 루쉰의 벗 모임 편, 『추도 다케우치 요시미』, 1978)

다케우치 요시미는 '국민'이라는 말을 좋아했지만 국가를 신앙하지는 않았다. 다케우치가 '국민'이라는 말을 사용하는 방식은 일본 신앙(루소의 『사회계약론』조차 이 점을 언급하고 있다)에서 이례적인 용법에 속한다. 이것은 분명하다. 다케우치 요시미는 당시 일본 정부가 '국민'이라는 말을 사용하는 방식에 맞서 같은 말을 사용했고, 나는 이러한 용례에서 그가 말을 타고 벽을 넘어서려는 듯한 느낌을 받았다. '국민'이라는 말의 용례 속에 다케우치의 낭만주의가 있고 세계주의가 있고 아나키즘이 있다. 그의 천황제 논의에서는 현재의 천황제로부터 벗어나겠다는 몸부림이 느껴진다.

이 책을 3분의 2가량 쓴 시점에서 나는 소뇌가 경색되어 1993년 8월 13일부터 입퇴원을 반복했다. 1994년 4월 2일에 퇴원한 후 구술로써 작업을 이어가느라 타무라 다케시 씨에게 신세를 졌다. 그럭저럭 마무리 지을 수 있게 된 것은 타무라 씨 덕분이며, 언제나 그렇듯 편집자로서 조력해준 하야마 류호 씨 덕분이다. 두 분께 감사의 말씀을 드린다.

1994년 7월 15일

1964년 3월, '중국의 모임'이 성립하고 잡지『중국』이 출판사로부터 독립해 자주 간행되고 나서 1964년 6월『중국』7호에 다케우치 요시미는 여섯 개 항목의 '약속'을 동료와 상의해 무서명으로 발표했다(동료와 토론한 것은 1963년 11월 15일의 일이다).

　　1. 민주주의에 반대는 하지 않는다.

　　2. 정치에 참견하지 않는다.

　　3. 진리에서 자타를 차별하지 않는다.

　　4. 세계의 대세로부터 설명을 시작하지 않는다.

　　5. 양식良識, 공정, 불편부당을 신용하지 않는다.

　　6. 일중 문제를 일본인의 입장에서 생각한다.

　　(「"정치에 참견하지 않는다"의 변」,『도쿄신문』9호, 1964. 6. 18.)

　　이건 다케우치 요시미에게 어울리는 독립 수비대 대장다운 문체다. 그에게 혁명이란 하나의 정치 당파에 의한 권력 탈취를 뜻하지 않는다.

　　"정치에 참견하지 않는다"는 다케우치 요시미가 정치를 어떻게 대하는

지를 보여 주며, 혁명을 어떻게 생각하는지를 배경으로 삼는다. 이 문체에 영향을 준 것은 1930년대에 중국의 린위탕 등이 시작한 『논어』에 수록된 「논어사 동인 계조論語社同人戒條」다.

『논어』라는 잡지는 1930년대 린위탕과 타오캉더가 시작한 것으로 사회 풍자 색채가 짙었다. 「계조」의 필적도 아무래도 린위탕의 것인 듯하다. 읽기 어려운 한자도 있는데, 번거로움을 피하고자 번역된 내용을 옮겨 둔다.

1. 혁명에 반대하지 않는다(또는 반혁명하지 않는다).

2. 우리 손으로 감당할 수 없는 자는 평론하지 않는다. 그러나 우리가 애호하는 것에 대해서는 마음껏 비평한다(가령 우리의 조국, 현대적 군인, 유망한 작가 및 완전히 희망이 없지는 않은 혁명가 등).

3. 남을 험담하지 않는다(다음의 일구를 제대로 읽을 수 없다. 장난의 도가 지나쳐서는 안 된다. 물론 국적國賊 존숭의 문장은 좋지 않지만 그렇다고 그걸 바보 취급해서도 무익하다. 이런 뜻인가).

4. 남에게서 돈을 받지 않고, 남의 말을 흉내 내지 않는다(사정이 무엇이든 간에 돈을 위한 선전은 하지 않는다. 그러나 의무로서의 선전은 상관없다. 반선전조차도).

5. 문단에 알랑거리지 않는다. 하물며 속물에게는 절대 알랑거리지 않는다(구극舊劇 스타, 영화 스타, 사교 스타, 문예 스타, 정치 스타, 그밖에 모든 스타의 비위를 맞추지 않는다).

6. 동료끼리 치켜세우지 않는다. 이빨이 뜨는 수법(肉麻主義를 임시로 이렇게 번역해 둔다―인용자)에 반대한다('학자'라든가 '시인'이라든가 '우리 친구 후스지' 같은 모든 상투어를 배척한다).

7. 무병신음無病呻吟이나 화류정조花柳情調의 시가는 만들지 않고 싣지 않는다.

8. 정의인도正意人道를 주장하지 않는다. 성실하게 개인적 의견만을 밝힌다.

9. 취미(예를 들어 흡연, 차, 자연 감상, 독서 등)를 트집 잡지 않는다. 남에게 담배(아편이라는 뜻도 있다―인용자)를 끊으라고 충고하지 않는다.

10. 자신의 문장이 서투르다고 말하지 않는다.

이상. 아무래도 이런 문장은 제대로 번역할 수 없다.

모범은 역시 모범이다. 우리의 「약속」보다 시원시원하다.

(「『논어』에 관해」, 『중국』 52호)

그런데 이 린위탕의 발안도 선례가 있다는 걸 알았다. 최근 간신히 발견했다. 역시 독창은 지난하다. 아니면 인간이 생각하는 건 대체로 비슷하다는 하나의 증거일까.

1910년대의 미국은 소잡지가 배출한 시대였다. 그중 한 가지로 『The Masses』가 있다. 유명한 『New Masses』의 전신이다. 이스트먼이 창립자로 리드도 늦게 합류했다고 한다. 이 잡지의 권두에도 색다른 선언이 올라온 것을 도쿄 대학 신문연구소의 카케가와 토미코 씨가 알려 줬다. 원문인 채로 올린다.

This Magazine is Owned and Published Cooperatively by its Editors. It has no Dividends to Pay, and Nobody is trying to make Money out of it. A Revolutionary and not a Reform Magazine: A Magazine with a sense of Humor and no Respect for the Respectable; Frank; Arrogant; Impertinent; Searching for the True Cause; a Magazine Directed against Rigidity and Dogma wherever it is found; Printing what is too Naked or True for a Money-Making Press; a Magazine whose final policy is to do as it Please and Conciliate Nobody, not even its Readers—A Free Magazine.

그야말로 세련되고 리드미컬한 문장이니 내 힘으로는 도저히 번역하기 힘들다. 또한 중국어와 달리 영어이며, 내용은 어렵지 않으니 번역할 것까지 없다. 혹시 몰라 개요만 밝혀 둔다.

원고료가 없고 수익을 내지 않는 동인잡지. 개혁적이라기보다 혁명적인 잡지. 유머 정신을 갖고, 존경해야 할(사회적 지위가 있는) 자들을 존경하지 않는 잡지. 진실을 추구하는 억지를 부리는 잡지. 편견과 경직에 반대하고 돈 벌이 신문이 보기에는 지나치게 솔직하고 진실한 잡지. 누구도 신경 쓰지 않고 독자조차 신경 쓰지 않고 마음대로 하고 싶은 것을 하는 잡지—자유로운 잡지. 정도인가.

여기서 '혁명적'이라는 말은 주석을 요한다. 1911년 이 잡지가 창간된 시기에는 협동조합주의를 표방해 '개혁적'이었다. 1913년에 개편될 때 보다 급진적이 되어 그참에 이 선언을 잡지에 실었다는 것이다.

그러나 다케우치가 제시한 「약속」의 스타일은 이스트먼보다 린위탕에 가깝다고 생각한다. 그리고 다케우치의 혁명관은 그 원류가 쑨원의 사고에 있지만, 듀이[64]와 일맥에서 통한다고 보인다. 듀이는 공중公衆의 결정을 중시했고, 공정한 절차를 통해 반복되는 자유선거는 혁명의 제도화라며 혁명의 일부로 보았는데 다케우치도 거기에 가깝다.

'중국의 모임'의 결정이 모임 안팎에서 비판받고 이윽고 관심이 떠나가자 다케우치는 다시 글을 쓴다.

잡지를 봐준다면 알 수 있듯이 「약속」은 잠정안이지 결정 사항이 아니다. 회원들 사이에서 토의를 좀 더 거쳐 채택 여부를 결정하자, 수정 의견도 받자는 것으로 유보된 상태다. 처음에는 여러 의견이 나오고 일부는 지면으로 발표되었다. 그러던 중 열이 식은 탓인지 점점 토의가 활기를 잃었다. 이미 「약속」의 존재 자체를 대체로 잊어버린 상태다.

나로서는 한 번 더 관심을 불러일으켜야 할지, 아니면 이대로 잠들게 하는 게 좋을지 결정하기가 어렵다. 모임 자체도 재정 상태가 궁지에 몰렸다. 린위탕의 『논어』는 붐을 일으켰지만, 우리 『중국』은 붐은커녕 사람들의 혀끝에도 오르지 않는

---

64 존 듀이 John Dewey(1859-1952); 미국의 실용주의 철학자이자 교육자. 논리학·인식론·심리학·교육학·사회철학·미술·종교에 이르기까지 광범한 범위의 연구 업적을 남겼다. 저서로 『경험과 자연 Experience and Nature』, 『어린이와 교과과정 The Child and the Curriculum』, 논문으로 「심리학에서 반사궁 개념 The Reflex Arc Concept in Psychology」 등이 있다.

다. 소小 또는 사私에 충분히 철저하지 못한 탓인지도 모른다.

그대, 보이지 않는가. 끊임없이 천하에 넘치는 것, 죄다 대大와 공公의 방약무인이지 않은가. 한 치의 벌레인 우리 당의 인간들, 아무쪼록 분기해서 한 뼘의 혼을 발양하세! (「한 뼘의 영혼—약속에 대하여」, 『중국』 40호, 1967. 3.)

어긋남은 '정치'에 관한 다케우치 요시미의 사고방식이 모임 내부에서 널리 수용되지 않는다는 데서 비롯된다.

"정치에 참견하지 않는다"는 표현이 정치로부터의 도피라고 받아들여지니 적절치 않다는 것이 반대론자의 주된 주장인 모양이다. 하지만 내 생각은 조금 다르다. 정치는 사람을 힘으로 다스리는 것이나 인간 정신의 모든 영역을 지배하지는 못한다. 만일 정치가 인간을 전적으로 지배하기를 꾀한다면 인간이 질식할 뿐 아니라 정치 또한 쇠약해진다. 오늘날 평화운동과 문화운동에서 그 폐해가 분명하게 드러나고 있다. 일중 문제도 예외는 아니다.

문화운동은 자신의 자율을 위해 정치의 부당한 지배를 거부해야 한다. 이것은 도피가 아니라 반대로 정치에 분간을 두는 길이다. 이를 위해서는 직접적 정치 효과에 대해 스스로 금욕해야 한다. 카이사르의 것은 카이사르에게. 그것이 간접으로 정치 효과를 낳는 이치다.

정치 자체는 필요악이지만, 정치주의는 필요도 없는 악이다. 그 악을 내쫓고 싶다. 이것이 내가 이해하는 제2항의 의미다. 따라서 만약 긍정형으로 고쳐 쓰면 "정치주의에 반대한다"고도 할 수 있지만, 이렇게 세련되지 않은 표현은 우리의 미적 감각에 어울리지 않았다. 덧붙여 이 부정형은 후스 및 린위탕의 선례로부터 배웠다("그것 보라지! 그러니까 반동이다!"라고 정치주의자는 지껄이리라).

나의 해석은 물론 다양한 것들 중 하나다. 우리는 반론을 환영하고 거기에 지면을 열어둘 준비도 하고 있다.

다케우치 요시미는 (정서적으로는) 후스나 린위탕을 싫어하지만 (지성의 측면에서는) 그들로부터 깊게 배웠다. 그것이 다케우치 사상의 개성을 이룬다고 생각한다.

이러한 정치관은 '문화'를 다루는 방식과 깊게 연관되어 '문화'에서 서클의 역할과 관계, '문화'에서의 '정치' 문제로 돌아온다.

기성의 문화단체가 고정된 인식에 사로잡혀 서클을 문화운동의 하청 기관 내지 하부 조직으로 삼는다면 서클의 성장에 바람직하지 않다. 노래를 부르던 서클이 문학 서클로 변하는 일도 있고, 문학 서클이 연극 서클로 바뀌는 일도 있기 때문이다.

그렇다면 지도는 필요 없는가. 나는 필요하다고 생각한다. 다만 위에서 내려온 방침을 강요하는 지도여서는 안 된다고 생각한다. 되도록 제각기 경험을 모아 협의하는 방식이 바람직하다. 그리고 현재 상태라면 기술적 지도의 필요성이 여전하다고 생각한다. 그러나 이 또한 과도해서는 안 된다. 오히려 서클이 독자적 기술을 연마하도록 장려하는 게 바람직하다.

서클과 서클의 상호 관계는 어디까지나 대등해야 한다. 아무리 큰 서클과 작은 서클이더라도 오래된 서클과 새로운 서클이더라도 관계는 대등하다. 서클이 유기체이며 생명체인 이상 그것은 당연하다. 서클은 인격으로서 존중되어야 한다.

따라서 기성의 문화단체(예를 들어 '친일본문학회')와의 관계도 종속 관계나 지배/피지배 관계여서는 안 된다. 교우交友관계이며, 기술 원조의 관계가 아니면 안 된다. 문화단체가 서클을 부하로 삼거나 문화단체의 전술로 서클을 빼앗으려 해서도 안 된다.

서클은 어디까지나 독립과 자주성을 존중받아야 한다. 서클들끼리 협의체 혹은 연합체를 차츰 결성하는 방향으로 나아가는 게 바람직하다. '서클 본위로'라는 것이 향후 문화운동의 기본 방침으로서 마땅하다고 나는 생각한다. (「서클에 대하여」, 『친일본문학』, 1955. 8.)

큰 서클과 작은 서클은 대등하다고 말하는 곳에서 다케우치 요시미가 생각하는 서클 연합의 이상이 엿보인다.

이 글에서 다케우치는 마오쩌둥의 지구전론을 높이 평가했는데, 인간이 자주적으로 살아가려면 근거지가 필요하다는 인식도 확인할 수 있다. 문화대혁명에 대해서는 비판적 시각을 가지고서 지켜본다는 자세를 견지했다.

반대 진영에 있는 사람으로서 아시즈 우즈히코는 다케우치 요시미가 지닌 논쟁가로서의 기질에 관해 이렇게 썼다.

> 상대가 한 대 명중시키면 그 점은 분명히 인정한다. 그러나 "너의 칼은 팔뚝을 잘랐지만, 나는 네 몸을 두 동강 내겠어"라는 자세다. 세상의 많은 지식인은 자설自說에 불리한 자료는 피하고 유리한 자료만을 취해 승점을 버는 데 열심이다. 그런 수법은 법정에서 변호사라면 용납될지 모르겠으나 학자나 사상가라면 보기 흉하다. 비열하고 간사해서 불쾌하다.

또한

> 다케우치 씨가 성실하고 학식이 깊은 사상가, 문인임은 틀림없지만, 가감 없이 내 입장에서 말하자면, 고인이야말로 드물게 만나는 '편견의 대두'였다. 편견가라는 자는 때로 상대로부터 모욕과 불쾌를 사겠지만, 나는 다케우치 씨의 의견을 "편견이다"라고 생각하면서도 언제나 어떤 의미의 존경을 품고서 접해 왔고 배우는 바가 적지 않았다. 비겁의 그늘은 일점 없고 의연, 당당하게 토론해 주는 우람한 모습에 상쾌한 그리움을 느낀다. (아시즈 우즈히코, 「편견의 태두」, 『다케우치 요시미 전집』 12권 월보, 1981. 8.)

다케우치 요시미가 죽은 지 17년이 지났다. 이따금 남이 쓰는 것, 남이 하는 이야기 속에 다케우치 씨가 있다고 느낀다. 다케우치 요시미는 여러 권의 책을 내놓았지만, 그 책들을 통해 한 사람의 독자에게 말을 거는 사람이었다.

1994년 8월 15일

츠루미 슌스케

선에는 응보 없으니

쑨거

쑨거孫歌

중국을 대표하는 비판적 지식인이자 동아시아 담론을 이끌어온 석학이다. 냉전 이데올로기를 비롯한 서구 중심의 세계관을 넘어 동아시아 지역의 보편과 특수를 정확히 아우를 수 있는 새로운 세계에 대한 사유를 모색해 왔다. 또한 동아시아의 역사 기억 및 전쟁 기억 문제, 그리고 이를 극복하기 위한 연대의 문제에 큰 관심을 가지고 집필 작업을 하고 있다. 일본 도쿄도립대 법학부에서 정치학 박사 학위를 받았으며, 현재 중국 사회과학원 문학연구소 연구원으로 재직 중이다. 도쿄대와 워싱턴대에서 객원 연구원, 도쿄외국어대, 릿쿄대, 하이델베르크대에서 객원 교수 등을 역임했다. 주요 연구 분야는 일본 정치사상사로, 『주체 분산의 공간主體彌散的空間』(2002), 『다케우치 요시미의 역설竹內好的悖論』(2005), 『문학의 위치文學的位置』(2009), 『역사 진입의 순간 포착把握進入歷史的瞬間』(2010) 등을 저술했으며, 국내에 번역된 책으로는 『아시아라는 사유 공간』(2003), 『다케우치 요시미라는 물음』(2007), 『사상이 살아가는 법』(2013), 『중국의 체온』(2016) 등이 있다.

1

처음『다케우치 요시미—어느 방법의 전기』를 읽은 것은 분명 1996년 무렵이었다. 친구가 읽어 보라고 건네준 이 책을 휙휙 읽었지만, 솔직히 말해 안으로 들어갈 수 없었다. 다케우치 요시미를 처음 읽었을 때처럼 말이다.

그로부터 14년이나 지났다. 나이가 들며 생활에서, 사상에서, 학문에서 '찡짜'가 얼마나 중요한지를 조금씩 터득했다. 그동안 츠루미의 여러 저작을 읽었지만, 바로 이 책으로 돌아오지는 못했다.

2006년, 츠루미 씨를 처음으로 만났다. 나고야 대학에서 열린 다케우치 요시미에 관한 국제 심포지엄에서 츠루미 씨는 기조 강연자로 초청되었는데, 내게는 가까이서 이야기를 들을 기회였다. 강연에서 츠루미 씨는 다음과 같은 문제를 제기했다.

"이것(『대동아전쟁과 우리의 결의』)을 다케우치 씨는 전후에도 철회하지 않았습니다. 왜일까요. 그 시기 다케우치 씨가 써내던 내용을 보면 이해할 수 있습니다. 대동아해방을 기치로 삼았던 것입니다. 그렇다면 당연히도 일본이 식민화하고 있는 조선과 타이완을 해방해야 합니다. (……)

뿐만 아니라 그 목적을 향해 국가를 밀고 나가면 일본 국가는 부서집니다. 부서지지 않을 수 없습니다. 거기까지가 다케우치 씨의 목표에 포함되어 있습니다. 다케우치 씨라는 사람은 정말이지 파멸적 인간입니다. (……)

국가의 목적도 국가가 사라지는 데 있습니다. 대동아전쟁은 그 계기인 셈입니다. 그렇게 읽는다면, 다케우치 요시미가 전후에도 그 글을,『중국문학』을 통한 그 선언을 왜 철회하지 않았는지 이해할 수 있습니다." (츠루미 슌스케,「진보를 의심하는 방법」, 츠루미 슌스케·카가미 미츠유키 편,『무근無根의 내셔널리즘을 넘어─다케우치 요시미를 재고한다』, 2007)

이 이야기를 들으며 나는 놀랐다. 지금껏 읽어온 츠루미의 이미지와는 조금 다른 듯했고, 그 조금의 엇갈림은 지금껏 츠루미에 관한 나의 이해가 결코 적확하지 않았음을 고백하고 있다.

나는『다케우치 요시미라는 물음』을 쓰던 때「대동아전쟁과 우리의 결의」를 어떻게 읽어야 할지를 두고 츠루미의 이 책을 참고했다. 다케우치에 대한 난폭한 비판들과 달리 츠루미는 이 선언의 역사적 맥락을 신중히 다뤘다. 아마도 그는 아슬아슬한 대목에 이끌렸던 것 같다. 그것은 다케우치의 '일본 지지'라는 태도, '전쟁 지지'라는 입장이었다. 츠루미는 다케우치가 써낸 동시기 문헌들을 면밀히 살피고 '폐간'과 '대동아문학자대회 불참'이라는 선택의 의미를 해명하고 이때의 '전쟁 지지'가 갖는 보류적 성격을 밝혔지만, 전후가 되어서도 이 '선언'을 철회하지 않은 다케우치의 행동을 두고 그저 "이 전쟁에서 국민이 자진해서 싸웠다는 사실을 직시"하는 '자기 검증'이라고 해석했을 따름이었다.

나는 욕구불만이었다. 그래서 무심코 "츠루미는 근본적인 곳에서 판단을 그르쳤다"고 단정해 버렸다. 츠루미는 착오에 대한 반성을 사상의 원동력으로 삼는 유형의 지식인이지만, 다케우치는 역사를 헤치고 들어가기를 중시하는 유형으로 자신의 입장이 정치적으로 올바른지 여부는 중요하게 여기지 않았다는 데서 츠루미의 판단 착오가 빚어졌다고 생각했다.

그런데 나고야 심포지엄에서 츠루미 씨의 발언을 듣고는 나의 판단이 의심스러워졌다. 2006년이라는 시점에서 츠루미의 판단과 츠루미의 이 책을 통해 내가 이해한 그의 판단 사이에는 작지만 커다란 차이가 있다고 느꼈다. 즉 '올바른 입장'에 매달리느냐 아니냐의 차이다. 이 차이가 생긴 이유를 나로서 설명하자면 가능성은 두 가지밖에 없다. 나의 독해가 얕았든지 츠루미가 '전향'했든지 둘 중 하나다.

이후 다시금 이 책을 꼼꼼히 읽을 작정이었지만 차일피일 미루고 있었다. 이번에 해설을 쓰려고 읽고서는 결론이 나왔다. 츠루미는 전향하지 않았다. 나의 독해가 얕고 허술했다. 나는 츠루미의 일관된 시선은 놓치고 부차적 논의에만 집중했던 것이다. 츠루미가 다케우치의 사상적 체질을 신중히 다룬 이유가 다케우치의 사례를 그저 "착오로부터 출발하는 교훈"으로서 후세에 알리기 위함은 아니었다. 츠루미의 사상 과제는 그렇게 관념적인 것보다 훨씬 복잡하고 한편으로는 깊었다. '정확-착오'에 관한 그의 사고는 속류의 '정치적 올바름' 추구와 결코 동질의 것이 아니었다.

그런데 나아가 흥미로운 발견도 있었다. 그것은 「대동아전쟁과 우리의 결의」에 오랫동안 매달려온 츠루미는 매달리는 방식의 미세한 변화로써 자신의 사상적 '찡짜'를 시사했다는 점이다.

2

사상적 인간을 파악하고자 할 때 시간순으로 그자의 사상적 발전을 따라가는 편이 통상적이며, 반대로 어떤 문제의 도달점으로부터 기점으로 거슬러 올라가는 방법도 상식으로 자리잡고 있다. 그러나 나는 굳이 비상식적 방법으로 츠루미의 사상적 행보를 추적해 보고자 한다.

그것은 시간을 왕복운동하면서 츠루미는 자신의 사상적 행보 속에서 무엇을 부각시키고 무엇을 간과했는가를 탐구하는 방법이다. 이를 위해 이 책 『다케우치 요시미─어느 방법의 전기』(1995, 이하 『전기』)와 「전중 사상 재고」(1983, 이하 「재고」) 말고도 앞서 언급한 「진보를 의심하는 방법」(2007, 이하 「방법」)도 자료로 삼고자 한다.

만약 「방법」을 하나의 도달점으로 간주한다면, 이 시점에서 츠루미는 관념으로부터 연역된 '올바른 입장'을 전혀 문제 삼지 않았다. 그는 "편견은 즐겁다. 무지는 즐겁지 않다"라던 다케우치의 설을 활용해 오히려 인간이 살아가는 법을 따져 물었다. 그 맥락에서 그는 문제시된 선언(「대동아전쟁과 우리의 결의」)을 일본 국가 파괴에 관한 선언일 뿐 아니라 자기파괴의 선언이라고 이해했다. 그 연장선에서 츠루미는 이치이 사부로의 「진보론」을 요약하고 다케우치의 영향을 지적했다. "이치이 사부로는 진보란 자신이 책임질 일 없이는 인간이 고통받지 않는 상태라고 정의했다. 그러나 과학기술 문명이 그러한 방향으로 향한 것은 아니다."(「방법」) 여기서 츠루미는 이미 '진보주의'를 정면으로 추궁했다. 그 관점에 선다면 역사 바깥에서 "자신이 책임질 일 없이는 고통받지 않는 상태"에서 다케우치의 '우익성'을 향해 가해진 여러 피상적 비판들은 의심받아 마땅하다.

시간을 역전시켜 생각하자면, 1995년의 『전기』에서 이 관점은 이미 중심적 위치를 차지했다. 가령 '대동아전쟁 기념의 비'와 '사상의 모습'이라는 두 장을 연이어 읽는다면 츠루미가 왜 '편견'과 '비언론인'(즉 생활인)을 중시했는지 알 수 있다. 그것들은 모두 관념적인 '올바른' 입장에서 벗어나 있다.

그 장면에서 츠루미는 다케우치가 제기한 문제를 나아가 추궁하고자 했다. 그 문제란 만일 올바름이 역사를 움직이는 경험을 한 번도 해보지 못했다면, 인간은 '선'을 어떻게 이해하고 견지해야 하는지다. 츠루미는 다케우치를 경유해 이렇게 말한다. "자기 입장을 그저 순수한 선 위에서 구축하려는 이상주의적 편향에서 그는 거듭해 자유로워지려고 했다. 동시에 실패로 끝날 줄 알면서도 자신에게 새로운 구속을 부가했다."(본서 168쪽) 이게 츠루미가 '패배하는 방식'에 매이는 이유일 것이다. 그는 패배하는 방식에서 다케우치식의 사상적 태도를 읽어 들인다. 동시에 '疑疑'나 '黙而當'이라는 사상적 입장을 "자기 입장을 그때마다 진술해 분명히 해둔다는 서구 문화의 정통正統"(본서 182쪽)과 대비하며 또 하나의 지知로서, '아시아의 지'로서 다룬다. 여기서 츠루미는 어떤 복잡한 문제를 두루 살펴서 제시했다. 아시아에서 서구 문화의 정통인 '언설'이라는 사상적 태도를 고집해 "信信信也" "言而當知也"의 입장을 취하는 것은 그 나름의 의미를 부정할 수 없지만, 거기로부터는 '올바른 언설'을 의심하지 않고 따르는 교조주의가 생겨나기 쉽다. 그 까닭에 상황의 유동성에 민감한 '비언론인'의 태도는 인식론상의 가치만이 아니라 윤리성도 지니게 된다. 츠루미는 거기에 '방법으로서의 아시아'라는 사상적 입장이 잠복해 있다고 날카롭게 지적했다. 서구산 언설을 활용해 아시아의 현실을 밝히려 들 때 다케우치식의 '침묵'은 분명 '疑疑亦信也'라는 절차를 거쳐 '信信信也'라는 작업에 역사성을 주입하는 것이 아니었던가. 후일 츠루미가 여러 글에서 다케우치의 '침묵'을 화제로 삼은 까닭은 『전기』의 이 테제를 다시 제기하려던 것이리라.

그런데 1996년 당시 츠루미의 이 관점에는 역시 '진보'가 그림자로서 언제나 그리고 뚜렷하게 따라다녔다. 츠루미로서는 어떤 기본적 문제를 회피할 수 없었기 때문이다. 만일 '순수한 선 하나'로 역사를 움직일 수 없다면, 그런데도 역사의 유동성이 상황주의와는 다른 원리성을 요구한다면, 역사 속에서 모색해야 할 원리성과 윤리성은 어떠한 절차로 어떠한 기준으로 가다듬을 수 있을 것인가.

이건 츠루미가 직면한 문제일 뿐 아니라 우리의 문제이기도 하다.

『전기』는 다음처럼 써서 전체를 묶었다. "만년의 평론집에 『예견과 착오』라는 제목을 단 것은 자신의 예측이 대동아전쟁에 대해서도, 중국혁명

이후에 대해서도 불충분했다는 자기 인정을 포함한다. 그러나 빗나가더라도 이제부터 새롭게 예측하여 반대 방향을 향하거나 하지 않는다. 자신의 예측이 얼마나 빗나갔는지를, 매번 현재 위치에서 측정하고 인식하기를 거듭한다. 나아가 착오의 인식을 포함해 자신의 예측 속에서 얼마간의 진실이 함유된 부분을 골라내 그것을 지킨다. 이를 일러 나는 '실수의 힘' 혹은 '실패의 힘'이라 부르고자 한다. 그 판단을 떠받치는 냉정과 용기의 조합에 나는 감동한다."(본서 195쪽)

흥미로운 이 구절은 츠루미의 사상적 '찡짜'로서 내 가슴에 와닿았다. 이 책에 수록된 1983년의 「재고」와 비교하자면 '찡짜'의 흔적을 확인할 수 있을 것이다. 「재고」에서는 『전기』처럼 "말뚝에 매달려 살아가는 방식"에 의문을 표하면서도 "다케우치 요시미는 내게 교사이자 반면교사"라고 설명했다.[65] 그러나 『전기』에서는 이처럼 알기 쉬운 '교사', '반면교사' 같은 분류법이 사라지고 대신 「재고」에서 제출된 중대한 테제, 가령 전쟁이라는 국가의 결단을 민중 속 한 개인으로서의 책임으로 짊어진다는 것, 올바른 관념에서 연역해서는 사상을 생산할 수 없다는 것 등이 나아가 전개되었다. 그러나 『전기』의 시점에도 츠루미는 '착오'로부터 어떻게 배울 것인가라는 시각에 매달렸다. 그것을 "실수의 힘", "실패의 힘"이라 불렀다. 만일 굳이 "정확하게 성공이란 무엇인가"라고 따져 묻는다면, 츠루미는 아마도 '역사에서의 윤리성'이라고 답할 것이다. 잘못을 범할 각오로 나는 그렇게 추측해 보고자 한다. 하지만 상황 속에서 인간은 정확과 성공을 담보할 힘을 가질 수 있을까. 혹은 어떻게 가질 수 있을까.

그 문제를 깊이 궁리한 결과 츠루미는 2007년의 「방법」에서 "진보를 의심한다"는 테제를 제기했다. 그리고 위의 인용문에서도 확인할 수 있듯이

---

65 다만 여기서 츠루미는 '반면교사'라는 용어 사용에 주저하는 듯이 보인다. 그는 "오해를 두려워 않고 말하자면"이라며 '반면교사'라고 적었지만, "'과실'로부터 배운다는 것"이라는 식의 괄호 친 쓰기 방식처럼 이 시점에 뭔가 자기 뜻에 딱 맞는 말을 발견하지 못한 것 같다.

이 테제를 제출해 그는 『전기』의 시점으로부터 한 걸음 더 내디뎠다. 나는 그렇게 생각한다.

3

시간순으로 생각하면 「재고」로부터 『전기』를 거쳐 「방법」에 이르는 과정에서 츠루미는 '정확-착오'라는 발상으로부터 서서히 멀어졌다. 하지만 도달점은 결코 무원칙한 현상 추인이 아니었다. 츠루미는 다케우치 요시미가 대동아전쟁을 지지한 태도에 집념으로 매달린 결과 "의심을 의심하는 것 또한 믿는 것이다"는 경지에 이르렀다. 그는 '정확-착오'를 넘어, 그러나 그것을 포함해 커다란 사고축을 만들어 내려 한 것이다. 그것은 즉 "선에는 응보 없으니"라는 비정한 역사 논리에 직면하여, 그 비정한 논리로부터 인간 정의를 요구한다는 어려운 작업이다.

시간을 거슬러 도달점으로부터 되돌아가 보면, 츠루미가 시간을 경과하는 동안 무엇을 흘려 보냈는지가 보인다. 그것은 이상주의적 색채를 띠는 '순수한 선'이었다. 여과된 이후 형성된 것은 "선에는 응보 없으니"라는 버거운 현실과 직면한 '복합적 선'이라는 신념일 것이다. 이 선은 악의 바깥에서 악과 대결하는 것처럼 명쾌하지 않다. 악 속에서 만들어낸 선이다. 악 속에서 만들어낸 선은 결코 순수한 '선' 같은 모습을 취할 수 없다. 츠루미가 강조했듯이 천황제 지배의 바깥으로 나와 천황제를 전면적으로 부정하는 길을 택하지 않고, 천황제 안에서 견딘다는 다케우치의 사상적 입장은 이 '선'의 전형적 사례일 것이다.

전향 연구를 비롯해 대중 사상사 연구, 안보투쟁, 베헤렌[66]의 경험을 축

---

66 베헤렌ベ平連; '베트남에 평화를! 시민연합'의 약어다.

적하는 동안 '반전'의 입장을 고수한 츠루미는 스스로에게 곤란한 과제를 부과했다. 지식인의 비판적 전통을, 만약 민중이 계승하는 전통과 결부 지을 수 없다면, 그건 어디까지나 '작은 계승'에 머물고 말며 결코 '위대한 계승'이 될 수 없다. 그렇다면 비판은 어떻게 해야 유효할 수 있는가.

일찍이 다케우치 요시미는 일본의 진보주의는 "이데올로기 좌우를 불문하고 각자의 특수 용어를 주문처럼 암송하는 능력을 한결같이 진보의 지표로 채용했다"며 신랄하게 풍자했다. 이처럼 주문을 암송하는 습관도 아카데미가 재생산해 어떤 의미에서는 '작은 계승'으로서 계승되어 왔다. 그리고 이것은 일본만이 아닌 국제적 현상이지 싶다. 오늘날 이른바 '비판적 지식인'은 그 존재를 다시금 추궁받고 있으며 비판의 유효성은 새롭게 문제시되고 있다. 이러한 상황에서 다케우치의 사상, 츠루미의 계승법은 지극히 중요한 시도로서 자리매김되어야 하리라.

다케우치는 '자기부정'으로 상대를 변혁한다는 사상의 변증법을 제시했고, 츠루미는 그것을 계승해 아카데미의 독선주의를 돌파하려 했다.『전기』에서 그는 이렇게 지적했다. "다케우치 요시미가 입에 담은 '국민문학'이나 '민족주의'는 일찍이 전쟁 시대에 정부와 어용 문필가들이 사용했던 말이다. 힘센 자와 약한 자가 같은 말을 함께 사용해 선전에 나서면, 힘이 센 쪽이 그 말이 풍기는 의미를 조정하게 된다. 그 말을 선택했기에 다케우치 요시미는 많은 사람에게 호소하기를 포기해야 했다. 하지만 그의 말은 종이 한 장의 차이로 전쟁 시대에 정부가 꺼낸 말과는 다른 방향을 언약하고 있다. 다케우치 요시미의 저작은 시대에 뒤처진 국면에서 힘을 갖는다는 특징을 지녔다."(본서 194쪽)

다케우치 요시미는 힘이 약한 자였다. 오늘날까지도 그렇다. 이미 역사에 부정당한 '힘이 센 자'의 말을 사용한 다케우치 요시미는 독선적 지식인에게 비판당한들 이상하지 않다. 무엇보다도 힘이 센 자의 말에 다른 것을 이어 붙이는 방식은, 아마도 사상에 순수함을 요구하는 인간이라면 가장 참기 힘들었으리라. 다케우치 요시미는 이처럼 독을 지닌 사상으로 아카데미의 독선주의를 깨뜨렸다. 그리하여 독선적 지식인이 현실에 부딪쳐 전향 말고는 선택지가 없을 때, 다케우치야말로 전향에 맞설 힘을 제공할 수 있었다.

츠루미는 체질적으로 다케우치와 다르다고 생각한다. 반전사상의 소유자인 그가 다케우치의 「선언」을 이 정도로 신중하게 해부하고 해독했다는 사실을 가벼이 여겨서는 안 된다. 그 역시 전쟁을 경험했지만, 그로서는 다케우치처럼 공공연하게 "우리는 우리 일본과 한 몸이다"라고 선언하는 데는 거부감을 느끼지 않을 수 없었을 것이다. 세 가지 텍스트에서 서서히 그림자가 희미해져간 '반면교사'라는 이미지는 분명 츠루미에게 격투의 관절점일 것이다. 「선언」으로 드러난 다케우치의 착오에 대해 츠루미가 느끼는 위화감은 그의 체질에서 비롯되지만, 그것은 결코 그에게 사고의 축이 될 수 없었다. 동시에 이 위화감이 그의 사고축을 어지럽히는 부정적 작용을 하지 않았다고는 말할 수 없을 것이다. 「진보를 의심하는 방법」에 도달하기까지 누구보다 다케우치의 사상적 본질을 제대로 파악해낸 츠루미지만, 다케우치에 관한 그의 논고는 어딘지 모르게 유기적 구조를 아직 결여한 것처럼 보이는데, 그게 원인인지 모른다.

그 때문인지, 츠루미는 「대동아전쟁과 우리의 결의」를 손에 쥐고서 놓지 않았다. 그 격투의 결과, 그는 자신의 다케우치론을 훌륭히 완성했다. 이러한 사상적 '쩡짜'의 자세에 나는 깊은 감동을 느낀다.

4

1950년대의 전향 연구를 뚫고 지나가 츠루미는 이미 다케우치와 지극히 가까운 면모를 갖게 되었다. 1957년, 그는 명문인 「자유주의자의 시금석」에서 일본 사상의 근본적 약점으로서 '순수주의의 논법'을 비평하며 이렇게 말했다.

> 하나하나의 전향 사례를 우리가 다른 결백의 장소(즉 현실과 연관이 없는 학습의 장소)로 떼어 가는 일을 하지 않고, 그 하나하나의 전향에서 양분을 취해 결과적으로 아직까지 성과가 없는 비전향의 전통으로 바꾸는, 새롭고도 토착적인 비전향의 전통을 만드는 방향을 지향해야 한다. 자타의 전향에 대한 철저한 자각 위에서 새로운 일관성을 쌓을 수 있다. 이 방법을 발견하면 전향은 언제나 풍부한 일관성의 일부분으로서 각각 흡수될 것이다. (츠루미 슌스케, 「자유주의자의 시금석」, 『중앙공론』, 1964. 10.)

'토착적 비전향의 전통', 자타의 전향에 대한 철저한 자각으로부터 생겨나는 '새로운 일관성', 이 논점은 츠루미의 다케우치론으로 이어진다. 만약 지식인이 자기만족의 '올바른 입장'에 매달리지 않는다면, 츠루미가 제시한 이 '새로운 일관성'은 어떤 버거운 절차를 거쳐야 하는가라는 물음에 맞닥뜨릴 것이다.

순백의 장소에서라면 '정확-착오'라는 기준의 유효성을 확인할 수 있겠지만, 거기서 출발해 "선에는 응보 없으니"라는 비정한 역사 속으로 들어선다면 그 기준은 복잡한 절차를 거쳐 재구성되지 않는 한 현실에서 유리된 아카데미의 놀이로 끝나 버릴 위험성이 있다. 다케우치 요시미는 일생 동안 그 재구성을 모색했다. 그리고 츠루미 슌스케는 그 모색을 계승하려면 어떠한 사상적 '쩡짜'가 필요한지를 우리에게 시사했다. 나는 이것이야말로 이 책을 더없이 소중하게 만들었다고 생각한다.

역자 후기

츠루미 슌스케의 삶과 사상

윤여일

1

2015년 7월 20일, 츠루미 슌스케가 세상을 떠났다.

11월 8일, 츠루미 슌스케의 제자들이 교토의 도시사 대학에서 추도 강연을 했다. 당시 나는 도시사 대학 객원 연구원 신분이었다. 츠루미 슌스케는 이곳에서 교편을 잡다가 1970년 대학 분쟁 때 교수직을 그만두었다. 제자들이 마련한 추도 강연의 제목은 '츠루미 슌스케에게서 물려받은 것'이었다. 그리고 발언의 내용은 '츠루미 슌스케의 삶과 사상', 발언의 형식은 '츠루미 슌스케와 나'였다.

츠루미 슌스케의 삶과 사상. 사상이 사상가의 삶과 무관하게 하나의 지식으로 유통되는 시대에 제자들의 존재는 얼마나 소중한가. 제자들이란 사상을 전수받기 이전에 삶을 공유한 자들일 것이다. 그런 제자들이 있어 스승은 스승이 된다. 이날 그들은 사상을 소개하기보다 삶을 증언하고자 했으며, 삶을 통해 사상됨을 밝히고자 했다.

그들의 발언에 귀 기울이다가 발언하는 얼굴에 눈길이 머물렀다. 츠루미 슌스케와의 일을 회고할 때 뭔가 약간 들뜨고 그윽해졌다. 그들은 모두 츠루미 슌스케를 주인공 삼아 조연이 되기를 자처했다. "선생과 이런 일이 있었는데", "그는 내게 이렇게 말했는데". 그렇게 소소한 에피소드들로 이야기를 엮어 갔는데 그러다가 묘한 전도가 일어났다. 어느덧 츠루미 슌스케를 회고하는 동안 츠루미 슌스케라는 무대에서 자신이 주인공이 된 듯한 표정을 짓고 있었다. 츠루미 슌스케에 관해 들려주며 자신의 형성사를 증언하고 있었다. 츠루미 슌스케와 나에서 '와'는 중층적이었고, 츠루미 슌스케의 이야기에서 '의'는 그저 소유격만이 아니었다. 이것은 분명 인간이 만들어낼 수 있는 숭고한 관계다.

그날 가장 길게 발언하신 다카하시 사치코 씨는 츠루미 슌스케의 말을 모아 오셨다. 이런 것들이다. "우리는 허상에 둘러싸여 살아간다. 당신은 어떤 허상에 속기 쉬운가", "자기 안에서 미개인을 기르자", "자신이란 지금까지 만났던 사람들이 사귀고 있는 장소다", "패배는 패배인가" 만년의 말이다. "새로운 자신이 나왔다! 자신이 몰랐던 자신. 그러나 자신 속에 줄곧 있었던 자신이다. 인간이란 이상해, 불가해하다. 재밌구나!"

여기에 다 옮기지 못하지만 말의 목록은 수십 개에 이르렀다. 그것은 글이 아니라 말이었다. 책에 적힌 글귀를 발췌해온 게 아니라 츠루미 슌스케와 교류해온 세월 자신에게 각인된 말들을 적어 오신 것이다. 따라서 츠루미 슌스케의 말이라고 하더라도 그 '의'의 절반은 다카하시 사치코 씨의 몫이다. 발한 자는 츠루미 슌스케였으나 받은 자가 없었더라면 그를 추도하는 자리에서 공유될 수 없었다. 만년에 "새로운 자신이 나왔다"고 말하던 때 츠루미 슌스케는 어떠한 표정이었을까. 그 표정의 얼마간은 상기되어 그때 일을 들려주는 다카하시 씨의 표정 속에 깃들어 있을 것이다. 다카하시 씨에 따르면 츠루미 슌스케는 대화의 상대를 가리지 않으며, 상대를 향해 성실히 대화하는 사람이었다고 한다. 한 시간을 말하면 백 명 넘는 고유명이 튀어나왔다고 한다. 학기말 리포트 과제로 '패전 후 도쿄의 중산계급 중 플라톤주의자, 토마스주의자, 듀이주의자가 있었다면 이들은 어떤 생활을 했을까'를 주제로 소설이나 각본을 쓰도록 시켰다고 한다. 여든 살에 첫 시집 『노년의 봄』을 출간했다고 한다. 그는 아흔 셋으로 삶을 마감했다.

2

추도 강연이 끝나고 연회 자리에서 다카하시 사치코 씨에게서 들은 이야기다. 인간은 죽기 전까지 할 일이 있다며 츠루미 슌스케는 다케우치 요시미에 관한 기록을 생애 마지막 작업으로 삼았다고 한다. 이 책 말고도 다케우치 요시미의 전기로 구상한 다른 책이 있었던 것이다. 하지만 그 책은 세상에 나오지 못했다. 이 책의 작성도 쉽지는 않아 집필 도중 뇌경색으로 쓰러진 뒤 구술로 작업해 마무리했다.

다케우치 요시미의 전기인 이 책을 번역하기로 마음먹을 때 내 관심은 다케우치 요시미만큼이나 츠루미 슌스케였다. 다케우치 요시미를 알기 위해서만큼이나 츠루미 슌스케를 이해하고 싶어 츠루미 슌스케의 수많은 책 가운데 고민하다가 이 책을 골랐다. 하나의 정신을 알고자 할 때, 다른 인간에게 어떻게 접근했고 무엇을 중시했는지를 확인한다면 그 정신의 본질을 얼마간 엿볼 수 있다고 여겼기 때문이다. 더구나 다케우치 요시미처럼 복합적인 인물에 관한 전기라면 어떤 면모를 어떤 각도에서 주목하는지에서 쓰는 사람의 개성이 드러날 것이다. 이 가설에서 이 책의 번역을 시작했다.

어느 방법. 츠루미 슌스케는 다케우치 요시미를 그렇게 불렀다. '방법'이란 다케우치 요시미가 「방법으로서의 아시아」를 써낸 이후 '방법으로서의 ㅁㅁ'라는 형태로 유명세를 탄 표현이지만, 동시대에 활동했던 츠루미 슌스케는 다케우치 요시미가 현실에 개입하며 살아가는 모습을 '방법'이란 말로 포착해낸 듯했다. '방법'은 그 자체로 중요하다기보다 그로써 무엇을 해냄으로써 가치를 갖는다. '방법'은 무언가를 하려는 사람에게, 무언가를 해야 할 상황에서 필요하다.

여기서 사상에 관한 츠루미 슌스케의 유명한 일구를 가져와도 좋을 것이다. "사상은 신념과 태도의 복합이다."(『전시로부터 생각하다』) 그는 신념의 올바름만이 아니라 그걸 떠받치는 태도를 아우르며 사상됨을 측정했다. 그런데 그가 말하는 태도란 무엇인가. 이 책에도 단서가 될 만한 구절이 있다. 가령 다케우치 요시미가 나카노 시게하루의 『사이토 모키지 노트』를 읽고 감탄했는데 그 이유가 나카노 시게하루의 태도 때문이었다고, 츠루미 슌스케는 적는다. "다케우치 요시미는 이 작품을 읽고 무척 감탄합니다. 거기에는 '태도'가 있다고 말합니다. 문학은 '태도'라고 말합니다. 문학의 장르로서 장편소설, 장편시라는 것을 고려하지 않고, 형식의 정합성에 구애받지 않고 문학을 봅니다. 쩡짜로써 문학을 봅니다. 몸부림으로써, 그 상황 속에서 무얼 말하려는가라는 몸부림으로써 봅니다. 그 결론이 옳다, 그르다를 판단하는 게 아니라 그 태도로써 봅니다." 여기서 거듭 언급되는 태도란 상황 속 몸부림이다.

또한 '쩡짜'라는 말로도 대체되었는데, 이 용어를 츠루미는 이렇게 해석한다. "쩡짜는 자신을 둘러싼 현실을 자기 뜻대로 개척해 가기가 어렵다는 자각을 품은 말이다. 현실에 떠내려가면서 자신의 의도를 접는 것이 아니라, 자신의 의도가 상황에 씻겨 가는 과정을 응시한다는 사고다." 쩡짜란, 츠루미가 말하는 태도란 제약으로 인해 자기 뜻대로 일이 풀리지는 않겠지만 그렇더라도 상황 속으로 들어가 움직이며 의도가 되물어지는 시련을 겪는 것이다. 태도. 이것은 츠루미 슌스케의 삶과 사상을 이해하는 데서 무척 중요한 말이다.

다케우치 요시미가 그러했듯 츠루미 슌스케도 '방법'을 표제어로 삼은 글이 몇 편 있는데, 그중 하나가 「방법으로서의 아나키즘」이다. 여기서 '방법으로서의 아나키즘'은 생활을 근거지로 삼은 실험을 뜻한다.

권력적 지배가 없는 사회 따위의 이상주의를 말하면 "중학생 같은 소리를 하고 있네"라고 사회인에게 웃음을 살 테지만, 현대사회의 복잡한 룰을 일단은 보다 단순한 룰로 돌려서 생각해야 한다. 그렇지 않으면 우리는 지금 우연히 우리를 둘러싸고 있는 사회제도에 질질 끌려갈 뿐이다. 우리는 현대사회의 한복판에서 한명 한 명이 혼자서 혹은 협력해서 단순한 생활의 실험을 거쳐야 한다. 그리하면 유토피아가 된다는 건 아니지만, 현대의 권력적 지배에 내주지 않는 생활의 근거지를 사상의 준거틀로 삼아야 한다.

왜 생활의 근거지를 사상의 준거틀로 삼아야 하는가. 역으로 묻는다면 생활의 실험 없이, 생활을 근거로 삼는 태도 없이 신념은 무엇이 되는가. 그것은 '린치의 사상'이 될 수 있다. 이는 연합적군파에 의한 우치게바^{内ゲバ} 사건이 일어난 1972년에 쓴 글의 제목이기도 하다. 무장투쟁노선을 표방하여 경찰에 쫓기던 연합적군파는 상황을 돌파하기 위해 산악에서 공동 군사훈련을 전개하던 중 '총괄'이라는 이름으로 개개인의 자아비판을 강요했고, 그 과정에서 집단 폭력을 동원한 처벌로 30명 중 12명이 살해당했다.

이 사건을 두고 많은 평론가는 이들이 지닌 신념, 이들이 택한 이론이 과격해서 범행을 저질렀다고 진단했지만, 츠루미는 달랐다. 「린치의 사상」에서 그는 왜 유사한 이론을 따랐는데도 유럽의 적군이나 붉은여단의 섹트에서는 그처럼 끔찍한 린치가 일어나지 않았는지를 묻는다. 즉 일본에서는 왜 이론이 린치로 치달았는지를 묻는 것인데, 그는 생활에서 유리되어 의도가 씻겨 나가는 과정을 겪지 않는 폐쇄된 집단이라서 신념은 고조될수록 교조화되어 린치로 합선되었다고 파악했다. 신념을 관철하려다가 거기에 따르지 않는 사람은 때려서라도 일깨우려 한다. 신념에 따라 사회변혁을 앞당기려는 성취욕만이 앞서 현실에 초조해진 나머지 동료들을 공격한다. 이처럼 '사상의 고정화와 절대화'가 린치를 초래한다고 본 것이다.

그런데 이 글에서는 츠루미 슌스케의 사상관을 이해하기 위해 태도 말고도 또 하나의 개념을 눈여겨볼 필요가 있다. '반사'다. "린치가 일어날 것 같은 상황이더라도 린치를 피하는, 린치에 가담하지 않는 반사가 자기 안에 있는 사람들이 많아지면 그걸 저지할 수 있다." 또한 "사상은 신념과 태도의 복합이다"라고 표명한 「전시로부터 생각하다」에서도 이런 말이 이어진다. "사상을 떠받치는, 사상의 바닥에 있는 태도를 중요하게 봐야 합니다. 달리 말해 반사를 중시하는 것입니다." 여기서 반사란 무엇인가. 반사란 어떤 자극이 주어졌을 때 그 사람이 드러내는 반응이다. 불을 손에 가져다 대면 뜨거워서 손을 물리게 된다. 일상이란 반사의 영역이고, 여러 반사들로 생활은 두께를 가지며, 반사들의 양상이 삶의 태도를 이루며, 사회적 자아란 외부로의 노출과 자기 고유의 반사 간의 긴장 관계로 성립한다. 츠루미는 이러한 반사의 차원을 사상의 소재所在로 파악하고자 했다.

3

"그는 국책에 몸을 맡겨 우등생이 되는 흐름으로부터 벗어나려 했다. 그러나 자신이 서야 할 근거를 찾아내지 못한 채 M·NIHIL로서 나날을 보냈다." 츠루미가 다케우치의 십대를 이렇게 기술한 데는 자신의 공감이 담겨 있을 것이다. 그 역시 스스로를 허무주의라고 말했다. "나는 원래 허무주의야. 그리스도 교도가 되었던 적이 없고 마르크스주의자가 되었던 적도 없다. 허무주의인 채로 전쟁을 줄곧 반대한다는 포지션을 취했다. (……) 원래 허무주의였고 지금도 그렇다. 그걸 일본의 지식인은 알아주지 않는군. 나를 진보 사상의 나부랭이로 여기고 있어. 실은 나의 사상은 반동인데 말이지."(『말해서 남겨두는 것』) 이 발언에서 허무주의는 반동에 이르고 있다. 그가 말하는 허무주의는 절대적 진리를 믿지 않고 기성의 가치 체계와 이에 근거한 일체의 권위를 따르지 않겠다는 태도임을 짐작할 수 있다. 즉 반사를 중시한다는 것이다. 그는 자신의 위치를 '논섹트 래디컬', '무당 무소속'이라 말한다. 그는 네거티브 천성이며, 그의 사상은 그의 책 제목을 빌리자면 '부정형의 사상'이다.

이 '부정형의 사상'을 철학적 사조로 옮긴다면 그는 '프래그머티즘'이라 말할 것이다. 그에 따르면 프래그머티즘은 지향성이 뚜렷한 주의 주장이 아니라 온갖 원리주의에 맞서려고 생겨난 사상이다. 그가 하버드 대학 시절에 쓴 논문은 「윌리엄 제임스의 프래그머티즘」이었는데, 윌리엄 제임스에게 배운 것은 각 관념이 지닌 실제적 결과를 고찰하여 각 관념을 해석해야 한다, 가령 신의 관념이 생활에 유용하다면 이를 부정하지 말아야 한다는 것이었다.

츠루미 슌스케는 흑표범당의 투쟁을 논하며 "흑인에게 프래그머티즘이란 무엇인가"라고 묻고는 "억압 속에서 자신의 권리를 찾아내는 방법"이며 "자신의 경험에 비추어 당면한 운동에 필요한 사고방식을 어디에서든 끌어오는 자세"라고 서술한 적이 있다. 그가 이해하는 프래그머티즘이란 자신이 존재하는 상황을 기점으로 노정에 나서는 사고, 그의 표현으로는 "구체적인 문제 상황에 뿌리를 둔 탐구의 논리"이다. (『미국의 철학』)

츠루미 슌스케는 철학 전공자이자 철학자이다. 하지만 흔히 철학적 사고로 간주되는 명제적 사고에 대해 이렇게 말한다. "학술 논문을 통해 '~이다', '~이다'라며 딱 잘라 단언하는 형식으로 철학을 발표하는 것이 철학의 유일한 발표 형식으로 여겨지게 된 건 사실 최근의 일이다. 옛날부터 그랬던 것은 아니다. 플라톤 철학은 대화극이고, 루크레티우스의 「사물의 본질에 대하여De Rerum Natura」는 장편시다. 파스칼은 고백으로, 공자는 격언으로 철학을 펼쳤다." 그는 '생활의 철학자'로서 단언하는 진술 대신 형식에 구애받지 않는 표현법을 중시한다. "'엄밀한 방법'에 의해서만 철학적 사상을 펼치면 오히려 많은 것을 잃게 된다." 더욱이 원리의 추구가 린치로 치닫지 않으려면 현실은 복잡하니 원리와 현실 사이에 부단히 여러 '소전

제'를 마련해 원리를 문맥에 따라 조정해야 한다는 것이 그의 입장이다. 그런데 혼자서는 이 작업이 어렵고 시야가 비좁아질 수 있다. 그는 제안한다. "앞으로의 철학은 철학적 문제에 관한 물리학자의 메모, 역사가의 메모, 인류학자의 메모, 공무원의 메모, 노동자의 메모, 교사의 메모, 환자의 메모, 어린이의 메모 등이 통합되는 장으로서 재건되어야 하지 않을까?"(『미국의 철학』)

4

이러한 츠루미 슌스케의 사상관은 자신의 전쟁 체험에서 비롯된 바가 크다. 그는 「전시로부터 생각한다」에서 '전시로부터 생각한다'는 것을 "나의 학문상 방법의 전제, 즉 방법을 떠받치는 것, 메타메소드입니다"라고 밝힌다. 그는 현실 문제에 직면해 방법을 구상할 때 전시를 떠올렸다.

츠루미 슌스케는 전시를 어떻게 살아갔던가. 그는 1922년생이다. 열다섯인 1938년에 도미하고 이듬해 하버드 대학에 진학해 철학을 전공했다. 그런데 1941년 12월 진주만 공습으로 대동아전쟁이 발발한다. 삼학년이던 1942년 3월, 그는 스파이 혐의로 FBI에 연행되어 이스트 보스턴 이민국 유치장에 들어갔다. 무정부주의 관련 문헌을 읽었던 게 이유였다. 그리고 5월, 전쟁포로로서 메릴랜드주 미드요새 내의 수용소로 보내졌다. 억류 중에도 졸업논문을 완성해 교수회 투표로 졸업을 인정받았다.

그리고 6월, 포로교환선 그립스호름호에 승선해 아프리카 모잠비크에서 아사마마루호로 갈아탔다. 환승한 배에서 일본 군인들이 개전조칙과 전시의 마음가짐을 가르쳤다. 츠루미 슌스케와 귀국 유학생들은 한자투성이의 조칙을 접하자 처음에는 생경해 했다. 하지만 머잖아 태도가 변화했다. 일본으로 돌아오는 배 위에서 한 여학생이 미국의 양심적 병역거부 운

동을 언급하자 귀국 유학생들은 일제히 그 여학생을 비난했다. 츠루미는
그 광경에 큰 충격을 받았다.

1942년 8월 20일, 일본에 도착해 그는 나흘 뒤 징병검사를 받아 제2을
종으로 합격했다. 육군 소집을 피하고자 해군 군속의 독일어 통역으로 지
원해 1943년 2월부터 2년간 자카르타의 재근해군무관부^{在勤海軍武官府}에서 근
무했다. 주로 연합국의 라디오 방송을 듣고 정보를 정리해 부외비^{部外秘}의
신문을 작성하는 업무에 종사했다. 그러다가 골결핵이 심해져 해군병원에
서 두 차례 수술을 받은 뒤 싱가포르에서 통신대 근무를 거쳐 1944년 12월
일본으로 돌아왔다. 귀국 후 몸이 회복되어 1945년 4월부터 게이오 대학
에 마련된 해군 군령부에서 번역 업무를 맡다가 7월 결핵성 복막염으로 사
직하고 아타미에서 요양하던 중 패전을 맞이했다.

미국에서 체류한 적 있던 그는 전쟁 중에 이 전쟁은 일본이 결국 지고 말
것이라고 생각했다. 가장 큰 바람은 남을 죽이지 않고 전쟁이 끝나는 것이
었다. 그는 시바 료타로와의 대담에서 당시를 이렇게 회고한다.

> 전쟁 중 가장 견딜 수 없는 명령은 '죽여라'였다. '죽이지 않는 녀석은 죽어라' 같
> 은 사상을 가슴에 들이대면 어떻게 해서든 죽이지 않고 자신이 죽고 싶다는 것이
> 극한의 이상이었다. 그래서 병으로 죽게 해달라고 매일 밤 빌었다. (……) 자신이
> 남을 죽여야 할 상황이 되면 자신을 죽이자. 자살할 권리가 있다는 게 마지막 보
> 루였다. 자살이 최후 자유의사의 발동이라고 생각했다. 그래서 약을 항상 주머니
> 속에 지참하고 마지막에는 화장실에서 문을 잠그고 목숨을 끊을 작정이었다. 하
> 지만 치사량을 모르니 바람대로 될지가 의문이라서 너무나 두려웠다. (『쇼와를 말하
> 다』)

하지만 이런 회고 뒤에 그가 하는 말은 자살까지 마음먹었지만 전쟁 반
대를 위해서는 "손가락 하나 꼼짝 못했다"는 것이다. 왜 움직이지 못했는

가. 그가 돌아보기에 용기가 없어서도 게을러서도 아니었다. 인식이 부족해서도 아니었다.

> 그건 게으름이나 물리적 용기의 결여와도 조금 다르다. 물리적으로는 상당히 아팠지만 아무튼 참았고, 군에서 주어진 잡무를 필요 이상으로 부지런하게 했다. 자신이 믿지 않는 전쟁의 목적을 위해, 그 일이 살인으로 직접 이어지지는 않더라도 근면하게 일하는 자신이 너무나 한심했다. 하지만 그 근면함이 정부의 명령을 거역하는 행동으로는 향하지 않았다. 행동의 기동력이 되는 정신의 용수철이 빠져 있었다. (「연좌 농성까지」)

정신을 일으키는 것, 즉 태도가 결여되어 있었던 것이다. 츠루미는 앞으로 그러한 상황에 처하면 '전쟁 반대'를 할 수 있는 태도를 자신 안에서 기르는 것, 신념을 떠받치는 그 태도를 기르는 것을 전후를 살아가는 자신의 과제로 삼았다.

그 태도를 어떻게 기를 수 있을까. 생활 속에서 반사가 일어나야 한다. 그 반사를 일으키기 위해 츠루미는 스스로 자극을 주고자 했다. 한 가지 에피소드를 말하자. '까까중의 모임坊主の会'. 츠루미 슌스케와 야스다 타케시, 야마다 무네무츠는 1962년 무렵부터 매해 8월 15일에는 이발관에 가서 그중 한 사람이 머리를 밀었다. 야스다도 야마다도 학도병으로 징병된 경험이 있다. '까까중의 모임'은 1976년에 끝났지만, 이후로도 셋은 8월 15일에 만나 함께 숙박하며 전쟁 체험을 두고 이야기 나눴다.

츠루미 슌스케는 머리를 빡빡 미는 것이 "전쟁 무렵의 일을 지금의 하루라도 떠올려 내려는 마음"에서 비롯된다고 말한다. 그로써 징병관 앞에 서서 "츠루미 슌스케, 제2을종 합격"을 복창하던 때 자기 안의 무력과 불안을 되찾는다. 아울러 "머리털이 자라날 때까지 석 달 정도 지금의 시대에 녹아들 수 없는 묘한 느낌이 따라다닌다. 이런 식으로 살아도 괜찮은 걸까, 하는 수 없이 하루의 여러 시간을 생각하게 된다."(「까까중」) 지금은 펜을 들고서 반전이니 평화니 적을 수 있지만, 그렇게 한다고 그 시절 무력했던 자신과 다른 존재가 되었다 할 수 있을까. 그는 삭발하여 불안한 자신을 자기 안에서 불러낸다.

> 그만큼이 자신 안에서 당연한 반사가 되고 있다. 그것은 이론보다 깊이 자신 안으로 들어온 습관이며, 이론보다 깊이 나의 사상과 연관된다. 나는 이론을 (사상 형성의 역할에 관한 한) 그다지 신용하지 않으며, 특히 영리한 사람은 자신의 태도 변화를 합리화하는 이론을 만드는 함정에 빠지기 쉽다고 생각한다. (「까까중」)

5

"영리한 자는 자신의 태도 변화를 합리화하는 이론을 만드는 함정에 빠지기 쉽다." 전향론 연구의 모티프 일단도 여기에 있다. 앞서 "사상은 신념과 태도의 복합이다"라는 문구를 소개했는데, 정확한 문장은 이러한 것이었다. "내가 전쟁 중에 깨달은 것은 사람의 사상을 신념만으로 보아선 안 된다, 태도를 포함해 사상을 신념과 태도의 복합으로 본다, 라는 것입니다."(「전시로부터 생각한다」)

이것이 전시에 얻은 통절한 교훈이었다. 신념은, 표명된 신념만으로는 신용할 수 없다. 세태에 따라 변할 수 있다. 포로교환선에서 유학생들이 그 여학생을 비난한 장면이 그러했다. 그리고 1945년 8월 15일, 전날까지 성전을 외치던 민중들은 천황이 명하자 패전을 받아들였다. 지식인과 위정자는 점령군이 도착하자 민주주의를 힘주어 말하기 시작했다.

전후 평론 활동은 이 지점에서 시작된다. 그의 첫 번째 평론은 1946년 『사상의 과학』 창간호에 쓴 「말의 주술적 사용법에 대하여」였다. 그는 대동아전쟁 동안 번창하게 주창된 '귀축미영 鬼畜米英', '팔굉일우 八紘一宇', '국체 国体', '황도 皇道' 같은 '주술적인 말'을 논한다. 위정자는 자기 견해를 구체적으로 밝히지 않고 주술적인 말을 연설문에 적당히 꾸며 넣어 민중을 선동한다. 민중은 그 내용을 제대로 따지지 않고 순응한다. 의미가 불분명하지만 그런 말을 쓰면 왠지 안심이 되고 고양도 되니 자신을 지키기 위해 몸에 익힌다. 츠루미는 이러한 습관을 '말의 주술적 사용법'이라고 불렀다.

하지만 이는 전시기로 그치는 문제가 아니었다. '말의 주술적 사용법'은 바로 전시기에 '전쟁 반대'의 목소리가 나올 수 없었던 사회적 토양이었으며, 전쟁이 끝났다고 토양이 솎아진 것은 아니었다. 츠루미 슌스케는 마루야마 마사오로 대표되는 전후 지식인이 전후의 '자유'와 '민주주의'를 설파한 것과 대조적으로 '주술적인 말'이 전후를 맞이하자 미국에서 유입된 혹은 소비에트 계열의 새로운 말로 쇄신되며 체계 자체는 유지되었다고 지적한다. 그러면서 "주술적인 말의 체계를 남겨 두고 정치를 해나가려는" 세태를 비판한다. 말의 주술적 사용법의 새 단장은 부흥 속에서 폐허가 가려지는 과정이었다. 왜 파국에 이르렀는가는 어떻게 부흥을 할 것인가로 바꿔치기되고 말았다.

1950년대에 시작한 전향 연구도 이러한 문제의식의 연장선상에 있다. '전향'이란 말이 사회적으로 회자된 것은 1933년 일본 공산당의 위원장 사노 마나부와 중앙위원 나베야마 사다치카가 옥중에서 공동성명을 발표하면서이다. 그들은 그때까지 주장해 왔던 천황제 폐지, 식민화된 여러 민족을 포함한 모든 민족의 자치, 그 논리적 귀결로서 만주사변에 대한 일본 정부의 정책에 반대한다는 입장을 철회하고, 소비에트 러시아의 굴레로부터 벗어나 천황과 천황으로 대표되는 일본의 문화적 가치에 존경의 마음을 갖고 일국 사회주의를 발전시키겠다고 천명했다. 이후 삼년간, 수감된 일본 공산당원 가운데 74퍼센트에 이르는 324명이 같은 입장으로 옮겨갔다. 츠루미 슌스케는 국가사회주의로의 이들 전향을 "정치적 의견이 바뀌어도 자신은 여전히 지도자로 남을 거라는 신념"이 부추기고 또 정당화했다고 보았다. 전향자 중에는 도쿄 제국대학 법학부 출신이 많았으며, 사노 마나부 역시 도쿄 제대 법학부 그리고 도쿄 제대를 중심으로 활동한 사회주의 학생운동 단체인 신인회新人會 출신이었다.

하지만 츠루미 슌스케는 엘리트의 전향만을 문제 삼았던 것이 아니며, 전시기의 전향만을 문제 삼았던 것도 아니다.

> 15년 전쟁의 기간에 일어난 전향에 대해서는 나 자신이 젊었던 탓도 있어 실망과 분노를 느꼈지만, 점령하의 전향에 대해서는 오히려 일본 사상의 바닥이 얕다는 인식을 얻었다. 사람의 바뀌기 쉬움을 통해 그 사람의 바뀌기 어려움을 알고 싶다는 마음이 내 안에서 일어났다. 그것이 내게는 새로운 감정인 동시에 새로운 방법이었다. 그것은 얼마간 짓궂은 기쁨이 섞인, 온화한 연대를 향한 기대이기도 하다. (「사史의 지평선 위에」)

일본 사상의 바닥이 얕다고 인식한 계기는 오히려 점령하의 전향이었다. 그는 전쟁의 끝, 즉 종전마저도 전향이라고 보았다. 천황이 옥음방송으로 사실상의 항복 선언을 하자 다음날부터 일본인들은 미소를 띠며 백인들에게 인사를 했다. 지식인들은 '민주주의'와 '자유'로 새 단장을 했다.

하지만 그렇다고 그가 전향자들을 비판만 한 것도 아니었다. 전향과 전쟁책임을 논할 때도 바깥의 정의, 즉 전승국의 논리에 기대지 않으려 했다. 그는 개개인의 배경과 경력에 입각해 전향과 전쟁 책임을 추궁해야 공평하다고 여겼으며, 공산주의자만이 아니라 사상적 배경이 다른 50인에 대해 왜 전향했는지를 공동으로 조사했다. 이로써 "전향 사실을 명백히 인정하고 그 이치를 명확히 인정할 때, 전향 체험은 우리에게 살아 있는 유산이 된다."

그런데 1957년에 작성한 「자유주의자의 시금석」을 보면 전향론이나 전쟁 책임론을 발표한 이후 직면한 뜻밖의 반응에 대해 토로하고 있다. 츠루미는 과실을 짊어진 전향자가 아니라 젊고 번뇌에서 벗어난 세대가 앞으로 운동을 이끌어야 한다는 '순수주의의 논법'을 접하며 당황했다. 그런 식으로 현실을 재단하면 현실과의 끊임없는 교섭을 통해 사상을 기를 기회를 잃고 말기 때문이다. 여기서 츠루미는 재차 전향 연구의 의의를 말한다.

> 나는 일본의 전향 전통 속에서 양분을 퍼내는 방법을 발견하지 못하는 한 독창성 있는 일본 사상은 생겨나지 않으리라고 생각한다. 하나하나의 전향 사례를 우리가 다른 결백의 장소(즉 현실에서 벗어난 학습의 장소)로 떼어 가는 일을 하지 않고, 그 하나하나의 전향에서 양분을 취해 결과적으로 아직까지 성과가 없는 비전향의 전통으로 바꾸는, 새롭고도 토착적인 비전향의 전통을 만드는 방향을 지향해야 한다. 자타의 전향에 대한 철저한 자각 위에서 새로운 일관성을 쌓을 수 있다. 이 방법을 발견하면 전향은 언제나 풍부한 일관성의 일부분으로서 각각 흡수될 것이다.

6

「자유주의자의 시금석」과 같은 해에 발표한 「전후 일본의 사상 상황」은 "세로의 실로서의 전향, 가로의 실로서의 소집단(혹은 서클)의 문제를 상관적으로 파악"하기 위해 작성한 글이었다. 풀이하자면 소집단 같은 생활상의 횡적 관계를 결여하고 있기에 종적으로 구획되는 이념상의 섹터화, 이 글의 표현을 빌리자면 "내부 세계의 논리화" 문제가 발생하는 것이다. 그는 일본에서 교의나 권위에 매이는 완고함과 세태 편승의 유연함은 같은 동전의 양면이라고 여겼다. 즉 가로의 실로 엮이는 생활의 지평을 상실한 순수주의의 문제인 것이다. 거기서 어떻게 벗어날 수 있는가. 츠루미는 '서클'에서 그 가능성을 찾고자 했다.

왜 서클인가. 서클이야 바라보는 시각에 따라서 의미가 달라질 테니 그가 상정했던 서클이 무엇인지를 알아보자. "서클은 (……) 목표를 갖지 않는 아메바적인 운동이며, 원시적인 생명 그 자체가 갖는 형태를 취한다." 그에게 서클은 정치조직처럼 공적인 요구를 하는 집단과도 가족 같은 사적 집단과도 다른, 살아 움직이는 운동체다. 가령 압력단체 같은 공적 조직은 집단의 목표가 명확하고 그 목표를 향해 집단 내 자원을 동원하는 까닭에 변화의 가능성이 적다. 한편 가족 같은 사적 조직은 자발적 선택과 참가가 불가능하다. 서클은 그 중간 영역에 존재하며 따라서 이에※의 논리에 구속되지 않고 당의 조직론과도 다른 모습을 그린다. 이곳에서는 다른 사람의 다른 견해를 접하며 자신의 견해가 변화하고, 때로는 다른 사람의 생각과 합체하고 증식하는 감각을 체험할 수 있다. 다시 말하지만 모든 서클이 그러하다는 것이 아니라 '이념적 순수화', '사상의 고정과 절대화'를 집단 내부에서 억제하며 '교제의 성숙'과 '자아의 재편'이 일어날 때, 그는 그것을 서클이라고 보았다.

츠루미 슌스케는 『사상의 과학』에서 '소집단의 가능성'을 찾아나서는 「일본의 지하수」라는 코너를 장기 연재하며 전국 각지의 서클 운동 현장을 분주히 돌아다녔다. 아울러 이 코너에 자비출판하는 소규모 잡지를 종종 소개했다. 동인지도 열심히 구해서 읽었는데 집단 안에서 어떠한 말이 오가는지를 알기 위해서였다. 그는 그것들이 자기 글의 원천이라고 말했다. 대중문화 연구도 그 일환이었다. 만화, 영화, TV 드라마, 만담, 유행가, 연예 분야에 관심을 기울이고 '기호의 모임', '집의 모임', '현대풍속연구회'를 만들고 거기서 활동했다. 그것들은 "풍속 속에 배어 있는 사상을 파악하는" 작업이었다.

츠루미 슌스케를 말할 때 편집자로서 진력한 일도 빼놓아선 안 되겠다. "나의 작업은 편집자군요." 제자인 다카하시 씨에게 자주 하던 말이었다고 한다. 그는 다케우치가 그러했듯 일생 잡지쟁이였고 잡지를 새로 만들기를 거듭했다. 전쟁이 끝나자 나선 일도 1946년에 논리 실험적 방법과 다원주의에 중점을 두는 잡지『사상의 과학』창간이었다. 그는『근대문학』처럼 동인제가 아니라 외부에서 필자를 끌어들여 이 잡지를 꾸리고자 했다. 교통 사정이 불편한 가운데 집필자를 찾아가 원고를 의뢰했고, 초기에는 잡지를 전철역 판매대에 반입하는 등 영업 활동에도 분주했다. 1996년 휴간되기까지 반세기 동안 편집과 운영의 중심을 맡아『사상의 과학』에 집 한채 분의 자금을 부었다고 들었다.

<h2 style="text-align:center">7</h2>

이런 일화가 있다.『사상의 과학』특집호로 '일본의 사상가 백 인'을 기획하고 츠루미 슌스케가 마루야마 마사오를 만났다. 그 자리에서 마루야마 마사오는 후쿠자와 유키치 말고 일본에 무슨 사상가가 있느냐며 기획에 화를 냈는데, 츠루미 슌스케는 가만히 듣고 있다가 지나가는 말처럼 삶을 살아가고 삶에서 철학을 만들고 지키는 모든 사람이 사상가라고 중얼거렸다.

이른바 전후 지식인으로 불리는 사람들 가운데 그는 보통 사람들의 생활과 의식을 가장 중시한 사상가였다. 운동이든 사상이든 엘리트나 지식인에게 의지하고 맡겨 둬선 안 되며, 각자가 자신의 깊은 곳으로 우물을 파고 자신의 두레박으로 자신의 물을 퍼 올려야 하며, 이런 개인들이 한 사람이라도 많아지기를 바랐다. 생활의 바닥으로 내려가 사람들이 그곳에서 길러 내는 정직함과 강인함에 가닿는 것을 자신의 작업 방향으로 삼았다.

그는 또한 보통 사람들과 가장 폭넓고 지속적으로 운동을 벌인 사상가이기도 했다. 만년에도 2004년 오에 겐자부로, 오다 미노루 등과 함께 '9조의 모임'을 결성했다. 그가 벌인 운동 중 시민의 참여가 가장 활발했던 것은 1960년대의 '소리 없는 소리의 모임'과 '베트남에 평화를! 시민연합(베평련)'이다. 먼저 '소리 없는 소리의 모임'은 1960년 6월 일미 안보조약 개정을 반대하는 운동 가운데서 생겨났다. "더 이상 전쟁은 하고 싶지 않다"는 시민 감정과 반전사상에 기반한 이 모임에는 시민운동에 관한 츠루미의 원형상이 담겨 있다. '소리 없는 소리의 모임'은 의결기관이 없다. 전쟁을 방지하고, 안보조약 체결을 강행한 의원들을 그만두게 해야 한다는 두 가지가 최소 강령이었다. 혼자서라도 목소리를 내려는 사람이 있다면 그 사람이 자기 책임으로 움직이기 시작해 다른 사람에게 호소하는 형태였다.

1960년 7월 그는 『소리 없는 소리의 편지』를 창간하며 「시민 집회의 제안」을 집필해 "무당무파의 집회를 만들자"라고 호소하며 "선언 명제를 소중히 하는 정치운동"을 제안했다. 선언 명제란 선언 결합사를 이용해 두 명제를 결합한 복합 명제를 뜻한다. 인간이 행동에 나설 때는 목표와 행동 사이에 틈새나 유보가 존재하며, 행동에는 미혹과 망설임이 동반된다. 선언 명제를 소중히 하자는 것은 이런 미혹과 망설임을 감출 게 아니라 그것을 밝히고 그 위에 서서 운동하자는 제안이었다. 다카하시 씨에게 들려주었다던 츠루미의 말이다. "거기서 근원적인 무책임을 서로 인정하자. 거기서 할 수 있는 것을 함께 해가자."

베평련은 미군의 북베트남 폭격이 시작된 1965년 봄에 창립되어 "베트남에 평화를!"이라는 구호로 반전 집회를 열었다. 베평련은 '소리 없는 소리의 모임'보다 규모가 컸지만 역시 위계적인 조직은 아니었다. '베트남에 평화를!', '베트남은 베트남 사람들의 것으로!', '일본은 베트남전쟁에 협력하지 마라!'라는 세 가지 내용에 동의하고 행동하면 누구나 베평련이 될 수 있었다. 그리하여 □□ 베평련, ○○ 베평련 등 전국에 300여 개의 독자적인 베평련이 생겨났다.

베평련은 시민 불복종에 입각한 비폭력 직접행동을 지향했다. 그중 한 가지 활동이 자테크다. 자테크란 '반전 탈주 미군 병사 원조 일본기술위원회'(JATEC; Japan Technical Committee for Assistance to Us Anti-War Deserters)의 약칭이다. 1968년 1월 1일부터 시작된 북베트남군과 베트콩들의 대공세로 미군에서 2천여 명의 전사자가 나오고 전쟁의 참상이 텔레비전을 통해 알려지자 미국 본토뿐 아니라 일본 내 미군 기지에서도 탈영병이 속출했다. 자테크는 탈영한 미군들의 밀항과 망명을 조직적으로 지원하기 위한 비합법 비밀 조직이다. 츠루미도 이 활동에 깊이 관여했다. "내 저작 전체와 탈주병 지원 가운데 고르자면 당연히 탈주병 지원이다." 추도 강연의 연회 자리에서 만난 당시 자테크 활동가였던 세키야 시게루 씨가 전해준 말이다.

그런데 조직의 활동이 성과를 올리고 세상에 알려지자 미군과 일본 정부는 자테크를 와해시키기 위해 위장 탈영병을 침투시킨다는 계획을 세웠다. 이 소문을 접한 자테크의 젊은 활동가들은 누가 위장 탈영병인지를 색출해야 한다고 목소리를 높였지만 츠루미는 단호하게 거부했다. 결국 그들의 우려대로 탈영병을 가장한 스파이가 침투해 탈주 루트가 노출되어 조직은 와해되었다. 몇 년이 지나 츠루미는 이렇게 말했다. 누군가를 구하려고 만든 조직이 조직의 생존을 위해 찾아온 누군가를 의심하고 취조한다면 조직의 존재 이유를 저버리는 일이다. 이것은 전시기에 전쟁에서 남을 죽이라는 명령을 받으면 죽이는 대신 스스로 죽겠다는 각오로 유서를 품고 다녔던 그의 신념, 그리고 태도였다.

8

다케우치 요시미를 만났다는 것은 내게 전후의 가장 큰 사건으로 나의 사고방식을 바꾸었다.

츠루미 슌스케의 삶과 사상을 단편적으로나마 살펴본 이제, 이 책으로 돌아오자. 그리고 위의 문장을 해명해 보자. 다케우치 요시미는 어떻게 그에게 이런 존재가 되었던가. 왜 그가 쓴 유일한 전기는 다케우치 요시미를 향했던가. 여기서 해명의 실마리가 될 문장을 하나 더 찾아 두자.

다케우치 요시미는 대학을 나왔지만, 그의 저작은 대학 나온 자의 것과 묘하게 다릅니다. 여느 생활자 느낌에 가깝습니다. 나는 그를 만난 적이 있습니다만, 가만히 생각해 보면 내게 어머니보다는 얼마간 가볍습니다. 어머니는 태어났을 때부터 나를 구박하고 때려서 이 사람이 나를 죽일 것 같았죠. 지금도 나는 간신히 살아남았다는 느낌입니다. 하루도 잊기 어려울 만큼 무겁습니다. 그는 어머니보다 조금 가벼운 정도로 내 안에 있습니다.

단서는 '어머니'다. "다케우치는 어머니보다 조금 가벼운 정도로 내 안에 있다"는 무슨 뜻일까. 이와 관련된 내용이 「전시로부터 생각하다」에서 나오는데 마저 확인해 두자.

나의 어머니는 어떤 사람이었는가 하면 내가 태어났을 때부터 대단한 기세로 내게 화가 나 있었죠.(웃음) "네가 나쁜 인간인 것은 네 책임이니 너를 찔러 죽이고 나도 죽겠다"라고 말해 내가 악인이라는 신념을 갖게 된 것은 완전히 어머니 덕입니다. 그 확신은 살아가면서 바뀌지 않았습니다. 매우 영향을 준 인물이군요. 내게 어머니는 무거운 용기입니다. 우선 어머니이고 그 다음이 다케우치 요시미 씨군요. 아버지의 영향은 그 아래에 옵니다.

여기서는 다시 '아버지'가 거론된다. 자신에게 영향을 준 인물이 어머니, 다케우치 요시미, 다음이 아버지 순이라는 것이다. 사실 아버지에게서 받은 영향은 무척 큰 것이었다. 그는 전향 연구의 동기를 "아버지에게 있다. 아버지에 대한 나의 대답이지"(『말해서 남겨 두는 것』)라고 밝힌 적이 있다. 아버지인 츠루미 유스케는 유력한 관료이자 저명한 정치가였다. 도쿄 제대 법학부를 차석으로 졸업해 이후 고토 신페이가 초대 총재를 맡고 있던 철도원鐵道院에 들어갔다. 고토 신페이는 이후 타이완 총독부 민정장관과 남만주철도주식회사 초대 총재를 역임하기도 했는데, 츠루미 유스케는 고토의 딸 아이코와 결혼해 둘 사이에서 츠루미 슌스케가 태어났다. 츠루미 유스케는 『영웅대망론』을 써서 50만 부를 넘긴 유명 작가이기도 했다. 정치가로서는 자유주의를 표방하며 정계에 입문했다. 그리고 승승장구하더니 1944년에는 익찬정치회의 총무를 맡았다. 패전하자 1945년 11월 일본 진보당을 결성해 당 간사장에 취임했다. 말하자면 츠루미 슌스케에게 전향 연구는 아버지에 대한 '반사'였다.

그리고 어머니. 뼈대 굵은 정치가 집안에서 태어난 츠루미 슌스케에게 어머니는 "태어날 때부터 대단한 기세로 화가 나 있었다." 어머니는 "유복한 가정에서 태어난 아이는 반드시 나쁜 인간이 된다"는 신념을 가져 츠루미 슌스케에게 유년기부터 학대에 가까운 비정상적인 예절 교육을 강요했다. 어머니의 엄격한 교육 신념을 견디지 못한 츠루미는 이에 대한 '반사'로 어머니가 증오하는 '나쁜 인간'의 길을 걷게 된다.

츠루미는 어렸을 때 '불량소년'이 되었다. 연보를 보면 열한 살에 사는 척 물건을 훔쳐 달아나는 집단을 만들고, 학교를 빼먹고 영화관에 틀어박히고, 환락가에 드나들며 여급이나 댄서와 교제했다. 열두 살에는 우울증이 심해져 수면제를 마시고, 자살 미수를 반복하다가 정신병원에 세 차례 입원했다. 열네 살에는 부립고교 심상과尋常科에 입학하지만 이듬해에 에로 서적을 사물함에 넣어 두었다가 발각되어 퇴학당하고, 편입한 부립 5중에서는 다시 이듬해에 중퇴해 가출했다. 그리고 일본을 떠나 미국으로 간다.

그는 "나는 불량소년, 낙오였다"고 입버릇처럼 말한다. 하지만 이것은 반성의 말이 아니다. 연보에 나오는 소년기의 비행들도 자신이 밝힌 것이다. 성인이 된 츠루미는 말한다. "나는 자기 안의 불량소년에게 끊임없이 물을 주어 말라죽지 않게 하고 있다." (「도중하차」)

왜 자기 안의 불량소년을 기르는가. 불량소년의 대극에 아버지 같은 우등생이 있다. 정세를 보고 사회를 이끌어 가는 자는 우등생이다. 우등생은 어제는 자유주의자, 오늘은 천황주의자, 그리고 내일은 민주주의자가 된다. 자신이 지도를 맡아야 하니 스스로 전향한다. 일본 사회는 여러 영역에서 우등생을 대접하고 우등생은 각처에서 지도력을 발휘한다. 그리고 츠루미에게 어머니는 생활 속에서 우등생적 신념을 체현하는 인물이다. 우등생인 아버지는 집 바깥에 있지만, 일상에서 부딪치는 어머니는 츠루미에게 더한 반항과 반사를 일으키며 츠루미의 태도 형성에 깊이 작용했다.

그렇다면 영향의 순위에서 다케우치 요시미는 어떻게 어머니와 아버지 사이에 자리할 수 있었던가. 단적으로 말해 불량소년적 태도 때문이었다. 불량소년은 우등생과 달리 세태를 이끌지 못하며 그렇다고 세태에 따르지도 않는다. 올바른 해답도 찾지 못한 채 상황 속에서 버둥거리며 사건을 일으킨다. 더욱이 다케우치는 츠루미와 같은 시대를 살아간 불량소년이었다. "나는 같은 시대를 살고 같은 생각을 해서 그에게 이끌리고 싶습니다. 하지만 나는 달랐습니다. 나는 말뚝에 묶듯이 해서 이 시대를 간신히 살았습니다." "이런 사고는 1941년 12월 8일의 상황 예측으로는 잘못되었습니다. 일본이 대동아전쟁을 그런 식으로 전개할 리 없었습니다. (……) 같은 시기 나도 예측을 했습니다. 나는 그보다 열두 살 연하인데 남들이 알아볼 수 없도록 이렇게 되리라는 자신의 예측을 영어로 써두었습니다. 내 쪽이 맞았습니다. 그러나 전후가 되자 적중시킨 쪽이 올발랐는가라는 문제가 내 안에서 생겼습니다." "전후가 되어서는 말뚝에 매달리듯이 살아가는 방식이 좋은지 의심이 들었고, 그게 그의 저작에 이끌린 이유입니다."

말뚝은 믿고 따를 원리다. 다케우치 요시미는 말뚝에 매이지 않았다. 전전에도 그랬으며 전후가 되어서도 그러했다. 그는 근대화의 지체를 겪은 곳에서는 바깥에서 재빠르게 가치를 기성품 삼아 들여오는 진보주의가 쉽게 타락하게 마련이라고 여겼다. 다케우치는 츠루미만큼이나 광범한 주제를 사고하고 여러 방면에 걸쳐 다양한 발언을 내놓았지만, 근본적으로는 단순한 가치판단을 부수고 복잡한 현실감각을 기르는 데 주력했다고 말할 수 있다. 그는 정치적 올바름을 중시하지 않았다. 그에게는 선험적 가설에서 나온 어떤 문제도 허구였다. 정치적 올바름이나 선험적 가설을 먼저 상정한다면 복잡한 현실은 평가 대상으로 왜소화된다. 현실을 올바름, 가설에 대한 편차로 여기고 만다. 그리하여 소위 지식인은 되레 현실 과정 바깥으로 밀려난다. 역동적인 현실 과정에 대한 이해를 그르쳐 실제로도 유효한 결과를 내지 못한다. 다케우치는 어떻게든 사고하는 자로서 현실 속으로 비집고 들어가고자 했다. 그는 말한다. "행위로 일군 관념만이 진정한 관념이다." (다케우치 요시미, 『『중국문학』 폐간과 나』)

츠루미 슌스케는 다케우치 요시미의 문장을 이렇게 읽었다. "다케우치의 문체는 (……) 학문에 기대어 평론하며 살아가는 자가 아니라 자신의 처신을 걸고 상황을 확실히 움켜쥐려는 자의 스타일이다. 자신이 그 안에 떡하니 버티고 있는 까닭에 그의 문장은 안정감이 있다." 그러고 보면 다케우치 요시미도 루쉰의 문학을 이렇게 읽은 적이 있다. "문학은 행동이다. 관념이 아니다. 그러나 그 행동은 행동을 소외시켜 성립하는 행동이다. 문학은 행동의 바깥이 아니라 행동 속에서 회전하는 구의 축처럼 일신에 동動을 집중시키는 극치적인 정靜의 모습이다." (다케우치 요시미, 『루쉰』)

그리고 다케우치가 루쉰에 대해 그러했듯 츠루미도 다케우치의 동중정動中靜의 면모를 '쩡짜'라는 말로 풀이했다. 그 대목을 다시 옮겨 보자. "쩡짜는 자신을 둘러싼 현실을 자기 뜻대로 개척해 가기가 어렵다는 자각을 품은 말이다. 현실에 떠내려가면서 자신의 의도를 접는 것이 아니라, 자신의 의도가 상황에 씻겨가는 과정을 응시한다는 사고다." 현실 속에 뛰어들어 자기 명제의 내부적 정합성에 구애되지 않고 움직인다. 그렇다고 현실을 그대로 추인하지도 않는다. 주체는 현실 속에서 자신을 씻어내며 부단히 자기를 갱신한다. 이리하여 "자기임을 거절하고 동시에 자기 아님도 거부한다." (다케우치 요시미, 「근대란 무엇인가」) 이로써 주체는 유동성 더불어 주체성을 얻는다. 다케우치 요시미가 말하는 동중정이란, 행동이란 바로 이런 의미이며, 츠루미 슌스케는 이 운동의 생애를 '어느 방법'으로 형상화해 냈다.

다케우치 요시미—어느 방법의 전기

제1판 1쇄 2019년 12월 26일

지은이 츠루미 슌스케
옮긴이 윤여일
펴낸이 연주희
편 집 장혜령
펴낸곳 에디투스
등록번호 제2015-000055호(2015.06.23)
주소 경기도 성남시 분당구 장미로 101.821-503
전화 070-8777-4065
팩스 0303-3445-4065
이메일 editus@editus.co.kr
홈페이지 www.editus.co.kr

제작처 영신사

ISBN 979-11-966224-1-1
이 도서의 국립중앙도서관 출판예정도서목록(CIP)는 서지정보유통지원시스템 홈페이지
(seoji.go.kr)와 국가자료공동목록시스템(www.nl.go.kr/kolisnet)에서 이용하실 수 있습니
다.(CIP 제어번호: CIP2019051413)